Taschenschmöker aus Vergangenheit und Gegenwart

Taschenschmöker aus Vergangenheit und Gegenwart

Neu und wieder aufgelegt

Berlin 2018

Der Schatz des Präsidenten von Paraguay

Eine Erzählung aus der argentinischen Pampa

von

Emilio Salgari

Aus dem Italienischen von Josef Calasanz Heidenreich

Edition Dornbrunnen

Taschenschmöker aus Vergangenheit und Gegenwart

Übersetzung des Textes aus dem Italienischen von
Josef Calasanz Heidenreich *(El tesoro del presidente del Paraguay)*
für die Zeitung *Morgenblatt. Reichspost,* 1897 und die Buchausgabe von 1898
im Verlag der Alphonsus-Buchhandlung, Münster i. Westf.

Korrekturen und Lektorat: Meiko Richert und Sven-R. Schulz

Die Deutsche Nationalbibliothek verzeichnet diese Publikation in der Deutschen
Nationalbibliografie; detaillierte bibliografische Daten sind im Internet über
http://dnb.d-nb.de
abrufbar.

1. Auflage 2018

ISBN 978-3-943275-32-2

Sven-R. Schulz, Dornbrunner Straße 16, 12437 Berlin
www.edition-dornbrunnen.de
Titelgestaltung: Sven-R. Schulz unter Verwendung einer Illustration
von Fabbio Fabbi (1861–1945)

Druck und Vertrieb: Books on Demand GmbH, Norderstedt
PNTS25

INHALT

1. Ein geheimnisvolles Schiff

Es war in der Nacht vom 22. Januar 1869, da sah man beiläufig vierzig Kilometer vor der Riesenmündung des Río de la Plata einen Dampfer von vierhundert bis fünfhundert Tonnen Tragfähigkeit. Er war wie unversehens aus dem Meer aufgetaucht und manövrierte in seltsamster Weise, denn alle zweihundert bis dreihundert Meter änderte er seinen Kurs.

Seine schlanken, an eine Brigg[1] gemahnenden Formen, das mit einem Rammsporn bewehrte Vorderteil, die zahlreichen, jedenfalls für Kanonen, mindestens für Mitrailleusenläufe bestimmten Seitenluken, seine große, Kauffahrteischiffe weit überflügelnde Schnelligkeit, vor allem aber die achtzig Mann starke Besatzung, welche in diesem Augenblick mit Gewehren bewaffnet sein Oberdeck füllten, der vor dem Besanmast[2] angebrachte Panzerdrehturm mit einer Kanone großen Kalibers ließen unseren Dampfer auf den ersten Blick als ein solides Kriegsschiff, und zwar als einen sogenannten Kreuzer[3] erkennen, deren Dienste für die großen Panzerungetüme des Meeres bekanntlich von hervorragender Wichtigkeit sind.

Weder auf seinem Hauptmast noch auf der Spitze des Girksegels[4] noch am Schaft des Sternes[5] trug das Schiff eine Flagge, aus der seine Nationalität zu erkennen gewesen wäre, und obwohl die Nacht so finster war wie das Innere eines Kanonenrohrs und es sich um Breitengrade handelte, welche stark befahren sind, sodass jeden Augenblick ein Zusammenstoß mit einem fremden Schiff unseren Dampfer in den Grund bohren konnte, so fehlten ihm doch sonderbarerweise die vom Seereglement so streng vorgeschriebenen Signallichter.

Die Matrosen des Schiffes sprachen spanisch und besonders die Wachen auf dem Vorderteil plauderten lebhaft. Die Offiziere hielten

---

[1] Zweimastiges Schiff mit voller Takelage.
[2] Der hinterste (nicht mit Rahen versehene) Mast eines Segelschiffes.
[3] Schnelle Kriegsdampfschiffe.
[4] Großes Segel am Fockmast.
[5] In der Nautik das Schiffshinterteil.

sich in der Nähe der Kommandobrücke auf und musterten die See mit scharfen Fernrohren.

»Du, Pedro«, sagte soeben ein junger Bursche zu einem Quartiermeister, der an einer mit Segeltuch bedeckten Mitrailleuse[1] lehnte, und kaute dabei mit Wohlbehagen eine dicke Zigarre, »gehen wir ans Land oder bleiben wir an Bord?«

»Ja, das weiß ich gerade so genau wie du, Alonso«, antwortete der Gefragte. »Der Kapitän kommandiert, und der weiß wohl, was er tut.«

»Na, das nenne ich eine schöne Fahrt! Zwei Tage schon nähern wir uns jeden Abend der Küste, und kaum guckt die Sonne im Osten herauf, suchen wir eiligst wieder die hohe See auf. Hat denn der Kapitän Furcht vor dem gelben Fieber?«

»Ah, wohl vor etwas anderem als vor dem gelben Fieber! Der fürchtet Schlimmeres.«

»Was denn?«

»Die Brasilianer und ihre Alliierten.«

»Pah! Unser tapferer Präsident Solano López[2] hält sie so in Atem, dass sie gar keine Zeit haben, an uns zu denken.«

»Und doch sage ich dir, die denken jetzt mehr an uns als an die ganze Armee von Paraguay. Weißt du denn, was wir für eine Fracht führen?«

»Nun ja, dreihundert Kisten mit Uniformen für unsere Soldaten, hat der Kapitän gesagt!«

»Ei, da hat er dich hinters Licht geführt.«

»Ja, haben wir vielleicht eine verdächtige Fracht?«

»Achthunderttausend Patronen und dreißigtausend Gewehre.«

»Für unsere braven Soldaten?«

»Ja, Alonso!«

»Und der Kapitän hat nichts davon erwähnt?«

»In Kriegszeiten kann man nie vorsichtig genug sein.«

»Aber glaubst du, dass die Brasilianer eine Idee haben, was der *Pilcomayo*[3] enthält?«

»Als wir Boston verlassen haben, um auf See von einem englischen Schiff unsere Fracht zu übernehmen, hat uns ein Dampfboot ver-

---

1 Manuell bedienbares Salvengeschütz.

2 Francisco Solano López Carrillo (1827–1870) war von 1862 bis zu seinem Tod der Präsident von Paraguay.

3 Das Schiff ist benannt nach dem Río Pilcomayo, dem längsten westlichen Nebenfluss des Río Paraguay. Der Name entstammt der Tupí-Guaraní-Sprache und bedeutet so viel wie Roter Fluss.

folgt, und als wir unseren Kurs nach Süden einschlugen, kehrte dasselbe mit Volldampf nach Boston zurück. Dieses Boot gehörte, wenn du es nicht weißt, dem brasilianischen Konsul«

»Nun und deswegen? …«

»Sag ich, dass uns die Flotte der Alliierten am Río de la Plata erwartet, und entdeckt sie uns, dann sitzt sie uns auch an der Gurgel.«

»Puh! Das ist ja eine verteufelte Geschichte! Und wir müssen doch schließlich irgendwo landen.«

»Landen! Wir müssen in den Río hinein und hinauf bis Asunción, wenn diese Stadt den Angriffen der Truppen Brasiliens, Argentiniens und Montevideos standhält!«

»Wenn unser Dampfer verloren ginge, wäre das ein furchtbarer Schlag für unseren Präsidenten.«

»Sein Ruin wär's, denn außer den Gewehren und den Waffen führen wir …«

»Was denn?«

»Pst! Sprich leiser, dass dich niemand hört. Wir führen nichts mehr und nichts weniger mit an Bord als den Schatz des Präsidenten, sieben bis acht Millionen in lauter Diamanten.«

»Wer hat dir das gesagt?«

»Das hat der Kapitän selbst gesagt, als er eines Abends mit dem Regierungsagenten im Gespräch war.«

»Mit diesem garstigen Señor Calderon?«

»Wirst du still sein, der lässt dich sonst in Eisen legen.«

»Ach was! Mir ist dieser Agent nun einmal ganz und gar widerlich.«

»Pst! Hollahoh! Was gibt es?«, fuhr der Quartiermeister auf.

»Maschine zurück!«, hatte der Kapitän laut kommandiert. »Klar Schiff zum Gefecht!«

Die Matrosen stürzten auf ihre Posten, die einen legten die Gewehrläufe auf die Reling des Schiffes, die anderen nahmen hinter der Kanone und der Mitrailleuse, die Pedro sofort demaskiert hatte, Aufstellung. Aller Augen bohrten sich ängstlich in die weite Wasserfläche, die sich vor dem Sporn des *Pilcomayo* ausdehnte, aber aus der Mitte all der Finsternis stieg nichts, was den Anschein eines Schiffes hatte.

Was hatte der Kapitän bemerkt, um solche Alarmbefehle zu geben? Es vergingen einige Minuten, während welcher der Kreuzer vollkommen unbeweglich stehen blieb – allgemeines Schweigen herrschte an Bord, dann hörte man die laute Stimme des Kapitäns:

»He! Cardozo, bemerkst du das Schiff?«

Von der Spitze des Hauptmastes antwortete eine Knabenstimme:

»Ja, auf drei bis vier Meilen unter dem Wind, Kapitän.«

»Signallichter?«

»Keine.«

»Kurs?«

»Gerade auf uns zu!«

»Dampfer oder Segelschiff?«

»Dampfschiff, Kapitän!«

»Er ist es nicht. Tod und Teufel! Haben sie ihn in den Grund gebohrt? Und doch – er müsste in diesen Gewässern kreuzen … Master Diego! …«

Ein Mann, vielleicht vierzig Jahre alt, von hoher Gestalt, kräftigem Gliederbau, mit einer Haut, die von der Sonne und den Seewinden drei- und vierfach gegerbt war, voll Energie im Gesicht, trat vor die Brücke des Kommandanten und blieb dort stramm salutierend stehen.

»Wo sollte der *Parana* kreuzen?«, fragte ihn der Kapitän.

»Hier in diesen Breiten, Kommandant!«, erwiderte der Master.

»Bist du dessen gewiss?«

»Der Regierungsagent hat es gesagt.«

»Wie ist sein Signal?«

»Eine blaue Rakete.«

»Sollte er gekapert worden sein?«

»Das weiß ich nicht, Kommandant! Aber kommt er uns nicht vor die Augen, dann ist es ein Zeichen, dass ihm ein Unfall zugestoßen ist oder dass die Alliierten ihn gehindert haben, die hohe See zu erreichen.«

»Geh zum Steuerrad und sei auf alles gefasst«.

»Wenn mein Kapitän mir Order gibt, den Brasilianer mit unserem Sporn die Eingeweide herauszureißen, soll es prompt besorgt werden.«

»Ganz gut! – Fort auf deinen Posten.«

In diesem Augenblick hörte man von der Spitze des Hauptmastes herab wieder dieselben Stimme wie früher:

»Kapitän! Wir haben ein anderes Schiff im Rücken.«

»Ah!«, rief der Kapitän und biss in den dichten Bart. »Man sucht uns in der Mitte zu fassen. Glaubte nicht, dass die Brasilianer so gut Wache halten, aber wenn sie glauben, meine Fracht bereits zu haben, da täuschen sie sich gewaltig.«

Er wendete sich an zwei seiner Offiziere, die ihm zur Seite standen, und sagte:

»Vielleicht haben uns die beiden Schiffe, die jedenfalls den Alliierten gehören, noch nicht bemerkt, aber hier bringt Vorsicht keinen Schaden. Dass Patronen und Gewehre eher den Meeresgrund bedecken sollen, als dass sie in die Hände unserer Feinde fallen, ist gewiss, aber den Schatz müssen wir in Sicherheit bringen. Lassen Sie die Kiste auf das Deck schaffen.«

»Und dann?«

»Dann schrauben Sie die Röhre an den ersten Zylinder und erwarten dann meine Befehle. Bevor die Schiffe der Alliierten uns erreichen, muss alles fertig sein.«

Die beiden Offiziere ließen die Einstiegsluke ins Zwischendeck öffnen; ein Seil wurde hinabgelassen, und als dasselbe unter dem Gekreische des Gangspill[1] wieder aufgezogen wurde, tauchte aus der Tiefe eine enorme Kiste auf, die mit aller möglicher Vorsicht auf das Deck geschafft wurde.

Die Seeleute öffneten sie, siehe da! Da lag in ihrem Innern ein Riesenpack eines Gewebes – anscheinend Seide – umgeben von einem Gewirr von Stricken, das in einem Metallring endete. Unten sah man einen großen Reifen von Stahl, jedenfalls dazu bestimmt, die einzelnen Stricke aufzunehmen.

Auf das Kommando der Offiziere ließ man zwei Leinen vom Haupt- und Fockmast[2] herunter und band dieselben an den Metallring.

»Fertig«, sagten die beiden Offiziere zum Kapitän.

»Und die Röhre?«

»Ist bereits instand gesetzt und bedarf nur mehr der prompten Verbindung mit der Öffnung.«

»Rufen Sie den Regierungsagenten.«

Ein Matrose stieg in die Luke am Hinterteil des Schiffes und kehrte bald mit einem ganz in Schwarz gekleideten Mann zurück, der aus dem Schlaf aufgeweckt worden zu sein schien.

Es war ein Mann von fünfunddreißig bis sechsunddreißig Jahren, hochgewachsen, sehr mager, mit einem bleichen, sorgfältig rasierten Gesicht. Seine beinahe zu kleinen Augen hatten etwas Falsches an sich, sein eckiges Gesicht, das sarkastische Lächeln, das stets um seine dünnen Lippen zuckte, machten ihn nicht sympathisch, und deshalb

[1] Starke vertikale Winde auf dem Schiff oder Kai zum Einwinden der Ankerketten.
[2] Der vordere Mast auf zwei- und mehrmastigen Segelschiffen.

hatte die Schiffsmannschaft des Kreuzers schon vom ersten Moment seines Kommens an Bord einen lebhaften Widerwillen gegen ihn.

»Señor«, sagte der Kapitän, indem er ihm entgegenging, »wir werden verfolgt und die Brigg des Kapitäns Avellana ist nicht in Sicht gekommen.«

Die Züge Señor Calderons blieben regungslos und seine Lippen öffneten sich zu keiner Gegenrede.

»Haben Sie mich wohl verstanden?«, wiederholte der Kapitän.

Der Regierungsagent nickte beistimmend mit dem Kopf.

»Sie haben umfassende Vollmachten von Seiten der Regierung, was raten Sie mir also?«

»Tun Sie Ihre Pflicht«, entgegnete der Agent mit ruhiger und trockener Stimme.

»Ich mache Sie darauf aufmerksam, dass ich durch die Schiffe der Alliierten bedrängt eher Feuer an die Munition legen werde, als Waffen und Patronen in feindliche Hände geraten zu lassen.«

Der Agent zog die Stirn runzelnd empor.

»Und der Schatz des Präsidenten?«, fragte er.

»Ich habe alles getan, um ihn in Sicherheit zu bringen.«

»Aber wenn alles in die Luft fliegt, fliegen auch die Millionen mit.«

»Nein, Señor!«

»Erklären Sie mir das!«

»Das ist meine Sache.«

»Ich habe doch das Recht, es zu wissen, Kommandant«, sagte Calderon in befehlendem Ton. »Ich bin Agent der Regierung.«

»Sie, Señor, haben mir nur zu sagen, ob ich den Eingang in den Río forcieren oder die hohe See aufsuchen soll, nichts weiter«, entgegnete der Kapitän mit edler Würde.

»Aber der Schatz …«

»Ich habe Ihnen bereits bemerkt, dass ich die Mittel habe, den Schatz an den Ort seiner Bestimmung gelangen zu lassen, auch wenn das Schiff in die Luft fliegt oder auf den Meeresgrund sinkt, und das soll doch wohl genügen. Ich erwarte Ihre Befehle, Señor!«

»Die Brigg des Kapitän Avellana ist also nicht in Sicht gekommen?«

»Nein, und ich glaube, dass sie das überhaupt nicht tun wird, um uns das Landen zu erleichtern. Uns bleibt nichts anderes übrig, als die Mündung des Río de la Plata zu forcieren und bis Asunción hinauf zu dampfen. Ich erwarte Ihre Befehle.«

»Forcieren Sie die Mündung.«

»Ich mache Sie aber darauf aufmerksam, dass wir, einmal im Flusswasser, nicht mehr zurück können und dort drinnen vielleicht Haut und Haare lassen müssen.«

»Das tut nichts zur Sache.«

»Ich mache Sie außerdem darauf aufmerksam, dass, wenn wir innerhalb des Flussgebietes in Trümmer gehen, die Alliierten leicht Waffen und Munition erbeuten können.«

»Genug davon, gehen Sie vorwärts – so lauten die Befehle der Regierung«, sagte der Agent trocken.

»Nun, so sei es. Ich habe noch immer ein paar Stunden übrig, um den Schatz zu retten.«

»Ich begreife Sie nicht, Señor.«

»Umso besser!«

»Bedenken Sie, der Präsident rechnet auf seine Millionen.«

»Sie werden gewiss in seine Hände gelangen.«

»Ja, aber auf welche Weise denn?«

»Maschinist«, rief der Kapitän, anstatt dem Agenten zu antworten, »Maschine vorwärts. Und ihr Jungens, Gewehr zur Hand und Courage ins Herz! Binnen Kurzem wird es hier heiß hergehen.«

»Señor«, sagte der Agent, der bleich geworden war.

»Sie wünschen?«, forschte der Kapitän mit Ironie.

»Ich bin doch Agent der Regierung.«

»Und ich bin der Kommandant des *Pilcomayo*, und in diesem Moment kommandiert nach unserem Herrgott an Bord meines Schiffes niemand anderer als ich. Haben Sie mich verstanden, Señor? ... Gehen Sie in Ihre Kabine und verlassen Sie dieselbe nicht, bevor der Höllentanz vorbei ist. Binnen Kurzem wird Madame Kanone sprechen und es wird ganz dicht Kugeln hageln. Regierungsagenten verstehen von solchen Dingen nichts und wissen ihnen nicht auszuweichen. Gehen Sie Señor, wenn's beliebt.«

So sprach er, drehte Señor Calderon, der sich die Lippen blutig biss, den Rücken zu und stieg zur Kommandobrücke empor, das Sprachrohr in der Rechten.

Fast im selben Augenblick blitzte zwei Kilometer vom Hinterteil des *Pilcomayo* entfernt ein Feuerstrahl mitten aus dem Ozean auf, stieg an die dreihundert Meter in den Himmel und zerstob dann in tausend und abertausend verschiedenfarbiger Funken.

Bald darauf leuchtete, aber ganz schwach, kaum sichtbar, ein zweiter Feuerstrahl im fernen Westen, um sofort zu verlöschen.

»Ganz gut!«, sagte der Kapitän, der mit größter Aufmerksamkeit diese Signale, die nichts Gutes andeuteten, mit eisiger Ruhe betrachtet hatte. »Ganz gut! Die Schiffe korrespondieren mit der Küste und geben sich gegenseitig Alarmsignale. Man erwartet mich und bereitet sich vor, mich zu empfangen. Nun wohlan! Wir werden sehen.«

Er zog seine Taschenuhr und warf einen Blick auf dieselbe: die Zeiger wiesen auf zwei Uhr früh.

»Ingenieur«, rief der Kapitän. »Vorwärts mit Volldampf und Gott steh uns bei!«

2. Ein Blatt Geschichte

Im Jahre 1865 überraschte der Telegraf die Welt mit der Nachricht, zwischen den ewig unruhigen Staaten Südamerikas, zwischen der Republik Paraguay einerseits und dem Kaiserreich Brasilien mit Montevideo und der argentinischen Konföderation andererseits sei ein blutiger Krieg ausgebrochen.

Der große Aufschwung, den Paraguay unter seinem seit dem 16. Oktober 1862 gewählten Präsidenten Francesco Solano López genommen, seine vielleicht nur vom Ehrgeiz erstrebten Ziele hatten den Krieg entfesselt. Brasilien, Montevideo und die Argentinische Konföderation hatten sich, eifersüchtig auf den Einfluss, den sich Paraguay allmählich in Südamerika errang und der ihnen verhängnisvoll werden konnte, verbunden, um die junge Republik zu zerschmettern. López, ebenso gewandt als Präsident wie als General tapfer, hatte rasch den Fehdehandschuh aufgenommen, und trotz der enormen Ungleichheit seiner Kräfte gegenüber den zahllosen Hilfsmitteln der Alliierten, trotz der großen Hindernisse, die er in jenen, sozusagen jungfräulichen Ländern, denen es fast an allen Kommunikationswegen gebrach, überwinden musste, raffte in Schnelligkeit seine Truppen zusammen, einzig seinem guten Stern und seinem strategischen Talent vertrauend.

In der Mitte des Jahres 1865 hatten die Feindseligkeiten beiderseits mit beispielloser Heftigkeit ihren Anfang genommen.

López hatte nur eine kleine, schlecht bewaffnete Armee um sich, aber sie war voll guten Willen und zu allem entschlossen. Er befestigte das nördliche Ufer des Parana, häufte an verschiedenen Orten Lebensmittel zusammen und machte Stapira zum Zentrum seiner Defensive, legte Reservetruppen nach Asunción und in die Festung Humaitá, dann ging er dem brasilianischen General Porto Alegre[1] entgegen, um dessen Vordringen aufzuhalten, denn dieser näherte sich mit sämtlichen Streitkräften der Alliierten.

Durch ein volles Jahr behauptete der tapfere Präsident das Feld mit wechselndem Glück, bis er erschöpft an Kräften und Munition, in Gefahr, von den übermächtigen Armeen der Alliierten eingeschlossen zu werden, sich dazu gezwungen sah, die erwähnten Orte aufzugeben. Bevor er das tat, steckte er noch sein befestigtes Lager von Stapira in Brand.

Am 23. April 1866 kehrte plötzlich der *Löwe von Südamerika*, begieriger als je, Revanche zu üben, zurück, verschanzte sich wieder in Humaitá und errichtete zahllose Batterien längst des Flussufers. Vom argentinischen General Mitre[2] angegriffen, schlug er denselben bei Humaitá aufs Haupt, verwarf alle Friedensangebote und stellte die Verbindung mit Asunción wieder her.

Am Ende des Jahres 1867 richtete das gelbe Fieber unter seinen Truppen furchtbare Verheerungen an, aber noch immer gab er nicht nach und schoss zu Anfang des Jahres 1868 mehrere brasilianische Schiffe, die sich dem verschanzten Lager von Humaitá genähert hatten, in den Grund.

Die Gegner hatten jedoch riesige Hilfsquellen, und diesen musste schließlich sein kleines aber tapferes Heer unterliegen. In der Mitte desselben Jahres musste López endlich, von allen Seiten durch die Alliierten, die ihm stets neue Kräfte entgegenstellen konnten, bedrängt, den Rückzug antreten. Die Panzerflotten-Division und die Brasilianer machten sich das zunutze, sprengten die Strombarrieren und überschritten den Fluss; aber immer noch hielten sie die im Norden von Humaitá errichteten paraguayischen Batterien in Schach, während Miss Lynch[3], eine tapfere Engländerin, an der Spitze ihres Amazonen-Bataillons den Alliierten empfindliche Verluste zufügte.

Am 25. Juli sehen wir López in neuer Bedrängnis. Seine Armee, von den langen Feldzügen erschöpft, von allen Seiten durch die Alliierten bedrängt, leistet keinen Widerstand mehr und gibt Humaitá

[1] Gemeint ist hier sicherlich Manuel Marques de Sousa, Graf von Porto Alegre (1804–1875), ein brasilianischer Offizier, Politiker, Abolitionist und Monarchist.
[2] Bartolomé Mitre Martínez (1821–1906) war ein argentinischer Kriegsminister, Gouverneur und von 1862–1868 der erste Präsident der Republik Argentinien.
[3] Eliza Lynch (1835–1886) war eine Geliebte des Präsidenten Francisco Solano López.

nach sechstägigen blutigen Kämpfen auf. Die Hälfte war auf dem Schlachtfeld geblieben.

Der kühne Kommandant flüchtete sich mit dem Rest der Seinigen nach Tebicuary, später nach Timbo, das er befestigte, dann nach Villarrica, einer Stadt zehn Meilen unter Asunción, und endlich nach Villeta.

Die Alliierten, welche ihn mit zäher Energie verfolgten, stürmten die Stadt und zwangen ihn nach einem sechstägigen Kampf, sich nach Angostura zu retten. Am 27. Dezember forderten sie ihn zur Übergabe auf.

Aber López ergab sich noch immer nicht als besiegt und verwarf entschieden alle Anträge. Die Alliierten gingen zum Sturm vor, bemächtigten sich der Zitadelle, zugleich nahm die Flotte den Hafen von Asunción, wohin López sich geflüchtet hatte.

Unfähig zu weiterem Widerstand sah er sich gezwungen, wieder zu fliehen, und ließ die Hauptstadt in den Händen der Feinde, zugleich mit ihr dreitausend Mann Truppen, sechzehn Kanonen als Rest seiner ganzen Armee, die ihm über drei Jahre hinweg auf alle Schlachtfelder gefolgt war.

Zehn Tage nachdem der Telegraf allen Staaten Europas und Amerikas die Kunde vom Fall der Hauptstadt Paraguays, von der totalen Niederlage der Truppen, der Flucht des Präsidenten López mitgeteilt und man allgemein das endgültige Ende des Krieges als selbstverständlich erachtete, gelangte eine chiffrierte Depesche von Valparaiso nach Boston an den dortigen Konsularagenten von Paraguay.

Die Depesche lautete:

»Halten Sie sich bereit, den Regierungsagenten Señor Jose Calderon zu empfangen, derselbe ist am 29. Dezember von Valparaiso abgereist. Er bringt die nötigen Instruktionen für den Kommandanten des Kreuzers *Pilcomayo* mit, für den Fall, dass sich derselbe noch im Hafen befinden sollte.

Solano López.«

Am 10. Januar – es war schon spät abends – stellte sich dem Konsularagenten, der gerade in seinem Arbeitskabinett beschäftigt war, ein Herr in Reisekleidung vor, der eine kleine Ledertasche trug, die er an einem Riemen über die Schulter geworfen hatte.

»Ich bin die Persönlichkeit, welche Ihnen mittels einer Depesche von Valparaiso aus signalisiert worden ist«, sagte er mit ruhiger und gemessener Stimme.

»Señor Calderon?«, fuhr der Konsularagent auf, indem er dem Ankömmling entgegeneilte und ihm beide Hände kräftig schüttelte.

»Ja, in Person.«

»Und der Präsident?«

»Lebt noch immer und bereitet die Revanche vor.«

»So haben die hierher gelangten Nachrichten gelogen, denen zufolge er auf einem Schiff der Vereinigten Staaten geflohen sei und sich in Bolivien verborgen halten soll?«

»Sie haben gelogen.«

»Wo befindet er sich jetzt?«

»Das weiß ich nicht, weil ich mich zwei Tage nach dem Fall von Asunción einschiffte. Eine Depesche, die ich hier vorfand, berichtet mir, er sei mit der Reorganisation der überallhin versprengten Truppen beschäftigt – nichts weiter.«

»Und Sie glauben?«

»Genug Señor!«, sagte der Regierungsagent mit eisiger Kälte. »Die Minuten sind kostbar.«

»Sie wünschen also, Señor Calderon?«

»Ist der *Pilcomayo* noch hier im Hafen?«

»Ja.«

»Überwacht?«

»Eine brasilianische Korvette[1] kreuzt vor dem Hafen und wartet auf sein Auslaufen, um ihn zu kapern.«

»Lassen Sie den Kapitän rufen.«

Der Konsularagent klingelte, ein Diener erschien und erhielt die nötigen Befehle. Eine Viertelstunde darauf betrat ein Mann von beinahe riesiger Gestalt und kräftigem Gliederbau das Kabinett des Konsularagenten. Sein Gesicht war gebräunt, sein Bart tiefschwarz, sein Haar dicht und gelockt. Seine Augen, die ganz eigentümlich glänzten und in denen man unbezwingliche Kraft und seltene Kühnheit las, blieben einen Augenblick auf Señor Calderon gerichtet, als wolle er ihm bis auf den Grund seines Herzens blicken.

»Ist das vielleicht der Herr, den das Telegramm uns angekündigt hat?«, fragte er endlich mit klangvoller Stimme.

[1] Kleines, schnell segelndes Kriegsschiff mit drei Masten und weniger als 30 Kanonen.

»Ja«, erwiderte der Konsularagent. Dann wandte er sich an Señor Calderon und stellte ihm die Hünengestalt mit den folgenden Worten vor: »Señor Candell, Kommandant des Kreuzers *Pilcomayo*.«

Die beiden Herren verneigten sich gegenseitig.

»Ich erwarte Ihre Befehle«, begann der Kapitän.

»Señor Candell! Der Präsident López verlangt von Ihnen einen Dienst, der Sie das Leben kosten kann!«

»Ein Seemann zaudert nicht, wenn es auch an das Leben geht. Sprechen Sie also, Señor.«

»Es handelt sich darum, die hohe See zu gewinnen.«

»Ich werde es tun.«

»Ich mache Sie aber darauf aufmerksam, dass ein brasilianisches Schiff den Hafenausgang überwacht.«

»Nun, so bohre ich den Brasilianer in den Grund oder er mich.«

»Señor, Sie müssen leben und dürfen nicht sterben. Unsere Regierung hat kein anderes Schiff als das, welches Sie kommandieren, und wir haben dieses Schiff absolut zur Rettung unseres Vaterlandes nötig.«

»Ja, aber soll ich mich wie ein Räuber ins Meer hinaus stehlen?«, fragte der Kapitän und eine Falte erschien auf seiner Stirn. »Ich fürchte den Brasilianer, der auf mich lauert, ganz und gar nicht.«

»Ja, Sie müssen heimlich auslaufen.«

»Nun in Gottes Namen. Aber wenn dieser Hund sich mir in den Weg wirft, dann kriegt er ein Stück meines Eisens zu kosten.«

»Tun Sie, was Sie für gut befinden. Noch etwas …«

»Sprechen Sie, Señor.«

»Sie verlassen heute Nacht den hiesigen Hafen, Ihr nächstes Ziel ist der Punkt, wo der 310. Meridian den 40. Parallelkreis durchschneidet. Dort wird Ihnen ein englisches Handelsschiff dreihundert Kisten übergeben. Sie enthalten achthunderttausend Patronen und dreißigtausend Gewehre. Diese sind für die Truppen bestimmt, welche unser Präsident gegenwärtig sammelt.«

»Aber wie soll ich unserem Präsidenten diese Fracht abliefern?«

»Ein Handelsschiff unter Kommandant Avellana wird Sie an der Mündung des Río de la Plata erwarten und die Fracht übernehmen.«

»Wie sollen wir es denn anstellen, dass Avellana weiß, dass wir an Ort und Stelle sind?«

»Jede Nacht wird Avellana eine blaue Rakete steigen lassen zum Zeichen, dass die Mündung des Río de la Plata offen und von den

Alliierten nichts zu fürchten sei. Im geeigneten Augenblick werde ich Ihnen dann sagen, wo die Brigantine[1] zu finden ist.«

»Und wenn die Brigantine durch ein böses Geschick vor unserer Ankunft gekapert wird?«

»Dann erzwingen Sie die Mündung des Ríos«.

»Dann stehe ich aber im Feuer der ganzen alliierten Flotte.«

»Haben Sie Furcht? Dann muss ein anderer das Kommando übernehmen.«

Der Kapitän blitzte den Agenten mit Augen an, aus denen Feuer zu sprühen schien.

»Señor Calderon, wer gibt Ihnen das Recht, so mit mir zu sprechen?«, stieß er zwischen den Zähnen hervor. »Vielleicht wissen Sie nicht, wer der Kommandant der *Pilcomayo* eigentlich ist. Ich trage sechzehn Narben auf meiner Brust und glaube, Sie Herr Regierungsagent dürften nicht so viel aufzuweisen haben. Sie wollen also, dass ich die Mündung des Río de la Plata erzwingen soll? Gut, ich werde es tun, zweifle dann aber daran, dass der Präsident die Gewehre sehen wird, die ich ihm zuführen soll.«

»So will es die Regierung nun einmal.«

»Nun so sei es.«

»Ich mache Sie noch darauf aufmerksam, dass ich weitgehende Vollmachten habe und Leute, die mir nicht gehorchen, auch absetzen kann, Señor Candell.«

»Schon gut, Señor!«

»Noch etwas habe ich Ihnen zu sagen.«

»Sprechen Sie.«

»Das englische Schiff wird Ihnen auch eine Kassette übergeben, die sieben Millionen enthält, die Unterstützung mehrerer europäischer Bankiers für den Präsidenten López zur Fortsetzung des Krieges.«

»Die sind bei mir gut aufgehoben.«

»Ich bemerke, dass die gesamte Summe aus Diamanten besteht, um das Ganze leichter verbergen zu können, wenn die Brasilianer oder Argentinier Ihr Schiff kapern sollten.«

»Ich behalte sie immer bei mir.«

»Bedenken Sie, diese Millionen hat der Präsident absolut nötig, denn in seinen Kassen herrscht vollständige Ebbe.«

»Der Präsident soll sie erhalten, mein Wort darauf; das Ehrenwort

[1] Kleines zweimastiges Segelschiff.

eines Candell – was auch immer mit meinem Schiff geschehen mag.«

»Auch wenn die Brasilianer den *Pilcomayo* in den Grund bohren?«

»Auch dann.«

»Sind Sie dessen sicher?«

»Vollkommen sicher, nur müssen Sie mir sechs bis sieben Stunden Zeit gönnen.«

»Was werden Sie tun?«

»Das ist meine Sache, Señor Calderon.«

»Also auf Wiedersehen um Mitternacht an Deck des *Pilcomayo*.«

»Kommen Sie auch mit zum Río de la Plata?«, fragte der Kapitän mit einiger Verwunderung.

»Ich muss ja den Schatz des Präsidenten López begleiten.«

»Das heißt, Sie wollen mich überwachen«, bemerkte der Kapitän ironisch. »Nun, tun Sie, was Ihnen gut dünkt und bedenken Sie, dass Ihre kostbare Haut da ein gewaltiges Risiko wagt. *A Dios, Señor!*«

Um Mitternacht kam der tapfere Kommandant an Bord seines Schiffes, dessen Kessel angefeuert waren. Er brachte drei große, dicht verschlossene Kisten mit sich, welche einige handfeste Männer auf Wagen bis an den Hafen geführt hatten. Was enthielten sie? Er sagte es keinem Menschen; nur als die Kisten im Zwischendeck verschwanden, rieb er sich sichtlich vergnügt die Hände und murmelte mehrmals vor sich hin:

»So, jetzt sollen die Alliierten nur kommen, um uns den Schatz des Präsidenten wegzunehmen.«

Um 12:20 Uhr nachts kam Señor Calderon auf den *Pilcomayo*.

»Wenn Sie wünschen, wir sind bereit«, sagte der Kapitän, als er ihn am Fallreep begrüßte.

»Lassen Sie uns loslegen«, entgegnete der Regierungsagent kühl.

Zehn Minuten danach verließ der Kreuzer in aller Stille den Kai, wand sich langsam durch die dicht gedrängte Masse der hier vor Anker liegenden Schiffe und fuhr kühn ins Meer hinaus. Der Kapitän stand inmitten seiner Offiziere auf der Kommandobrücke, die ganze Bemannung war unter den Waffen, die Kanone des Panzerturmes geladen, die Mitrailleuse des Vorderteiles in Bereitschaft.

Das brasilianische Kriegsschiff kreuzte wohl vor dem Hafen, befand sich aber gerade in diesem Moment ziemlich weit entfernt, und zwar so weit, dass es die Abfahrt des *Pilcomayo* nicht bemerkte.

Überdies fuhr derselbe ohne Signallichter und hielt sich längs der Küste.

Kaum war er jedoch außer Schussweite gekommen, da wendete Candell sein Schiff mit Volldampf scharf nach Süden, und drei Tage darauf langte er an jenem Punkt an, wo der 310. Meridian den 40. Parallelkreis schnitt. Seit mehreren Tagen lavierte dort schon der englische Dampfer, welcher Waffen, Munition und den Schatz des Präsidenten an Bord hatte. Die Übernahme der Fracht ging flott vonstatten und die zwei Schiffe trennten sich; das eine nahm den Kurs nach England, das andere dampfte gegen Süden weiter.

Am 20. Januar hielt der *Pilcomayo* vierzig Meilen vor der Mündung des Río de la Plata.

»Ihre Instruktionen, Señor?«, fragte Kapitän Candell den Regierungsagenten.

»Die Nacht abwarten und sich dann der Küste nähern«, antwortete Señor Calderon. »Sehen Sie eine blaue Rakete, dann mit vollem Dampf in die Mündung des Ríos hinein, den Strom hinauf, so lange, bis ich Ihnen dann Weiteres sage.«

»Und wenn wir kein Signal sehen?«

»Dann suchen Sie die hohe See auf und kehren abends wieder.«

»Und wenn ich angegriffen werde?«

»Dann nehmen Sie das Gefecht an, sobald Sie sich im Flusswasser befinden, und suchen das Weite, sobald Sie auf hoher See sind.«

»Aber wenn wir auf dem Río in den Grund gebohrt werden, erbeuten die Alliierten unsere Gewehre.«

»Immerhin werden Sie, Kapitän, aber den Schatz retten.«

»Ich kann Sie wahrlich nicht begreifen.«

»Das tut nichts zur Sache, die Befehle der Regierung lauten nun einmal so und ich denke, Sie werden gehorchen.«

»Ja gewiss, für jetzt gehorche ich.«

»Wie sagen Sie? Für jetzt?«

»Ich weiß wohl, was ich sage.«

»Ich bitte Sie, sich mir näher zu erklären.«

»Ganz gewiss, wenn der Augenblick gekommen sein wird.«

»Nein, nein, jetzt sollen Sie sich näher erklären.«

»Señor Calderon, an Bord meines Schiffes kommandiere ich«, sagte der Kapitän im drohenden Ton. »Sie kommandieren, wenn wir wieder festen Boden unter den Füßen haben.«

»Sie wagen es, sich gegen mich aufzulehnen?«

»Auch das würde ich tun, wenn das Heil des Schatzes und der Waffen es erfordert. Lassen Sie mich aber zunächst an das Notwendige denken; dem Präsidenten können Sie dann das sagen, was Sie für gut befinden.«

Der Regierungsagent wollte noch etwas entgegnen, aber da schloss ihm der Kapitän auch schon mit den folgenden Worten den Mund:

»Keine Silbe mehr, oder ich sehe mich gezwungen, Sie in Ihrer Kabine einzuschließen. Haben Sie mich verstanden, hier bin ich der Kommandant!«

Das war der Grund, weswegen der *Pilcomayo*, wie wir es im ersten Kapitel erfahren haben, vor der Mündung des Río de la Plata, die von den Schiffen der Alliierten sorgfältigst bewacht wurde, kreuzte. Ohne Zweifel hatten Letztere die schnelle Abreise des Kreuzers von Boston durch ihre Konsuln erfahren und lauerten nun Tag und Nacht auf ihn, um ihn entweder durch das Feuer ihrer Kanonen zurückzutreiben oder ihn, wenn möglich, durch einen konzentrischen Angriff[1] zu kapern.

3. Die Kisten des Kapitäns Candell

Als der unerschütterlich tapfere Kapitän Candell das Kommando »Mit Volldampf vorwärts« gegeben hatte, verdoppelte der *Pilcomayo* seine Fahrgeschwindigkeit; sein Vorderteil war der Mündung des Río de la Plata zugekehrt. Er lief mit einer Geschwindigkeit von vierzehn Knoten[2], eine ungewöhnlich gute Leistung für ein Schiff, besonders zur damaligen Zeit. Dieser Umstand verlieh ihm einen ungeheuren Vorteil über alle Schiffe der Alliierten, deren beste nicht über zwölf Knoten liefen.

Die ganze Bemannung, die nun schon drei Nächte unter Waffen stand, zählte Leute zu den ihrigen, welche unzweifelhafte Proben von Mut und Kühnheit gegeben hatten, und alles war kampfgerüstet: die Scharfschützen hinter der Reling mit dem Karabiner in der Faust und dem Enterhaken an der Seite, die Artilleristen bei der gro-

[1] Hierbei handelt es sich um einen Angriff aus allen Richtungen oder von mehreren Seiten, der auf ein einziges Ziel ausgerichtet ist.

[2] Ein Knoten entspricht einer zurückgelegten Seemeile (1,852 km) in der Stunde. Das Schiff schafft also in einer Stunde vierzehn Seemeilen oder fast sechsundzwanzig Kilometer.

ßen Kanone, die aus dem Panzerdrehturm hervorlugte, und hinter der Mitrailleuse.

Der Kapitän stand auf der Kommandobrücke, das Sprachrohr in der einen, den Revolver in der anderen Hand, ihm zur Seite seine Offiziere, während Master Diego das Steuerrad handhabte, jeden Augenblick bereit zu wenden oder den Kreuzer in die Mündung des Río de la Plata hineinzulenken.

Tiefes Stillschweigen herrschte am Bord, nur allein von den eiligen Stößen der Maschine und dem Zischen des Dampfes unterbrochen.

Nach den früher erwähnten Signalen sah man keine Rakete mehr, weder auf dem Meer noch an der Küste. Nichtsdestoweniger fühlten alle die Nähe des Feindes.

Die Schiffe, welche die Signale gegeben oder empfangen, hatten sich ohne Zweifel auf die Route des Flüchtlings geworfen, bereit, ihm den Weg nach dem Süden und nach dem Norden zu verlegen, wenn er wenden und das hohe Meer aufsuchen wollte.

Der *Pilcomayo* lief schon eine halbe Stunde, ohne auch nur eine Linie von dem eingeschlagenen Kurs abzuweichen, als plötzlich dreihundert Meter vor seiner Spitze ganz unvermutet, wie auf dem Wasser schwimmend, ein leuchtender Punkt erschien, der mit großer Schnelligkeit näherkam.

»Hoho!«, schrie Master Diego und machte hurtig eine halbe Radwendung. »Will der Dummkopf vielleicht ein wenig unseren Sporn kosten? Hüte dich, Bürschchen, der ist sehr gediegen und würde aus dir Beefsteak machen.«

»Hollahoh! Eine Dampfschaluppe an der Spitze«, rief jetzt eine Schildwache vom Korb des Hauptmastes.

»Dass mir keiner feuert«, rief der Kommandant.

Die signalisierte Schaluppe hatte kaum unseren Dampfer bemerkt, als sie schnell umkehrte und den Kurs gegen Süden nahm. In wenigen Augenblicken war sie im Dunkel verschwunden.

»Sag Diego, was hat denn diese Schaluppe hier gewollt?«, fragte eine Stimme.

Der Fragende war ein Bürschchen von sechzehn bis siebzehn Jahren, schlank aber sehnig, gelenkig wie ein Eichkätzchen, braun wie ein Indianer, aber schön von Antlitz. In seinen Augen las man einen nicht gewöhnlichen Mut und große Tatkraft.

»Ah! Du bist's, Bürschchen«, sagte der Master. »Diese Schaluppe ist ein Raubvogel, der gekommen ist, uns auszuspähen.«

»Nun, und jetzt sind wir entdeckt?«

»Weißt du das erst jetzt?«

»Hab es geahnt, Diego! Und wie werden wir der Patsche entrinnen?«

»Wüsste ich nicht, dass in deinen Adern trotz deiner Jugend ein treffliches Blut rollt, und hättest du nicht schon Proben unzweifelhaften Mutes gegeben, ich würde mich hüten, dir die Wahrheit zu sagen.«

»Du bist wahrscheinlich der Ansicht, dass es mit unserer Haut spottschlecht bestellt ist.«

»O, ich fürchte, in ein paar Stunden liegen wir alle mitsammen drunten am Meeresgrund. Armes Bürschchen, du!«

»Ich hab keine Furcht, Diego«, sagte der kleine Mann mit kühner Entschlossenheit. »Du wirst mich wie einen alten Seemann kämpfen, und wie einen Helden sterben sehen.«

»Ich weiß es, du bist ja aus allerbester Familie. Dein Vater starb den Heldentod auf der Kommandobrücke seines Schiffes mit der Fahne Paraguays in der Faust und dein Bruder zeigte den Brasilianern, wie Söhne unseres Vaterlandes zu sterben wissen. Welch ein Schmerz für deine arme Mutter, auch dich verlieren zu müssen.«

»Diego!«, sagte der Jüngling tief bewegt. »Jetzt ist nicht die Zeit, mich an meine Familie zu erinnern, noch mir ins Gedächtnis zu rufen, dass eine teure Mutter in tausend Ängsten auf mich wartet.«

»Hast recht, Cardozo! Manche Dinge werden dadurch schlechter, anstatt besser, besonders dann, wenn es heißt, Courage und nichts anderes als Courage zu haben. Aber ich will über dich wachen, als wärst du mein eigenes Kind, und mag kommen, was da wolle, ich werde stets an deiner Seite sein.«

»Tausend Dank, Diego«, sagte das Bürschchen lächelnd. »Wenn dich nur keine Kugel früher trifft als mich.«

»Dann aber Gute Nacht! Aber es gibt noch jemanden, der für dich in jeglicher Weise sorgt, und das ist unser Kommandant. Der ist dir sehr gewogen und wird deiner nie vergessen … Ah, da sind sie!«

»Bemerkst du etwas?«

»Vor uns sind Lichter.«

»Ist es vielleicht die feindliche Flotte?«

»Ohne Zweifel, sie bewacht die Mündung des Río de la Plata.«

»Also die Ohren fein geputzt, bald werden wir ein schönes Konzert zu hören bekommen«.

»Wie, du machst Scherze?«

»Ist dir das nicht recht, alter Seebär?«

»Im Gegenteil, mein Junge, mich freut es, dass du keine Furcht hast.«

»Master Diego!«, rief in diesem Augenblick der Kommandant.

»Zu Befehl, Kapitän«, erwiderte der Steuermann.

»Halt nach Süden zu, um eine Begegnung mit den Alliierten zu vermeiden. Bemerkst du sie?«

»Jawohl, Kapitän!«

»Gut. Kameraden! Die Kanone instand gesetzt, erwidert das Feuer so rasch wie möglich, und gut gezielt.«

Die Signallichter der Flotte waren sechs bis sieben Meilen entfernt, man konnte sie sehr gut über der dunklen Linie des Horizontes ausmachen. Aus ihrer Anzahl ließ sich auf eine beträchtliche Anzahl von Schiffen schließen, die in breiter Linie verteilt waren, um die Riesenmündung des Río de la Plata vollständig abzusperren.

Der *Pilcomayo* dampfte mit rasender Schnelligkeit nach Süden, wo man keine Lichter sah, und in weniger als einer halben Stunde war er in den Gewässern des Ríos.

»Nichts in Sicht?«, fragte der Kapitän die Schildwachen in den Mastkörben.

»Ein Schiff – Backbord!«, rief eine Stimme.

Alle Gläser und alle Augen richteten sich auf diesen Punkt. Eine schwarze Masse von enormem Umfang war wenige Kabellängen vom *Pilcomayo* entfernt aufgetaucht und hielt direkt auf ihn zu, jedenfalls in der Absicht, ihn zu rammen.

»Volldampf!«, schrie Kapitän Candell. »Diego! Das Steuerrad ganz umlegen!«

Einen Augenblick darauf schoss wenige Armlängen vom Stern des *Pilcomayo* entfernt das feindliche Schiff vorbei. Einmal im vollen Lauf, konnte es nicht anhalten und verschwand im Dunkel der Nacht.

»Uff!«, rief der Master, indem er sich die kalten Schweißtropfen von der Stirn trocknete. »Einen Moment später und wir wären verloren gewesen!«

»Hast du das Fahrzeug gut gesehen, alter Seebär?«, fragte Cardozo, der nicht von der Seite des Steuermannes wich.

»Ja, mein Junge! Und ich sage dir, es war eine große feindliche Fregatte[1]. Wenn die an uns angerannt wäre, hätte sie uns alle Eingeweide aus dem Leib gerissen.«

[1] Kriegsschiff mit einem oder auch zwei Verdecks, zwanzig bis vierzig Kanonen, welches nicht sehr hoch über dem Wasser geht und leicht zu segeln ist.

»Wird sie uns jetzt in Ruhe lassen?«

Master Diego antwortete nicht.

Ein Blitz leuchtete dort drüben auf der weiten Wasserfläche, ein gewaltiger Donnerschlag folgte erschütternd nach. Eine Kugel schwirrte über das Deck des *Pilcomayo* und fuhr drüben klatschend in das Meer.

»Alle Teufel«, rief Kapitän Candell, »die Partie ist verloren!«

»Warum, Señor?«, fragte eine Stimme.

»Ah! Sie sind es, Señor Calderon?«, erwiderte Candell mit Ironie. »Ich glaubte, Sie wären in der Kajüte, um Ihre heile Haut vor den Kugeln der Alliierten zu schützen.«

»Ich habe eine Frage an Sie gestellt, Ihnen aber nicht Veranlassung zu schlechten Witzen gegeben«, sagte der Regierungsagent ruhig und gemessen, aber es klang so etwas wie eine leise Drohung aus seinen Worten.

»Nun, ich sage, dass dieser Kanonenschuss die ganze Flotte herbeirufen wird, die uns dann den Weg verlegt. Passen Sie auf, ob nicht alles so kommt.«

In der Tat begannen sämtliche Signallichter der Schiffe, die bisher unbeweglich schienen, vorzurücken und näherten sich mit unheimlicher Schnelligkeit.

Raketen um Raketen stiegen von allen Punkten der Küste auf und durchfurchten weithin feurig das Dunkel der Nacht.

»Werden Sie vorwärts dringen?«, fragte der Regierungsagent nach einigen Minuten des Schweigens.

»Das ist unmöglich, besonders jetzt, wo wir entdeckt sind.«

»Was gedenken Sie also zu tun? Könnten wir denn nicht an irgendeinem Punkt ans Land gehen?«

»Da möchten wir kaum eine Meile weit ins Innere marschieren und hätten sofort die argentinischen Soldaten oder die Montevideos auf den Fersen.«

»Was gedenken Sie also zu tun?«

»Die hohe See aufsuchen, den Schatz des Präsidenten retten und dann hierher zurückkehren, um den Tod fürs Vaterland zu sterben, um so dem Verdacht zu entgehen, dass ich die Alliierten gefürchtet habe«, entgegnete der Kapitän mit eiserner Entschlossenheit.

»Ich verstehe wirklich nicht, wie Sie die Millionen des Señor López retten wollen«.

»Das geht doch nur mich etwas an.«

»Nein, Señor! Und ich befehle Ihnen, den Río hinaufzudampfen, und wenn wir alle dabei zugrunde gehen müssten.«

»Später, jetzt nicht.«

»Kapitän Candell! Entweder gehorchen Sie mir oder ich bin gezwungen, das Kommando jemand anderen zu übertragen.«

»Nur zu, Señor, wir wollen sehen, ob meine braven Leute mir oder Ihnen gehorchen werden.«

Der Regierungsagent begriff ganz gut das Unnütze einer solchen Probe, biss sich in die Lippen und machte eine verächtliche Gebärde.

»Ich werde dem Präsidenten Bericht erstatten«, sagte er dann mit dumpfer Stimme.

»Immerhin Señor! Aber schwerlich werde ich dann noch zur Zahl der Lebenden gehören.«

Er setzte das Sprachrohr an den Mund, richtete sich hoch auf und kommandierte:

»Steuermann! Umwenden und hinaus in die hohe See!«

Einen Augenblick später drehte sich der *Pilcomayo*, sein Stern war der amerikanischen Küste zugewendet, und mit Volldampf rauschte er hinaus ins weite Atlantische Meer.

Die früher erwähnte Fregatte erschien urplötzlich in geringer Entfernung und zeigte ihren scharfen Stahlsporn.

Drei Blitze zuckten, gefolgt von dem Gebrüll des Donners, und drei Projektile flogen pfeifend durch die Takelage des Kreuzers.

»Viel zu hoch, mein Lieber!«, sagte Kapitän Candell lachend. »Geh, Master Alonso, schick einmal einen Bonbon zu diesem Spitzbuben da hinüber.«

Der Kanonier, dem kein Kommando erwünschter kam, beugte sich über die große Kanone, zielte einen Augenblick, dann riss er hastig an der Zündschnur.

Ein Feuerstrahl schoss aus der Mündung des Geschützes und beleuchtete flammend das ganze Deck; eine furchtbare Detonation folgte, die das ganze Mastwerk erschütterte. Wenige Sekunden darauf hörte man von der weiten Wasserfläche her ein Splittern und Krachen und sah die Fregatte ihren Kurs verlangsamen, endlich ganz still halten.

Am Deck derselben huschten Lichter hin und her, dann rief eine Stimme ganz deutlich:

»Die Schraube ist in Trümmern …«

»Nummer eins!«, sagte Master Diego. »Dieses verdammte Schiff lässt uns jetzt wohl in Ruhe.«

Zwei weitere Blitze zuckten aus dem Zwischendeck der Fregatte, gefolgt von einer Reihe ununterbrochener Detonationen, offenbar Mitrailleusenfeuer, welches das Hinterteil des *Pilcomayo* fegte.

»Die Biedermänner da drüben geraten in Wut«, sagte der junge Cardozo, welcher ohne Sorge mitten im Kugelregen stand. »Pah! Wir sind aus hartem Holz geschnitzt. – Nicht wahr, alter Seebär?«

»Ja, ja, einstweilen«, erwiderte der Master. »Es wird sich wohl zeigen, ob unser Fell auch den Kanonen der ganzen Flotte gegenüber standhält.«

»Verfolgt sie uns?«

»Ohne Zweifel, mein Junge! Schau nur diese Lichter, wie sie schnell laufen.«

»Aber wir laufen noch schneller, Master!«

»Wenn wir genug Kohlen haben. Ich fürchte aber, wir haben nicht mehr viel davon. Ah! Wieder diese verwünschten Spitzbuben von gestern Abend.«

Im Norden waren zwei Raketen aufgestiegen, eine andere im Osten. Jedenfalls rührten sie von Schiffen her, welche draußen auf hoher See kreuzten. Als Kapitän Candell diese Signale sah, umwölkte sich seine Stirn.

»Jetzt geht es schlecht aus«, murmelte er, »wenn ich mich nicht spute, den Schatz des Präsidenten zu retten. Nun, ich habe drei Stunden Vorsprung, das genügt.«

Er stieg von der Kommandobrücke herab, gab seinen Offizieren ein Zeichen, ihm zu folgen und näherte sich der geheimnisvollen Kiste.

»Ist alles bereit?«, fragte er die Offiziere.

»Alles«, war die Antwort.

»Also beeilen wir uns.«

»Was machen Sie da?«, rief eine Stimme.

»Ah! Sie sind's, Señor Calderon«, sagte der Kapitän. »Gleich werden Sie es sehen.«

»Aber was enthält denn diese Kiste?«

»Einen Ballon, Señor!«

»Einen Ballon? Wozu soll der dienen?«

»Zum Henker! Um die Millionen des Präsidenten zu retten.«

»Ich verstehe Sie nicht.«

»Sie werden sogleich alles verstehen. Aber nun bitte ich, lassen Sie mich ungestört, meine Minuten sind kostbar.«

Dann sagte er mit ruhiger Stimme:

»Ingenieur, löschen Sie die Feuer!«

»Aber, Señor«, rief der Regierungsagent, »sehen Sie denn nicht, dass die Flotte der Alliierten Jagd auf uns macht?«

»Ich sehe es.«

»Wenn Sie die Feuer löschen lassen, gibt es doch kein Entrinnen mehr.«

»Das weiß ich, aber ich bin besorgt, dass Feuerfunken des Rauchschlotes meinen Ballon zur Explosion bringen.«

»Das ist eine Narrheit, das heißt sich selbst morden.«

Der tapfere Kommandant zuckte mit den Achseln.

Er gab einigen Matrosen, die am Haupt- und am Fockmast standen, ein Zeichen. Sie zogen die Leinen straff an, welche von den beiden Masten niederhingen und an denen man, wie erwähnt, den Ring befestigt hatte, der oben auf dem Seidenstoff der geheimnisvollen Kiste lag; sie zogen einen Ballon heraus, freilich noch schlaff, aber aus seiner Länge konnte man auf seine riesige Größe schließen. Als das obere Ende fast bis zur Spitze der Masten emporgezogen war, wurde die untere Öffnung des Ballons über eine Röhre gestülpt und beides sorgfältig verbunden.

»Öffnen Sie das Ventil«, kommandierte der Kapitän einem der Offiziere.

Man hörte ein scharfes Pfeifen, hervorgebracht durch das einströmende Gas; der Ballon schwoll nach und nach zu immer größeren Dimensionen an, schwankte hin und her und zeigte Lust, in die Lüfte zu steigen.

»Aber woher haben Sie dieses Gas?«, fragte Señor Calderon, der sich vor Erstaunen kaum zu fassen wusste.

»Das Gas? Das habe ich, in feste Stahlzylinder gepresst, von Boston aus mit mir genommen«, erwiderte der Kapitän. »Es genügt, eine Röhre darüber zu stülpen, den Hahn zu öffnen; eine kinderleichte Sache, wie Sie sehen.«

»Und wenn der Ballon gefüllt ist, was werden Sie dann tun?«

»Ich lasse zwei bis drei verlässliche und dabei mutige Leute die Gondel besteigen, übergebe ihnen den Schatz und durchschneide die Stricke«, erwiderte der Kommandant ruhig. »Auf mein Wort, die Alliierten kriegen die Millionen nicht.«

»Aber auch der Präsident bekommt sie nicht.«

»Warum nicht, Señor Calderon? Der Wind weht in diesen Breiten und diesen Gegenden fast immer aus Osten, der Ballon wird gegen das Land getrieben werden, über die Köpfe der Alliierten fliegen und weit entfernt von ihnen zur Erde sinken. Den Leuten, welche die Fahrt mit ihm antreten, wird es nicht so schwer werden, Paraguay zu erreichen.«

»Aber wenn sich der Wind durch irgendeinen Zufall wendet und der Ballon über die hohe See getrieben wird, weit von der Küste weg?«

»Dann ist es besser, die Millionen fallen ins Meer, als in die Hände unserer Feinde. Doch jetzt bitte ich, mich in Ruhe zu lassen, damit ich die Füllung überwachen kann.«

Der Ballon blähte sich mit außerordentlicher Schnelligkeit und nahm gierig den komprimierten Kohlenwasserstoff in sein Inneres auf. Jetzt wiegte er sich schon in der Luft, und die Stricke, an denen ihn mehrere Matrosen festhielten, spannten sich straff. Nur noch einige Zylinder Gas, und er war bereit, in die Lüfte zu steigen.

Auf einmal hörte man in der Ferne eine Detonation und eine Kugel schlug wenige Armlängen vom Hinterteil des *Pilcomayo* entfernt ins Wasser und wirbelte es auf.

»Aha! Sie sind da«, sagte der Kapitän mit ruhiger Stimme. »Schnell noch einen Zylinder und dann die Gondel befestigen.«

Er fixierte den Punkt, wo der Schuss aufgeblitzt hatte, und nahm auf eine Distanz von circa sechs Kilometern ein großes Schiff wahr, das sich mit beschleunigter Eile näherte. Weiter weg erblickte man andere Schiffe, welche sich anschickten, den armen Kreuzer zu umzingeln.

»Bis sie auf Schussweite kommen, sind wir fertig«, sagte er.

Er warf einen Blick auf seine Bemannung, welche unerschrocken den Angriff der feindlichen Flotte erwartete, dann rief er laut:

»Master Diego!«

Der Steuermann trat vor und salutierte.

»Mein alter Freund«, sagte der Kommandant, »ich vertraue dir eine schwere Aufgabe an.«

»Befehlen Sie nur, Kommandant!«

»Du musst diesen Ballon besteigen und dein Glück versuchen.«

»Ich tue es, Kapitän«, entgegnete der Master ohne Zaudern.

»Ich vertraue dir die Millionen des Präsidenten an.«

»Sehr wohl, Kommandant.«

»Schwöre mir, dass du, sobald du das Land erreichst, ihn aufsuchen wirst, wo immer er sich befinden mag.«

»Ich schwöre es bei meinem Gott, bei meiner Ehre und bei der Fahne unseres Vaterlandes.«

»Besten Dank, tapferer Kamerad! Jetzt suche dir einen Gefährten ganz nach deinem Belieben aus.«

»Den da, Kapitän«, sagte der Master, indem er auf Cardozo zeigte. »Nicht wahr, du hast keine Furcht, mein Bürschchen?«

»Nein, Diego«, entgegnete der Junge. »Im Gegenteil, ich danke dir, dass du an mich gedacht hast.«

»Señor Calderon«, sagte der Kapitän, indem er sich zum Regierungsagenten wendete. »Ziehen Sie das Leben oder das Sterben vor?«

»Warum diese Frage?«, forschte der Agent.

»Warum? Weil Sie, wenn Sie bei mir bleiben, in einer Stunde sterben müssen, wenn Sie aber den Ballon besteigen, sich vielleicht – wer weiß es – retten können.«

»Mein Posten ist bei dem Schatz des Präsidenten.«

»Ganz gut, Señor!«

Ein neuer Kanonenschuss dröhnte über das Meer und eine zweite Kugel schlug nicht weit vom *Pilcomayo* ins Wasser.

Der Kapitän warf einen Blick auf den Ballon, der nahezu gefüllt war.

»Die Röhre weg«, kommandierte er, »die Mündung verschließen, die Gondel anhängen.«

Diese Befehle wurden sofort ausgeführt.

»Fehlt nichts?«, wendete er sich fragend an seine Offiziere.

»Nichts, Señor«, antworteten sie. »Waffen, Proviant, Kleider, Ballast, alles ist an Ort und Stelle.«

Eine neue Kugel der Fregatte flog über das Deck des Kreuzers und streifte beinahe den Ballon.

»Einschiffen!«, kommandierte der Kapitän, und seine Stimme zitterte etwas vor Bewegung.

Der Regierungsagent, Master Diego und der junge Cardozo sprangen schleunigst in die Gondel.

Da zog der Kapitän zwei große Etuis aus seiner Tasche und legte sie in die Hände des Masters.

»Das sind die Millionen des Präsidenten«, sagte er. »Ich vertraue sie dir an, deiner Redlichkeit und Ehrenhaftigkeit.«

»Diese Millionen sind gut aufgehoben, Kommandant«, entgegnete der alte Seemann gerührt.

»*A Dios,* tapferer Kamerad!«

»Gott mit Ihnen, Señor!«

Der Kapitän winkte. Die Matrosen ließen die Stricke los und der Ballon, frei geworden, schwang sich majestätisch in die Lüfte, während die ganze Bemannung in den Ruf ausbrach:

»Es lebe Paraguay! Es lebe der Präsident!«

4. Das Gefecht

Es war höchste Zeit.

Mit größter Schnelligkeit nahte die Flotte der Alliierten von allen Seiten und umzingelte den tapferen Kreuzer, der wegen seiner gelöschten Feuer gänzlich ohnmächtig und unfähig war, zu manövrieren oder zu entkommen.

Die feindliche Macht bestand aus drei Fregatten und vier Korvetten, ausgerüstet mit einer Gesamtzahl von neununddreißig Geschützen meist großen Kalibers, mit mehreren Mitrailleusen und einer Bemannung von dreitausendzweihundert Mann; imposant, unüberwindlich für den *Pilcomayo* mit seiner dürftigen Bewaffnung und seiner winzigen Bemannung. Was nützte es, dass letztere entschlossen war, tapferen Widerstand zu leisten und schließlich lieber in die Luft zu fliegen, als Waffen und Munition in die Hände der Feinde fallen zu lassen?

Als der Ballon mit außerordentlicher Schnelligkeit in die Lüfte stieg, gellte ein Schrei der Wut von allen feindlichen Verdecken. Ohne Zweifel ahnten die Alliierten den bösen Streich, den ihnen Kapitän Candell gespielt hatte; wussten sie doch ganz genau, dass er außer Munition und Waffen auch die Millionen des Präsidenten López an Bord habe.

Von allen Kommandobrücken scholl es wie ein einziger Ruf:

»Feuer auf den Ballon!«

Auf diesen Befehl feuerten die Schiffe einige Male. Die Bemannung aber kletterte auf die Masten, stieg auf die Rahen und in die Mastkörbe, endlich sogar auf die Mastspitzen und schoss mit ihren Karabinern auf den Ballon, während die Mitrailleusen mit aufwärts gerichteten Läufen unablässig ihre Todesboten ausspien. Zwei Schif-

Der Ballon schwang sich majestätisch in die Lüfte.

fe hielten sogar im Lauf inne, schwenkten ab, stachen in die hohe See und gaben von dort einige Kanonenschüsse ab, aber alles das kam zu spät.

Der Ballon war schon zu hoch und stieg noch immer mit rapider Schnelligkeit. In wenigen Augenblicken entschwand er im Dunkeln den ihn verfolgenden Blicken.

Er hatte eine Höhe von zweitausendfünfhundert Meter erreicht, kam in eine günstige Luftströmung und segelte so hoch über dem Ozean mit einer Schnelligkeit von nicht weniger als fünfzig oder sechzig Kilometern in der Stunde dahin.

Master Diego, Cardozo und der Regierungsagent waren also alle drei mit heiler Haut und wohlbehalten dem Hagelwetter von Eisen und Blei entronnen. Tief bewegt lehnten sie dort an der Gondelbrüstung, beugten sich hinab und verfolgten mit gespanntester Aufmerksamkeit die leuchtenden Punkte, welche drunten den Ozean durchfurchten. In diesem Augenblick beschäftigte sich keiner mit dem Luftschiff, das weiß Gott welchen Ländern oder welchen Meeren zusteuerte, sie dachten einzig nur an den armen *Pilcomayo*, den sie in so furchtbarer Lage verlassen hatten: war er ja ringsum von der Flotte der Alliierten umzingelt und seine Feuer gelöscht.

Nach dem heftigen Gewehrfeuer auf den Ballon war eine tiefe Stille eingetreten. Kein Lärm drang an das Ohr der Luftschiffer, nicht das Pusten der Maschinen, nicht die Kommandorufe der Kapitäne, die jetzt von allen feindlichen Verdecken ertönen mussten.

Auf einmal durchzuckte ein Feuerstrahl wie der Blitz die Meeresfläche und ein gewaltiger Donner drang von unten herauf. Dann noch ein zweiter, ein dritter, endlich ungezählte, gefolgt von den heftigsten Detonationen und dem Geknatter der Gewehre und Mitrailleusen. Feuerlinien durchkreuzten sich nach allen Richtungen und Pulverdampf stieg hoch zum Himmel empor, ab und zu in grell rötlichen Farben. Mitten in dieser wilden Kanonade tönte Geschrei herauf, das nach und nach erstarb, je weiter sich der Ballon vom Schauplatz des Kampfes entfernte.

Auf einmal durchschnitt ein blendendes Licht das Dunkel, stieg himmelhoch empor und sprühte nach allen Seiten leuchtende Punkte aus, ihm folgte kurz darauf ein dumpfer Knall, der einige Minuten anhielt, dann war alles still und finster.

Master Diego und Cardozo, welche allen Phasen des Kampfes mit beklommenem Herzen gefolgt waren, richteten sich auf und blickten einander starr an.

»Sie sind in die Luft geflogen«, sagte der Master tief bewegt.

»Glaubst du das?«, fragte Cardozo, und in seinem Auge glänzte eine große Träne.

»Ich befürchte es.«

»Aber kann nicht auch ein feindliches Schiff in die Luft geflogen sein?«

»Nein! Dann hätte die Artillerie nicht geschwiegen.«

»Ah! Wenn wir's wüssten!«

»Der Wind treibt uns mit größter Schnelligkeit hinweg, und wenn die Sonne aufgeht, sind wir weiß Gott wie weit von der Mündung des Río de la Plata entfernt.«

»Aber eines Tages werden wir doch wissen, was mit unseren unglücklichen Kameraden geschehen ist.«

»Ich hoffe es, trotzdem wir nicht weniger unglücklich sind als sie.«

»Wie meinst du das, Diego?«

»Ich will dir keine Illusionen machen, mein guter Cardozo. Ich will dir nicht verhehlen, dass wir uns vielleicht in einer traurigeren Lage befinden als unsere Kameraden.«

»Warum?«

»Weiß du denn, wo unsere Fahrt enden wird? Unter uns ist das Meer, und vielleicht verschlingt es uns.«

»Fliegen wir nicht der amerikanischen Küste zu?«

»Gegenwärtig nicht; der Wind trägt uns nach Süden.«

»Es kann uns aber ein Schiff begegnen und wir können herabsteigen. Hast du niemals ein solches Luftschiff manövriert?«

»Niemals!«

»Und Señor Calderon?«

»Ich glaube, der weiß gerade so viel wie ich.«

»Wenn es nur ein Mittel gäbe, um den Ballon zum Sinken zu bringen.«

»Um das zu können, braucht's nicht viele Kenntnisse. Ein Zug an dieser Leine, die da von oben herabhängt, genügt, um das Ventil zu öffnen.«

»Wenn du eine Manipulation kennst, die man anstellen muss, um zu sinken, dann sorge ich mich um weiter nichts, Diego.«

»Nun, wollen sehen, ob es hinreicht.«

»In welcher Höhe befinden wir uns jetzt?«

»Bei dreitausend Meter«, antwortete der Master, »aber wir steigen noch immer, ich schließe das aus dem beständigen Fallen des Barometers.«

»Gut! Mir wäre es ganz recht, bis in den Himmel hinauf zu steigen.«

»Das geschieht gewiss nicht, Junge! Dessen darfst du sicher sein. Im Gegenteil, wir werden fallen. Das Gas entweicht immer, mag auch der Ballonstoff noch so dicht gewebt sein.«

»Sag mir: scheint dir nicht der Ballon zu wenig gefüllt? Ich sehe, dass er große Falten hat.«

»Wenn wir ihn vollständig gefüllt hätten, wäre er jetzt schon geplatzt, denn kenne ich mich bei diesen und ähnlichen Luftschiffen auch nicht viel aus, so weiß ich doch, dass sich das Gas beim Steigen des Ballons nach und nach ausdehnt, der Druck der Atmosphäre lässt nach, die Expansivkraft des Gases nimmt aber in gleichem Verhältnis zu und schon mehr als ein Ballon ist geplatzt, weil er zu stark gefüllt war.«

»Hoffen wir, dass uns kein solches Missgeschick trifft. Heiliger Gott! Das wäre ein Purzelbaum, alter Seebär!«

»Ein Purzelbaum, dreitausend Meter tief hinab.«

»Wir haben aber das Meer unter uns.«

»Keiner von uns würde es lebend erreichen, sei dir dessen versichert, Cardozo.«

»Fliegen wir schnell? Sonderbar, mir kommt es so vor, als seien wir total unbeweglich.«

»Im Gegenteil, ich glaube, wir segeln mit außerordentlicher Schnelligkeit. In der Frühe werden wir sehen, wie weit wir von der amerikanischen Küste entfernt sind. O, wenn wir hinübersetzen könnten über die Argentinische Republik und landen könnten inmitten Paraguays, inmitten der braven Truppen unseres tapferen Präsidenten. Das wäre der schönste Tag meines Lebens …«

Ein heiseres Lachen, so ironisch wie nur eines sein kann, unterbrach ihn. Der alte Seemann wendete sich mit sprühenden Augen und gerunzelter Stirne um – da stand der Regierungsagent angelehnt an den Rand der Gondel, die Hände über der Brust verschränkt. Verwundert schaute er ihn an.

»Was haben Sie zu lachen, Señor, und zwar derartig zu lachen?«, fragte er nicht sehr höflich.

»Ich lache, weil Sie von einem Sinken und Landen in Paraguay sprechen; der Wind treibt uns doch über den Atlantischen Ozean«, antwortete der Agent ruhig und gemessen.

»Unmöglich, Señor!«, rief der Master. »Kurz vorher blies der Wind ja aus dem Osten und trug uns nach der Küste.«

Der Agent zuckte mit den Achseln und wies, ohne ein Wort zu verlieren, auf den Kompass.

Beide Matrosen stürzten zugleich auf das Instrument, und als sie sich aufrichteten, da waren sie bleich geworden wie die Wand und murmelten:

»Bei Gott! Wir werden über den Ozean getrieben.«

Einige Sekunden herrschte tiefes Schweigen in der Gondel, nur die Falten des Ballons rauschten im Wind. Trotz ihres außerordentlichen Mutes erfasste doch ein gewisses unbestimmtes Bangen die zwei Matrosen des *Pilcomayo*, denn sie wussten zur Genüge, welch traurige Folgen ein Flug über den Atlantischen Ozean haben konnte.

»Können wir denn gar nichts tun, um unseren Kurs zu ändern?«, fragte Diego den Agenten.

»Nichts«, antwortete er ohne eine Spur von Erregung.

»Wann wird der Ballon fallen?«

Der Agent schüttelte den Kopf, dann drehte er sich um, lehnte sich an die Brüstung der Gondel und schaute woanders hin.

»Uff! Unsere Lage wird auf einmal kohlrabenschwarz«, sagte der Master. »Pah! Nach alledem sind wir geradeso dem sicheren Tod verfallen wie unsere guten Kameraden vom *Pilcomayo*.«

»Vielleicht dreht sich aber der Wind«, meinte Cardozo.

»Hoffen wir es, mein Junge … Doch sag mir, hast du Furcht?«

»Nein, ich schwöre es dir, nein! Ich empfand ein leises Bangen, doch nun ist es vorbei.«

»Das freut mich, Cardozo. Doch jetzt ruh dich aus. Du wirst müde sein, und lass mich wachen. Wenn ich dich benötige, werde ich dich gewiss wecken. Sorge nicht.«

»Nun gut, ich will folgen, aber wenn der Tag anbricht, ziehst du mich bei den Füßen.«

»Ja, ich verspreche es dir, mein Kind. Leg dich da auf die Säcke mit Ballast hin und schlafe ruhig, denn für jetzt sind wir in keiner Gefahr.«

Cardozo, der vor Müdigkeit kaum die Augen offen halten konnte, warf sich auf die Säcke, wickelte sich in eine Decke, um sich vor der empfindlichen Kälte, die in dieser Höhe herrschte, zu schützen, und war bald eingeschlafen. Diego blickte einen Moment auf den Kompass, dann auf das Barometer, das jetzt ständig eine Höhe von dreitausend Metern anzeigte, dann steckte er ein mächtiges Stück Kautabak zwischen die Zähne, lehnte sich über die Brüstung der Gondel und schaute aufmerksam hinab auf die dichte Finsternis, die über dem Meer sich lagerte.

Es war fast ganz still im Ballon, der seinen rapiden Flug nur durch ein leises, kaum fühlbares Schwanken verriet. Man hörte nicht das Rauschen des Wassers, vielleicht berührte der Wind, der hier oben herrschte, die Oberfläche des Meeres nicht im Mindesten; kein Knall oder Geschützdonner wies auf die Nähe der alliierten Flotte, kein Geräusch verriet einen vorbeifahrenden Dampfer, ganz still war es, kein Menschenlaut war zu hören, nicht einmal der Schrei eines Vogels.

Und wenn die größte Stille herrschte, so herrschte auch die größte Dunkelheit. Dichte Finsternis lag da drunten, die Erde war verschwunden, und mochte der Master die Augen auch zehn- und hundertmal reiben, kein Licht, weder nah noch fern, verriet das Vorhandensein einer Küste oder irgendeines menschlichen Wesens. Bloß über dem Ballon funkelten in majestätischer Pracht Millionen und Millionen Sterne, unter ihnen das wunderbar prächtige Kreuz des Südens.

Nach und nach bemerkte man im fernen Osten eine unbestimmte Helle, die Sterne verblassten nach und nach und die Finsternis verschwand. Tief drunten, wo die Erde lag, erschien zuerst eine bräunliche Fläche, die allmählich ins Blaue überging, mit stahlblanken Lichtern im Norden, Süden und Westen.

Auf das weiß schimmernde Licht folgte ein rötliches, das die Oberfläche des Ballons herrlich umflutete und da und dort die Azurfläche des Meeres mit flammendem Schimmer übergoss, dann stieg eine Welle von Licht und Glanz am fernen Horizont auf und es erschien inmitten von zwei Feuerwolken majestätisch groß der Sonnenball.

Der Master, der über der Brüstung der Gondel eingenickt war, richtete sich auf, rieb die Augen und schaute lang in die Weite und in die Tiefe. Nichts, absolut nichts, die Meeresoberfläche war vollständig leer, und dort im fernen Westen, wo Amerika lag, war keine Spur von Land bemerkbar.

»Zum Henker! Wo sind wir denn eigentlich?«, brummte er und kaute energisch an seinem Priemchen. »Fast scheint es, als hätte das Meer in diesen wenigen Stunden die Flotte der Alliierten verschlungen und ganz Amerika überschwemmt.«

Er drehte sich um und blickte ins Innere der Gondel – da stand noch immer der Regierungsagent angelehnt an die Brüstung, die Arme über seine Brust gekreuzt, die Blicke weit in die Ferne richtend, immer kalt, immer ruhig. Sein bleiches, so wenig sympathisches Gesicht verriet keine Überraschung und keine Erregung.

Der Junge Cardozo schlief noch tief und fest auf den Ballastsäcken, seine Hände waren leicht geballt, ein Lächeln schwebte aus seinen Lippen.

»Das Bürschchen träumt ohne Zweifel«, murmelte der Master, indem er einen Blick voll Zärtlichkeit auf ihn warf. »Welch eine Sünde, dass ich den Jungen in diese fatale Fahrt, die uns noch viel Meerwasser tief dort unten am Grund zu saufen geben wird, verwickelt habe.«

Er warf einen Blick auf den Kompass und stieß eine leise Verwünschung aus.

»Noch immer nach Osten!«, rief er unmutig. »Wo wird das enden?«

Er las das Barometer ab, es zeigte zweitausendachthundert Meter Höhe. Diese Entdeckung, fataler als die frühere, entsetzte ihn.

»Wir sinken bereits«, murmelte er. »Anstatt uns der Küste zu nähern, entfernen wir uns immer mehr und mehr. Wo werden wir in achtundvierzig Stunden sein?«

Er näherte sich dem Regierungsagenten und klopfte ihm leise auf die Schulter.

»Was wünschen Sie?«, fragte ihn Calderon, ohne sich umzuwenden.

»Wissen Sie Señor, dass wir fallen?«

»Ich weiß es«, entgegnete der andere gelassen wie immer.

»Und das entsetzt Sie nicht?«

»Habe ich denn ein Mittel, um uns steigen zu lassen?«

»Das nicht, aber …«

»Wenn die Sonne höher steigt und es wärmer wird, dann wird auch das Gas sich ausdehnen und wir werden höher als dreitausend Meter kommen.«

»Ist das wahr, Señor?«

Der Agent erwiderte nichts, sondern zog bloß die Schultern in die Höhe.

»Puh! Ist dieser Mensch ein Brummbär!«, klagte der Master. »Schon der Kapitän konnte ihn nicht leiden und wird wohl seine guten Gründe dazu gehabt haben. Aber pah! Er wird vielleicht doch noch zahm werden.«

Er näherte sich Cardozo und weckte ihn. Der Junge erhob sich, rieb sich die Augen, reckte die Glieder und sprang auf.

»Ah! Du bist's, mein guter Diego?«, rief er aus. »Ich träumte, daheim zu sein, und war doch im Ballon. Hollahoh! Die Sonne ist schon aufgegangen. Ja, wo sind wir denn eigentlich? Sieht man schon die Küste?«

»Wo wir eigentlich sind, kann ich dir nicht sagen. Sextanten haben wir keinen und können darum auch keine Ortsbestimmung vornehmen. Die Küste ist aber wohl so weit von uns entfernt, dass es besser ist, darüber gar nicht nachzudenken, wenigstens jetzt nicht.«

»Was ist's denn mit der Flotte der Alliierten?«

»Die ist verschwunden.«

»Wenn sie nur das Meer verschlungen hätte.«

»Ich sage dir, die dampft stolz ihrer Bestimmung zu und schleppt die Beute des armen *Pilcomayo* mit sich. Aber lassen wir diese Spitzbuben und trachten wir, einen rechtschaffenen Bissen zwischen die Zähne zu bringen. Ich hoffe, dass der Kapitän unseren Magen nicht vergessen hat.«

»Suchen wir, Diego. Ich sehe da eine Menge von Säcken und Säckchen und Kisten, die manch gutes Ding für uns enthalten werden.«

»Nehmen wir die Inventur vor.«

Der umsichtige Kapitän hatte an alles gedacht. Die zwei Matrosen fanden in der Gondel Dinge, welche ihnen für die Zukunft sowohl zu Wasser als auch zu Land treffliche Dienste leisten konnten.

Etwa hundert Kilogramm Biskuit, hinreichend für vier und mehr Wochen, eine Menge Fleischkonserven, getrocknete Fische, einige Pakete Schokolade, Kleider zum Wechseln, Wolldecken, zwei Präzisionskarabiner und zwei Pistolen mit genügender Munition, ein Beil, einige Messer, drei Schwimmgürtel, die von großem Vorteil bei einem eventuellen Absturz ins Meer wären, ferner zwei Barometer, zwei Thermometer und zwei Kompasse. Endlich eine kleine, tragbare Kochmaschine und eine angemessene Menge Alkohol als Feuerungsmaterial.

»Ich sage es ja immer, dass der arme Kapitän ein kreuzbraver Herr war«, meinte Diego, nachdem er alle Gegenstände in Augenschein genommen hatte. »Selbst wenn wir schließlich auf eine verlassene Insel verschlagen würden, hätten wir auf einige Zeit zu leben und könnten uns in der Wildnis Nahrung verschaffen.«

»Du, Master! Können wir jetzt vielleicht unsere Zähne probieren, ob sie noch gut beißen können?«

»Gerade wollte ich dir den Vorschlag machen, mein Junge!«

Im selben Moment sagte Señor Calderon, der seinen Platz noch immer nicht verlassen hatte, langsam die Worte:

»Ein Punkt auf dem Ozean!«

5. Der Pottwal

Auf diese Botschaft, die für unsere drei Reisenden von so großer Tragweite war (befanden sie sich doch weit von jedem Land, in einem Ballon, der jeden Augenblick fallen und sie ins Meer schleudern konnte), sprangen der Master und Cardozo auf und eilten an die Brüstung der Gondel.

In der Tat, der Regierungsagent hatte sich nicht getäuscht. Gegen Süden erblickte man auf der reinen azurblauen Fläche des Meeres einen großen schwarzen Punkt, der seine Richtung nach Osten zu nehmen schien, genau in die Direktionslinie des Luftschiffes. Man sah kein Rauchwölkchen über demselben, nichts weiß schimmerndes verriet irgendein Segel, nur seine längliche Form ließ keinen Zweifel zu, dass man es mit einem Schiff zu tun habe, und was das Merkwürdigste war, das sonderbare Fahrzeug verfolgte seinen Kurs – man sah dies trotz der großen Entfernung – mit nicht gewöhnlicher Schnelligkeit.

»Was soll das sein?«, fragte der Master und rieb sich ein ums andere Mal die Augen. »Kein Rauch, kein Segel, keine Masten. Soll das eine neue Art von Schiffen sein?«

»Ist's vielleicht ein Wrack?«, meinte Cardozo.

»Dann würde es nicht so rapid seinen Kurs verfolgen.«

»Ist's vielleicht ein Monitor[1]? Du weißt ja, dass diese nur einen kleinen Mast für die Signale tragen.«

»Jawohl, es wird ein Monitor sein. O, wenn wir nur ein Fernrohr hätten.«

»Wie weit sind wir von diesem Schiff entfernt?«

»Wohl acht bis zehn Meilen.«

»Wenn wir ihm Signale geben würden.«

»Der Gedanke ist gut, Cardozo, gib mir den Karabiner, dass ich ihn lade.«

Der Junge ergriff einen der Karabiner, lud ihn vorsichtig und gab ihn dem Master, der ihn abfeuerte.

Der Schuss hallte weithin, aber es kam keine Antwort. Ja, den beiden Seeleuten schien es, als setze das geheimnisvolle Schiff seinen Weg mit einer noch größeren Schnelligkeit fort.

»Diese Herren haben wenig Erziehung genossen«, sagte Cardozo lächelnd. »Wenn man grüßt, dankt man doch.«

»Mir kommt es auch sonderbar vor, dass die uns nicht bemerken sollten. Zum Teufel! Wären Wolken oder Berge um uns, würde ich's verstehen, aber wir schiffen ja inmitten kristallklarer Luft. Was denken Sie darüber, Señor Calderon?«

---

[1] Kleines, stark gepanzertes Kriegsschiff mit einem oder mehreren Geschütztürmen.

»Nichts«, antwortete der Agent.

»Mir scheint, Sie berührt die Nähe dieses Fahrzeuges nicht im Mindesten. Und doch, Señor, handelt es sich hier um Haut und Leben.«

Der Agent schwieg.

»Nun, wie's beliebt, Señor«, sagte der Master etwas spitzig. »Sie sind kein angenehmer Kamerad, das gebe ich Ihnen, wenn Sie wünschen, schriftlich.«

»Und, was wirst du nun tun, Master?«, fragte Cardozo. »Wir müssen doch auf alle Weise trachten, diesem verdammten Schiff nahe zu kommen.«

»Ich weiß es, finde aber das Wie nicht«, entgegnete der Master und drückte und presste seinen Kopf, als wolle er ihm mit Gewalt einen Gedanken entringen.

»Hab's gefunden!«, rief plötzlich der Junge. »Wenn wir uns ein wenig herablassen würden.«

»Sehr gut, mein Junge!«

»Auf einige hundert Fuß werden uns die Seeleute da drunten wohl bemerken, umso mehr, da wir ja denselben Kurs wie sie verfolgen.«

»Du hast recht.«

»Also lassen wir uns herab.«

»Das ist schnell geschehen, Cardozo.«

Der Master zog an der Ventilleine und dachte gar nicht darüber nach, was denn kommen werde, wenn sie unten keine Aufnahme fänden.

Auf den Riss an der Leine hörte man oben am Ballon ein scharfes Pfeifen, gefolgt von einer Menge kleiner Detonationen. Das Gas, das begierig den Ausgang aus seinem seidenen Gefängnis suchte, entwich mit großer Schnelligkeit.

Der Ballon fing langsam in Schaukelkreisen zu sinken an, immer in der Richtung nach Osten genau dorthin, wohin das abenteuerliche Schiff so außerordentlich schnell segelte.

Cardozo hing mit gespannter Aufmerksamkeit am Barometer, das langsam stieg, und zählte:

»Zweitausendfünfhundert Meter, … zweitausend, … fünfzehnhundert, … tausend, … fünfhundert, … vierhundert, … dreihundert, …«

»Das reicht!«, sagte Diego und ließ die Leine los.

Alle beide stürzten zur Brüstung der Gondel. Unter ihnen in ganz mäßiger Entfernung brüllte das Meer, seine schäumenden Wogen spritzten hoch auf bis hinauf zum Ballon, als wollten sie ihn schon jetzt gierig verschlingen.

Auf sechs bis sieben Kilometer Entfernung schwamm das wunderbare Schiff, und seltsam, jetzt schien es beinahe ganz untergetaucht, und noch seltsamer, man sah weder die blanke Fläche eines Decks noch irgendeinen Mast, keine Rauchsäule, keine Takelage.

Der Master und Cardozo schauten sich gegenseitig verdutzt und fragend an.

»Begreifst du die Geschichte?«, fragte endlich der Junge.

»Ich fürchte, ich habe eine kolossale Dummheit begangen«, antwortete der Master.

»Und warum das, guter Diego?«

»Weil das dort gar kein Schiff zu sein braucht.«

»Ja, was soll's denn sonst sein?«

Der Master sprach kein Wort. Über die Brüstung gebeugt, die Augen vor den Sonnenstrahlen durch die vorgehaltenen Hände geschützt, betrachtete er starr und mit gerunzelter Stirn das fragliche Fahrzeug. Auf einmal entfuhr ihm ein Schrei des Unwillens.

»Zum Henker!« ...

»Was ist denn geschehen?«, fragte beunruhigt Cardozo.

»Schau nur!«

Der Junge blickte in der angegebenen Richtung und machte eine Gebärde lebhaften Erstaunens. Das Schiff, das noch vor einigen Minuten dort schwamm, war verschwunden.

»In die Tiefe gesunken?«, fragte er.

»Wie du siehst.«

»Es war also doch ein Wrack?«

»Nein, ein Walfisch, ein Pottwal, kurz ein Meerungeheuer war's.«

»Das ist unmöglich!«

»Ja, ich habe aber mit meinen noch immer trefflichen Augen gesehen, wie das Tier seinen Schwanz erhob und dann untertauchte.«

»Und wir haben unserem Ballon wegen eines Walfisches Blut abgezapft.«

»Und wie schrecklich viel, Cardozo! Wir sind nur mehr hundertfünfzig Meter über der Meeresfläche.«

»Aber wir haben Ballast, Diego.«

»Ich weiß es; unsere Lage hat sich aber verschlechtert und der Wind bläst unausgesetzt aus Westen.«

»Und Wolken steigen auf«, sagte plötzlich der bisher so schweigsame Agent.

In der Tat, dort im Westen, wo der Himmel mit dem Meer zusammenstieß, tauchte eine Wolkenmasse schwarz und gräulich empor und wuchs mit großer Schnelligkeit. In jedem Augenblick nahm sie zu. Sie konnte einen tüchtigen Regenguss in ihrem Schoß bergen, aber sie konnte auch einen jener berüchtigten Hurrikane entfesseln, die an den Küsten Südamerikas und besonders Patagoniens so gefürchtet sind.

»Alles ist gegen uns«, sagte der Master und schüttelte nachdenklich den Kopf. »Ich bin neugierig, wie diese verwünschte Reise enden wird.«

»Davon später, Master«, sagte Cardozo, der nicht besonders erschreckt zu sein schien. »Für jetzt beschäftigen wir uns mit unserem Imbiss, den dieser Walfisch (der Kuckuck soll ihn holen!) unterbrochen hat. Zu Tisch, Señor Calderon, wenn Sie auch Appetit verspüren.«

Der gute mutige Junge ließ sich auf den Säcken mit Ballast nieder und zerbiss tapfer einige Stücke Zwieback, während der Master, dem sein guter Humor wiederkehrte, eine Büchse mit Fleischkonserven öffnete und einer Flasche mit feurigem alten Spanierwein den Kragen brach.

Als das einfache, aber ausgiebige Mahl zu Ende war, zündeten die beiden Schiffsleute ihre Pfeifen an und bezogen wieder die Wache. Der Regierungsagent, stumm und unausstehlich wie immer, warf sich auf die Säcke und versank in sein früheres dumpfes Brüten.

Der Ballon hielt sich trotz seines »Aderlasses«, wie Cardozo scherzhaft meinte, noch immer gut und flog über die Wellen des Meeres mit Schnelligkeit in einer Höhe von fünfzehnhundert bis sechzehnhundert Metern dahin. Nichtsdestoweniger, sei es infolge des Gasverlustes, sei es durch einen Konstruktionsfehler, fiel er zeitweilig in bedenklichster Weise bis auf wenige Meter über dem Wasser, um gleich darauf wieder zur früheren Höhe emporzuschnellen.

Unglücklicherweise wendete sich der Wind nicht im Mindesten und so entfernte sich der Ballon immer mehr von der amerikanischen Küste, die bereits viele hundert Meilen entfernt sein mochte, während sich die im Westen auftürmende Wolkenmasse in immer schrecklicherer Färbung zeigte.

Gegen Mittag, als die Hitze am ärgsten war, unterbrach ein seltsames Phänomen die Eintönigkeit der Reise. Während die beiden Schiffsleute ihre Augen anstrengten, um vielleicht im Norden ein Segel oder einen Dampfer, der sie aufnehmen könnte, zu entdecken, bemerkten sie zu ihrem nicht geringen Erstaunen einen Ballon, ein bisschen kleiner als der ihrige, aber von ganz ähnlichen Formen, der auch eine Gondel mit zwei Menschen trug, die in derselben Richtung wie sie Ausschau hielten.

»Ei, ei!«, rief der Master, der seinen Augen nicht trauen wollte. »Ein zweiter Ballon! – Träum ich oder ist mir der feurige Spanier in den Kopf gestiegen?«

»Nein, du träumst nicht, denn ich sehe ihn ja auch«, sagte Cardozo lebhaft.

»Aber was ist's mit diesem Ballon? Woher ist er gekommen …? Wir haben ihn früher gar nicht gesehen. Wer sind die Leute da drüben in der Gondel? Señor Calderon … Señor Calderon! …«

Der Regierungsagent erhob sich langsam, betrachtete einige Augenblicke stumm den Ballon, der ganz die gleiche Richtung mit dem ihrigen einhielt.

»Potz Blitz!«, rief der Master aus, der von einem Staunen ins andere fiel. »Jetzt sind's gar drei Menschen geworden! …«

»Sie möchten auch vier werden, wenn wir so viele wären«, sagte der Agent.

»Und warum, Señor?«, fragte Cardozo.

»Weil der Ballon dort unser Ballon ist.«

»Nun, das glaube, wer es kann«, sagte der Master. »Ich sag Ihnen, dass der Ballon dort ein anderer, von uns verschiedener ist, und wünschte nur, dass seine Insassen keine Argentinier oder Brasilianer sind, uns auf den Hals gehetzt, um den Schatz des Präsidenten wegzustibitzen.«

»Heben Sie die Hand in die Höhe.«

Der Master gehorchte, und siehe da! Einer der drei Männer da drüben tat ganz genau dasselbe.

Noch nicht überzeugt machte dieser verschiedene Bewegungen, neigte den Kopf hin und her, schwenkte sein Taschentuch und ließ endlich eine kleine Flagge mit den Farben Paraguays im Winde flattern, und drüben geschah ganz das Gleiche in genauester Weise.

»Das ist sehr ein kurioses Phänomen«, sagte er.

»Kommt aber sehr oft vor«, antwortete der Agent, der gegen seine Gewohnheit gesprächig geworden war.

»Und wie nennt man es?«

»*Miraggio*[1]!«

»Und wie kommt das zustande?«

»Es genügt, dass die Luftschichten ungleiche Dichte haben. Dann geben die Sonnenstrahlen durch Refraktion[2] ein zweites Bild des Objektes, ganz so, als ob die betreffende Luftschicht ein Spiegel oder eine helle Wasserfläche wäre. In unserem Fall sind die ungleich dichten Luftschichten dem Meer sehr nahe. Manchmal geschieht es aber, dass sie sich in höherer Distanz über demselben sich befinden, dann sind die Bilder verkehrt herum.«

»Ich hab von diesem Phänomen auch schon sprechen gehört, Señor Calderon. Einer meiner französischen Freunde, der unter dem großen Napoleon die ägyptische Expedition mitmachte, hat mir viel von den vielen Täuschungen erzählt, die sie in diesen heißen Gegenden aus Anlass der Fata Morgana erleben mussten.«

»In Sandebenen ist das Phänomen bei großer Hitze etwas ganz gewöhnliches.«

Auf einmal verschwand der Ballon.

»Glückliche Reise!«, rief Cardozo.

Das Phänomen ist beendet«, sagte der Agent. »Die Luftschichten haben wieder ihr Gleichgewicht erlangt.«

Dann verließ er seinen Platz, warf sich auf die Säcke und sprach kein Wort mehr.

Der Master und der Junge hielten aber Ausschau, suchten rings den ganzen Horizont ab, der sich stets als leer erwies, und folgten mit Ängstlichkeit dem schwarzen Gewölk, das wie ein finsteres Unheil am Himmel emporstieg und ihn bald ganz zu bedecken drohte.

Gegen drei Uhr wuchs der bis dahin schwache Wind unversehens zu größerer Stärke an. Ein Windstoß entfloh dem Wolkenschoß, fegte den Ozean, wirbelte die Wellen hoch empor und schüttelte lebhaft den Ballon, der seine Fluggeschwindigkeit verdoppelte, bald in der Höhe, bald in der Tiefe. Nach und nach nahm das Wasser eine dunkle Färbung an und kochte, als seien unterseeische Kräfte tätig. Es bildeten sich lang gestreckte Wogenberge, die von West nach Osten zogen und sich türmend und bäumend und laut brüllend übereinanderstürzten. Wenn der Ballon infolge seines Gasverlustes tief zum Meer herabsank, spritzte der schäumende Gischt bis in die Gondel hinein.

---

1 Luftspiegelung.

2 Lichtbrechung.

»Wir sind krank«, sagte Cardozo, der sehr aufmerksam das Luftschiff betrachtete. »Der arme Tropf verliert nach und nach sein ganzes Blut.«

»Das ist nur zu wahr, mein Junge!«, antwortete der Master, der nachdenklich geworden war. »Das Gas entweicht durch die Poren des Gewebes; ich weiß kein Mittel, es zu verhindern.«

»Und das Wetter sitzt uns auf dem Nacken.«

»Beunruhige dich nicht, Cardozo. Solange wir Ballast auszuwerfen haben, laufen wir keine Gefahr.«

»Aber Master, der Hurrikan kann uns sehr weit davontragen, und wer weiß, ob es uns dann noch gelingt, die amerikanischen Küsten zu erreichen.«

»Ich rechne immer noch auf die Begegnung mit einem Schiff.«

»Aber wir sind doch in einer von Schiffen sehr wenig befahrenen Gegend.«

»Allerdings, aber wir können doch möglicherweise einem Walfischfänger auf seiner Fahrt nach dem Südmeer begegnen. Ah!«

»Was hast du?«

»Schau da hinab, da schau das verdammte Riesenviehzeug, um dessentwillen wir unseren Ballon zur Ader gelassen haben.«

In der Tat, in der Entfernung von vier bis fünf Meilen gegen Osten tauchte eine schwärzliche ungeheure Masse aus dem Meer, die Dampf- und Wasserwolken in die Luft spie und gleichzeitig mächtiges Getöse von sich gab, fast so, als würde eine sturmbewegte Luftsäule heftig durch eine Metallröhre getrieben.

»Das ist ohne Zweifel ein Walfisch.«

»Nein – es ist ein Pottwal, weil ich bloß eine Dampfsäule erblicke. Ein wildes Ungetüm, mein Junge, besonders wenn es gereizt ist.«

»Er kommt uns schnell näher.«

»In wenigen Minuten wird er hier sein, denn es heißt, dass Walfische und Pottwale in der Minute die Kleinigkeit von sechshundertsechzig Metern machen.«

»Die würden also nur wenig Zeit zu einer Weltumseglung brauchen.«

»Der Kapitän eines Walfischfängers, unter dessen Kommando ich eine Fahrt mitmachte, sagte mir, dass dieses, der Linie des Äquators folgend, siebenundvierzig Tage erfordern würde, bei vierundzwanzig Stunden Weges zwölf Stunden Ruhe gerechnet.«

»Hast du auch schon Walfische gejagt?«

»Ja, ich habe einen am Kap Hoorn harpuniert, der Schlingel hatte zweiundzwanzig Meter Länge.«

»Du, Master, mir kommt da eine Idee.«

»Nun, herausgedrückt damit, mein Junge!«

»Lassen wir uns von diesem Ungeheuer, das seinen Weg nach den Küsten Amerikas einschlägt, ins Schlepptau nehmen. – Wir haben einen Anker bei uns, der kann uns dazu dienen, um …«

»Papperlapapp, närrischer Kauz du! Zum Henker! Hinunter auf den Meeresgrund möchte ich doch keine Reise machen.«

»Du hast Recht, Diego. Habe nicht daran gedacht, dass diese Riesen ganz nach Belieben auch untertauchen können. Da, schau ihn an. Huh, ist der garstig.«

Der Pottwal, der sich mit außerordentlicher Schnelligkeit näherte, war jetzt vom Ballon, der ohne Zweifel seine Aufmerksamkeit erregt hatte, nur wenige hundert Schritte entfernt.

Er war riesig und sein Anblick, auch vom Ballon herab, wo doch jede Gefahr ausgeschlossen war, erregte ein leises Schaudern. Er maß wohl an sechzehn Meter in der Länge und dreieinhalb bis vier Meter in der Breite und sein Kopf nahm fast ein volles Drittel seiner Länge ein. Sein weiter Rachen war so groß, dass einige Fässer oder auch ein Hundshai größerer Sorte bequem darin Platz gefunden hätten, und zeigte eine Reihe konischer Zähne, von denen gewiss jeder an die vier Kilogramm Gewicht hatte.

In der Nähe des Ballons angekommen, der in einer Höhe von fünfzig bis sechzig Metern über der Wasserfläche dahinschwebte, hielt das Ungetüm inne und glotzte gleichsam staunend das Luftschiff mit seinen kleinen, blöden Augen an, in denen ein düsteres, gelbes Feuer loderte, dann gebärdete er sich zornig und wild, stieß dumpf dröhnende Töne aus und peitschte das Wasser mit seinem Doppelschwanz zu weißen Schaum.

Trotz seiner Körpermasse bewegte er sich mit erstaunlicher Lebhaftigkeit und verfolgte den Ballon. Dann tauchte er bis fast zur Hälfte unter und schnellte mit kräftigem Schwanzschlag fast bis zu einem Drittel mit aufgerissenem Rachen aus dem Wasser hervor, indem er versuchte, die Gondel des Ballons zu fassen.

»Ah, mein Lieber, wir sind nicht Leute, die sich so mir und dir nichts wie Sardellen verschlingen lassen«, sagte der Master. »Wart' ein bisschen, ich will dir was zum Beißen geben und zugleich die Lust, uns anzugreifen, vertreiben.«

Das Ungetüm gebärdete sich zornig und peitschte das Wasser mit seinem Doppelschwanz.

Er hob einen Sack mit Ballast auf und schleuderte ihn in den Rachen des Riesen, der ihn mit lautem Klappen zuschlug.

Der Ballon, um eine Last erleichtert, machte einen gewaltigen Satz in die Höhe und erreichte im Nu sechshundert Meter. So empfindlich sind diese Luftschiffe, dass die Erleichterung um wenige Gramm genügt, sie in die Höhe zu treiben.

Der Pottwal, wenig erbaut durch diesen ungewohnten Fraß und vielleicht auch erschreckt durch das plötzliche Aufschnellen des Ballons, rollte wild auf die eine Seite, schlug mit Macht das Wasser und tauchte unter, einen schäumenden Wirbel hinter sich zurücklassend.

»Guten Appetit!«, rief Cardozo.

In diesem Augenblick verschwand die Sonne hinter dem Horizont, und durch das schwarze Gewölk, das fast den ganzen Himmel überzog, leuchtete in fahlem Schwefellicht der erste Blitz.

6. Eine Schreckensnacht

Die Nacht brach mit Riesenschritten herein.

Die letzten Schimmer der untergehenden Sonne waren plötzlich verschwunden, gerade so, als seien sie von dem schwarzen Gewölk ausgelöscht worden, das am westlichen Himmel drohend emporgestiegen.

Das Meer hatte seine blutige und perlmutterähnlichen Farben verloren und war schwarz geworden wie die Tinte.

Nach dem ersten Blitz folgte eine vollkommene Stille. Der Wind, als wolle er früher all seine Kräfte für den kommenden Hexentanz aufsparen, hatte sich gelegt, und die Wolken schienen mitten in ihrem Lauf innezuhalten.

Kein Windstoß traf den Ballon, der unbeweglich in einer Höhe von etwa fünfhundert Metern über der Meeresfläche schwebte. Seine Falten, die sich früher bald blähten, bald wieder zusammenfielen, hingen schlaff ohne Laut und ohne Geräusch herab.

Der Master, Cardozo und der Regierungsagent, alle drei von lebhafter Unruhe ergriffen, waren schweigsam geworden und betrachteten mit banger Angst den Himmel, der ruhig war, aber von Moment zu Moment bereit schien, in wildem Aufruhr mit dem Ozean, der gleiches brütete, zu kämpfen.

So verstrichen zwei Stunden, während welcher kein Geräusch die Stille störte, die in der Gondel herrschte, noch die Ruhe in der Atmosphäre, die mit Elektrizität geschwängert war; dann zerriss ein blendender Blitz, wie ein ungeheures Flammenschwert, den Himmel von Osten nach Westen und in der Tiefe der Wolken grollte der Donner.

Das schien wie ein Signal. Ein furchtbarer Windstoß, der den Wolken, die der Blitz gespalten hatte, entfuhr, warf sich auf den Ozean, wühlte tief seine Wasser auf und schüttelte wild den Ballon, den er mit großer Geschwindigkeit vor sich hertrieb.

»Jetzt ist er da«, sagte Cardozo, der sich Mühe gab, ruhig zu scheinen. »Master Äolus[1] will mit uns ein bisschen Spaß treiben und lässt uns toll springen und tanzen.«

»Wenn er uns nur nicht den Stoff unseres Luftschiffes zerreißt«, sagte Diego, indem er besorgt die Falten des Ballons betrachtete.

»Hoffen wir, dass er es aushält, Diego! Aber heißa, mir scheint, wir gehen zurück …«

»Hast Recht, Cardozo«, sagte der Master nach einem Blick auf den Kompass. »Dieser Wind bläst aus Ost, und welch ein Wind!«

»Dann treibt er uns ja auf Amerika zu.«

»Ganz richtig, Cardozo, er bringt uns in die Heimat.«

»Heißa! Dann ein ›Hoch!‹ auf dieses Wetter.«

»Sachte, sachte, mein Junge. Wir haben ein sehr gebrechliches Fahrzeug und noch dazu in denselben eine veritable Santa Barbara[2].«

»Was, eine Santa Barbara? Wir haben ja nicht mehr als fünf Kilogramm Pulver, Master!«

»Aber wir haben über unseren Köpfen ich weiß nicht wie viele hundert Liter brennbares Gas. Wenn das ein Blitz zur Explosion bringt, werden wir in Stücke gerissen.«

»Huh! Daran habe ich wirklich noch nicht gedacht. Da müssen wir einen Blitzableiter aufstellen.«

»Wäre es nicht bester, überhaupt die Blitze unter uns zu kriegen? Was meinst du dazu, Cardozo?«

»Indem wir über die Wolken emporsteigen?«

»Ja, mein Junge! Wir besitzen ziemlich viel Ballast zum Auswerfen und wenn wir uns dieses unnützen Gewichtes entledigt haben, dann werden wir einen Sprung nach aufwärts machen, vor dem man seine Mütze ziehen muss.«

»Also bleiben wir bereit zum Auswerfen und du sollst sehen, wie schnell das geht. Aber … da schau einmal, der Wind legt sich wieder.«

»Er sammelt bloß seine Kräfte, Cardozo!«

»Zum Henker! Will er vielleicht ein Gläschen, um sich zu stärken?«

»Er hat's nicht nötig. Bei allen Haifischen und Seekälbern! Ist das eine Finsternis. Ich sehe das Meer nicht mehr.«

»Aber ich höre es brausen.«

---

[1] Griechischer Gott der Winde.

[2] Santa Barbara wird die Pulverkammer der Schiffe genannt. *(Anm. a. d. Buchausgabe v. 1898)*

»Stärker als früher.«

»Sinken wir vielleicht?«

»Donnerwetter«, rief der Master, der sich dem Barometer genähert hatte. »Ja, wir fallen, mein Junge.«

»Ein schlechtes Zeichen!«

»Wir haben nur noch vierhundert Meter.«

»Werfen wir Ballast aus.«

»Warten wir noch damit, wir haben immer noch Zeit, uns leichter zu machen.«

Die durch einige Augenblicke unterbrochene Stille und Ruhe war zurückgekehrt. Der Wind hatte sich nach den ersten sozusagen probeweisen Stößen neuerdings gelegt und auch Blitze waren keine mehr zu sehen, dafür hörten die drei Luftschiffer unter sich dumpf das Meer brausen und über ihnen rollte dann und wann grollend der Donner.

Die Dunkelheit war derartig dicht, dass man weder die Wolken noch die Oberfläche des Meeres wahrnehmen konnte, nur von Zeit zu Zeit schimmerten unter und über dem Ballon geheimnisvolle Lichter, die offenbar von phosphoreszierenden Mollusken[1], die das Wasser aufwühlten, und von Elektrizität herrührten.

Um zehn Uhr war der Sturm noch nicht losgebrochen und der Wind hatte seine früheren Stöße nicht erneuert. Cardozo und der Agent, die sich beide sehr ermüdet fühlten und frisch zur Stelle sein wollten, wenn der Höllentanz begann, warfen sich auf die Säcke und versuchten einzuschlafen.

Der Master, gegen alle Strapazen abgehärtet, an lange Nachtwachen gewöhnt, blieb auf seinem Posten und hielt seine Augen mit gespannter Aufmerksamkeit auf das Barometer geheftet, das durch sein beständiges Steigen das Sinken des Ballons anzeigte.

Allein nach ein paar Stunden schloss er, vielleicht eingeschläfert durch die elektrische Spannung der Luft oder durch die vorhergehenden Wachen angestrengt, vielleicht auch sorgloser gemacht durch die herrschende Ruhe und Stille, nach und nach die Augen und sank an der Seite seiner Kameraden nieder, die laut um die Wette schnarchten.

Wie lange er geschlafen hatte, wusste er nicht. Ein blendender Strahl von Licht und Feuer, gefolgt von einem geradezu furchtbaren

[1] Weichtiere.

Donner, riss ihn aus dem Schlummer. Man hörte ein schrilles Pfeifen, wie wenn alle Teufel der Hölle sich losgerissen hätten, und unten rauschte und gurgelte es in unheimlicher Weise.

Er sprang rasch auf seine Füße und lauschte. Der Himmel schien in Flammen zu stehen, Blitz folgte auf Blitz, in allen Farben, gelb, bläulich, rot. Der Wind war mit einem Mal entfesselt und tobte mit äußerster Heftigkeit. Er schüttelte den Ballon wie eine Flaumfeder und stürzte ihn halb um. Von oben krachten ganz entsetzlich die elektrischen Entladungen und unten brüllte und tobte das Meer und warf seine riesengroßen Wellen mit Schaum gekrönt in die Höhe.

»Achtung!«, schrie der Master und ergriff das Strickwerk, um nicht zu fallen. »Der Hurrikan!«

Cardozo und der Agent verließen eiligst ihre Lagerstätte.

»Hah! Welch eine Musik!«, rief der Junge aus. »Hat der Kapellmeister das Zeichen zum Anfang des Konzerts gegeben?«

»Wo sind wir?«, fragte Señor Calderon.

»Ich weiß nicht mehr als Sie, Señor«, entgegnete der Master. »Mir scheint's, auf einem Rosenbett befinden wir uns nicht.«

Eine Woge schlug aus dem Meer empor und schleuderte Schaum und Gischt in die Gondel.

»Donnerwetter!«, rief der Master und sprang zurück. »Wir gehen zugrunde!«

Darauf näherte er sich der Gondelbrüstung und blickte hinab.

Auf bloß zwanzig bis fünfundzwanzig Schritten brüllte schäumend und tosend der Ozean, als wollte er jeden Augenblick das Luftschiff verschlingen.

»Schnell, schnell, entweder hinauf in die Höhe oder wir sind verloren!«

»Ballast auswerfen!«, kommandierte der Regierungsagent.

Ein Flammenstrahl fuhr wenige Schritte vom Ballon entfernt hernieder und tauchte zischend in die Meeresflut, von einem solchen Donnerschlag begleitet, als hätte eine ganze Geschützbatterie zugleich gefeuert.

Der Master, welcher die Säcke zusammengerafft, hielt zögernd inne.

»Señor«, sagte er und wendete sich an Calderon, »wenn ich all diesen Ballast auswerfe, würden wir hoch über die Wolken steigen.«

»Ich weiß es«, entgegnete der Agent.

»Wird uns kein Blitzstrahl treffen, wenn wir die Wolken passieren?«

»Wer kann das wissen?«

»Also?«

»Das gleiche Unglück kann uns auch hier treffen.«

»Aber ...«

Eine neue Woge schlug gegen die Gondel und schüttelte sie heftig. Der Master zauderte nun nicht länger.

»Abwerfen, Cardozo!«

Sie hoben die Säcke empor und warfen sie ins Meer.

»Festgestanden auf den Füßen!«, schrie der Agent.

Der Ballon, um mehr als hundert Kilogramm leichter, machte einen ungeheuren Luftsprung und fuhr mit großer Geschwindigkeit durch die Wolken.

»Diego!«, rief Cardozo, der sich mit aller Kraft am Strickwerk festhielt. »Mir geht der Atem aus!«

»Halt fest, Junge!«, erwiderte der Master.

»Wenn der Ballon umstürzt ...«

»Fürchte dich nicht, er steigt ohne Unfall empor.«

»Ich sehe das Meer nicht mehr.«

»Umso besser!«

Der Ballon, halb umgestürzt von der Gewalt des Sturmes, der in seinem Netz und Strickwerk gräulich heulte und pfiff, stieg noch immer und zog in großen Schaukelkreisen die Gondel mit, welche jetzt und jetzt umzustürzen drohte. Hie und da schien er stillzuhalten oder doch seinen Aufstieg zu verlangsamen, aber im Nu, gerade als habe er wieder alle Kräfte gesammelt, flog er hinein in die finstere Wolkennacht, und zwar so, dass Kisten und Fässer und die Menschen in der Gondel durcheinander stürzten.

Auf einmal umgab alles dichter Nebel, während unten und oben die heftigsten Donnerschläge krachten, die einen kurz und scharf, die anderen lang und fast ohne Ende grollend; alles so stark, dass es unseren Reisenden fast das Gehör benahm.

»Diego!«, rief Cardozo, der sich zu fürchten anfing, weil alles finster und dunkel war, so dicht umgab sie der Nebel. »Wo bist du?«

»Hier bin ich, mein Junge!«, antwortete der Master mit einer Stimme, die etwas zitterte und dadurch bewies, dass auch der alte Matrose nicht mehr ganz ruhig war.

»Aber wo sind wir denn, ich sehe nichts mehr.«

»Wir sind in die Wolken eingedrungen!«, sagte eine Stimme, die man als jene Calderons erkannte.

»In die Wolken?«, rief Diego. »Aber dieser Nebel nässt nicht, Señor!«

»Es kommt selten vor, dass in solchen Höhen der Wasserdampf feucht ist«, erwiderte der Agent.

»Steigen wir?«

»Noch immer, Señor!«, antwortete Cardozo.

Unversehens erleuchtete ein blendendes Licht die schwarze, sich schnell bewegende Masse und eine ungeheure Feuerzange fuhr von der Höhe in die Tiefe, von einem Knall begleitet, dass das Luftschiff und Strickwerk der Gondel heftigst erzitterten.

»Ein Blitz!«, schrie Master Diego und erbleichte.

»Gott steh uns bei!«

»Lassen wir uns hinab!«, sagte Cardozo.

»Nein!«, schrie der Agent, der auch in dieser furchtbaren Lage seine gewohnte Ruhe bewahrte. »Nur hinauf, nur hinauf!«

»Aber der Ballon wird platzen!«

»Umso schlechter. Wenn man durchaus …«

Ein furchtbarer Krach schnitt ihm das Wort ab. Cardozo schrie laut auf.

»Was ist geschehen?«, fragte der Master mit Beklommenheit. »Ist der Ballon geplatzt?«

Drei oder vier Feuerzungen leuchteten in blendendem Glanz links und rechts auf und verschwanden mit erstickendem Schwefelgeruch im Wolkenschoß. Eine grässliche Detonation, so stark, als ging ein ganzer Pulverturm in die Luft, erschütterte wild die Atmosphäre und zerriss in grausigem Wirbel die Wolken, die in tausend Fetzen auseinandergingen.

Der Ballon nahm eine längliche Gestalt an, dann wurde er breit, als wolle er platzen, taumelte gewaltig nach rechts, dann nach links und machte hierauf unvermutet einen solchen Sprung in die Höhe, dass die Luftschiffer wirr durcheinanderpurzelten.

Als sie sich wieder erhoben, umgab sie nicht mehr der dichte Nebel. Der Ballon wiegte sich in einer hellen klaren Atmosphäre, die vom Silberlicht des Mondes, der unter Myriaden funkelnder Sterne einherzog, magisch durchleuchtet war. Nur die Temperatur war enorm kalt geworden und das Thermometer fiel mit großer Schnelligkeit.

»Wo sind wir denn?«, fragte Diego ganz verblüfft über all diese Vorgänge. »Sind wir auf den Pol gefallen oder wo denn sonst hin?«

»Wir steigen, Matrose«, entgegnete Cardozo.

»Noch immer?«

»Ja, wir haben jetzt viertausend Meter Höhe und das Barometer sinkt fortwährend.«

»Dieser Ballon lässt sich am Ende gar nicht mehr aufhalten!«

»So geben wir ihm wieder einen Aderlass! Diego!«

»Um wieder in die Wolkenhöhe zu kommen? Nein, nein, mein Junge, dorthin kehre ich nicht mehr zurück. Ich hab mich gefürchtet, will's gar nicht leugnen.«

»Und ich glaubte schon, unser Ballon sei geplatzt. Aber wo sind denn die Wolken, ich sehe sie nicht mehr?«

»Die sind wenigstens fünfzehnhundert Meter unter uns. Hörst du den Donner nicht unten grollen?«

»Wir steigen mit ungeheurer Schnelligkeit. Viertausendfünfhundert Meter … Das wäre ein Purzelbaum, wenn jetzt der Ballon seine Kräfte verlieren würde!«

»Aber er hält sich tapfer, immer trefflich, das ist unser Glück. Nicht wahr, Señor Agent?«

»Sehr gut«, entgegnete Señor Calderon. »Wenn er zu steigen fortfährt, kommen mir andere Bedenken.«

»Bei allen Haifischen und Seehunden! Hier ist es bärenkalt! …«

»Sechs Grad unter Null«, sagte Cardozo.

»Wir müssen die Decken nehmen, wenn das so fortgeht. Aber … huh! Ist das die Kälte oder ist es etwas anderes? … Meine Pulse schlagen heftig, jedoch …«

»Unsere Maschine geht nicht mehr gut«, sagte Cardozo. »Mir scheint … Sonderbar! Mir ist's, als hätte ich eine Flasche *Caña*[1] getrunken.«

»Auch mir wirbelt der Kopf und ich sehe alles doppelt. Was soll das werden?«

»Sag mir Diego, bin ich bleich?«

»Bleich wie ein Laken mein Junge!«

»Du bist es auch.«

»Oh! Ein Matrose, wie ich einer, der bleich wird. Bin ich denn ein Mädchen geworden? Ich habe doch keine Furcht, ich schwöre es dir.«

»Es wird wohl irgendeine Ursache vorhanden sein.«

»Vielleicht ist es das Gas?«

---

[1] Schnaps, Brantwein. *(Anm. d. Übers.)*

»Ich verspüre aber keinen Geruch. Brr! Ist das eine Hundekälte! Wir steigen noch immer, und immer eisiger wird die Luft … fünftausend Meter!«

»Ja, ja, es geht immer noch höher! Fast könnte man sagen, dass der Ballon auf den Mond fallen will.«

»Glaubst du, dass der ihn anzieht? – Ha!«

»Was hast du, mein Junge? … Ich fange an, wirklich besorgt zu werden.«

»Ich fühle, wie meine Kräfte schwinden, Master, und mich eine Übelkeit befällt … Hab ich doch niemals an der Seekrankheit gelitten.«

»*Caray*[1]! Man muss an irgendwas denken. Ich habe eine Zunge und die geht jetzt so bleischwer beim Sprechen, meine Pulse galoppieren immer schneller, das Blut steigt mir in den Kopf und bereitet mir Schwindel … Señor Calderon! …«

Der Regierungsagent antwortete nichts; ohne dass es seine Genossen bemerkt hatten, hatte er sich auf eine Kiste niedergelassen, den Kopf in die Hände gepresst: Es schien, er schlafe, obwohl seine Augen offen, ja vielmehr weit aufgerissen waren.

»Señor Calderon!«, wiederholte der Master, dem nun beim Anblick dieses Mannes wirklich bange wurde. »Ist Ihnen unwohl?«

Noch immer blieb er ohne Antwort. Da wollte er sich dem Agenten nähern, aber ein Schrei des Jungen hielt ihn auf.

»Diego! … Diego! …«, schrie Cardozo in höchster Angst. »… Ich ersticke! … Ich kann mich nicht mehr halten! …«

Der Master stürzte zu ihm hin, um ihn gerade noch in seinen Armen aufzufangen.

»Mein Kind! … Was … Was hast du? Großer Gott! … Blut! …«

In der Tat, der arme Junge, dessen Brust ängstlich keuchte und der vergebens nach Luft rang, hatte Blut auf den Lippen und um die Augen.

»Señor Calderon«, schrie der Master. »Hilfe! … Cardozo stirbt! …«

Auf einmal fühlte er selbst die äußerste Schwäche, sein Blick verdunkelte sich und es kam ihm vor, als würde sein Leib gewaltsam aufgetrieben. Er ließ den Jungen, der kein Lebenszeichen mehr gab, los und packte krampfhaft die Brüstung der Gondel.

[1] Donnerwetter! Salgari selbst verwendet die italienische Schreibweise *»Carrai«*; da es sich allerdings hier um einen Fluch in spanischer Sprache handelt, ist *»Caray«* korrekt.

»Hilfe ... Hil...fe! ...«, stammelte er, aber seine Stimme verklang in der eisigen Atmosphäre. »Ich er...sti... cke... Señ...ñor ... Cal... de...ron ... Hil...fe! ...«, wiederholte er.

Eine Stimme, kaum hörbar, schlug an sein Ohr:

»Öff...nen, öffnen Vent...«

Das war der Regierungsagent.

Der Master verstand. Mit einer letzten verzweifelten Kraftanstrengung fasste er die Leine und öffnete durch einen hastigen Zug das Ventil, aber dann verließen ihn die Kräfte und er sank ohnmächtig nieder, während das Gas unter Explosivgeräuschen der Öffnung entströmte.

7. »Land! ... Land!«

Wären die beiden Matrosen des *Pilcomayo* samt dem Regierungsagenten von der Pike auf bei der Luftschifffahrt gewesen, so hätten sie zweifellos sofort begriffen, dass all die beängstigenden Erscheinungen nur eine Folge der ungeheueren Höhe waren, bis zu welcher der Ballon durch das unvorsichtige Auswerfen des Ballastes gelangt war: Erscheinungen, welche die schwersten und fatalsten Folgen nach sich ziehen konnten.

Die »Luftschifferkrankheit«, die man ehedem mechanischen Ursachen, nämlich der Verminderung des Luftdruckes zuschrieb, die aber tatsächlich durch den Mindergehalt an Sauerstoff in höheren Luftschichten und infolgedessen durch den ungenügenden Verbrennungsprozess im menschlichen Organismus hervorgerufen wird, war durch lange Zeit Gegenstand eifriger Studien und gab oftmals Veranlassung zu mancherlei Fabeln. Alles Mögliche wurde über diese Krankheit erzählt, die man auch Bergkrankheit nannte, weil sie bei der Besteigung hoher Bergspitzen ebenfalls auftreten soll.

Manche Luftschiffer erzählten, dass bei bedeutenden Höhen das Blut aus den Poren des Gesichtes und der Ohren trete.

Robertson[1] berichtet, der Kopf sei ihm einmal so angeschwollen, dass er später keinen Hut mehr tragen konnte.

Gewissenhafte neuere Studien und Beobachtungen haben diese Fabeln größtenteils auf ihr richtiges Maß zurückgeführt, geben aber

[1] Étienne-Gaspard Robert, gen. Robertson, (1763–1837) war ein belgischer Zauberkünstler und Aeronaut.

ohne weiteres zu, dass sich der Luftschiffer in sehr bedeutenden Höhen in größter Todesgefahr befindet.

Nach diesen Beobachtungen zeigen sich die ersten Symptome der Luftschifferkrankheit bei zweitausendeinhundertfünfzig Metern, eine Höhe, die der Lage des Hochplateaus von Mexiko entspricht. Der Luftdruck beträgt fünfhundertneunzig Millimeter, der Puls schlägt siebzig Mal in der Minute.

Bei viertausendeinhundertfünfzig Metern beträgt der Druck vierhundertfünfzig Millimeter, Pulsschläge sind vierundachtzig in der Minute; es befällt die Aeronauten[1] Ekel und Brechreiz, der Leib bläht sich auf, sie empfinden Schwindel, das Antlitz zeigt beginnende Kongestionen[2].

Bei sechstausend Metern sinkt sonderbarerweise der Puls auf siebzig Schläge, man empfindet Angstgefühle, die Sehkraft wird getrübt, die Kräfte fangen an zu schwinden, man bewegt sich ganz ungern, selbst der Kopf ist davon nicht ausgenommen, die Zunge wird schwer, beinahe gelähmt.

Bei siebentausend Metern stellen sich Ohnmachten ein, wenn man keinen Sauerstoff in Zylindern mit sich führt; bei achttausend Metern tritt das Blut aus den Lippen, und wenn die Unglücklichen nicht schon von der Kälte getötet worden sind, die in diesen Höhen geradezu schrecklich ist, so sterben dieselben.

Glücklicherweise hatte Señor Calderon, obwohl halb ohnmächtig, doch noch einige Geistesgegenwart bewahrt und durch seine letzten Worte verhindert, dass der Ballon zu jenen Höhen emporstieg, wo alle drei den sicheren Tod gefunden hätten.

Der Master, zäher als die zwei anderen, hatte die schreckliche Probe am besten bestanden. Auch als er niederstürzte, ließ er die Ventilleine nicht los und öffnete so dem Gas den Ausgang. Der Ballon war noch einige Meter gestiegen, dann fiel er so rasch, dass er sich nach drei bis vier Minuten in der Höhe von fünftausend Metern befand.

Die Rückkehr in diese Region von zum Atmen tauglicher Luft zeigte eine schnelle und wunderbare Wirkung. Der Master, der noch vor wenigen Minuten tot zu sein schien, rührte sich baldigst, rieb die Augen, riss die Kinnladen auf und schlürfte mit Behagen die Luft ein; dann erhob er sich auf die Knie und betrachtete seine beiden Gefährten, die ruhig zu schlafen schienen.

[1] Luftschiffer.

[2] Zunahme der Blutmenge in einzelnen Körperregionen.

»Oh!«, rief er mit Staunen aus. »Bin ich tot oder lebendig? … Wenn ich nicht in dieser Gondel wäre, den Ballon über mir und meinen guten Cardozo an der Seite sähe, so möchte ich sagen, ich sei in der anderen Welt zum Leben aufgewacht. Aber was ist denn geschehen? Der Teufel soll mich holen, wenn ich das verstehe! Hätt' mich doch der Kapitän auf alle Faxen aufmerksam gemacht, die solchen Luftschiffen einfallen. Aber wo sind wir denn eigentlich?«

Er erhob sich, ließ die Ventilleine los und beugte sich über die Gondelbrüstung.

In einer Entfernung von zweitausend bis zweitausendfünfhundert Metern bemerkte er eine große schwarze Masse, die zeitweilig in bläulichem oder rötlichem Licht erglänzte, von Feuerzungen durchfurcht, die ihrer Schnelligkeit wegen nichts anderes als Blitze sein konnten. Dumpfes Grollen stieg empor, gemischt mit einem ganz eigentümlichen Geräusch, das von einem furchtbaren Sturmwind herrühren musste.

»Das werden die Wolken sein«, sagte er. »Wir sind noch sehr hoch, aber irre ich mich nicht, so fällt der Ballon mit großer Geschwindigkeit. Ich fürchte, mein Aderlass war für den Ballon doch zu stark«.

Er verließ seinen Platz, beugte sich über Cardozo und hob ihn zärtlich empor, indem er mehrere Male seinen Namen rief. Der Junge riss die Augen auf und nieste kräftig und laut.

»Wie geht's denn, mein Bürschchen?«, fragte ihn eiligst der Master.

»Oh, sehr gut«, antwortete Cardozo. »Aber … habe ich vielleicht geschlafen?«

»Nein, du bist ohnmächtig zusammengestürzt.«

»Ja … ja … ich erinnere mich, mir war sehr übel, der Kopf drehte sich wie im Kreis, meine Pulse hämmerten wild, der Leib blähte sich auf. Aber jetzt ist mir so wohl wie einem Meerschweinchen!«

»Ich glaub es dir.«

»Und wo ist Señor Calderon?«

»Hier!«, antwortete der Agent und richtete sich langsam in die Höhe.

»Ich bin glücklich, Sie wieder lebendig zu sehen«, sagte ihm Diego. »Aber erklären Sie mir doch den Vorgang, dessen Opfer wir waren.«

»Fällt der Ballon?«

»Ja, Señor!«

»Das Fallen hat uns gerettet.«

»Warum?«, riefen Diego und Cardozo wie aus einem Mund.

»Unsere Ohnmacht war die Folge der großen Höhe, zu welcher der Ballon aufgestiegen war«, sagte der Agent. »Siebentausend Meter! In einer solchen Höhe kann niemand leben.«

»Und warum haben Sie mir das nicht früher gesagt? Ich hätte im geeigneten Augenblick den Aderlass vorgenommen.«

Der Agent zuckte mit den Achseln und antwortete nichts. Er erhob sich, warf einen Blick auf das Barometer, dann einen hinaus in die Weite, und dann legte er sich ruhig wieder auf die Säcke und schloss die Augen.

»Señor«, sagte der Master, »wir sinken.«

»Kann ich's aufhalten?«

»Sehr bald werden wir die Wolken erreicht haben.«

»Umso schlimmer.«

»Dann Gute Nacht! … Uff! Ist das ein Zottelbär!«

»Pah! Wir werden auch ohne ihn wieder in die Höhe kommen, wenn es notwendig ist«, sagte Cardozo.

»Junge, nimm das nicht zu leicht, der Ballon fällt mit großer Schnelligkeit!«

»Wir haben ja Verschiedenes hinauszuwerfen: Decken, Lebensmittel, Wasservorrat, das Fässchen mit Whisky …«

»Das sind alles in allem höchstens sechzig Kilogramm. Also sehr wenig, Cardozo! Und dann …«

»Nun, dann werfen wir auch die Gondel in die Tiefe und flüchten uns ins Netzwerk.«

»Hoffen wir, dass es nicht so weit mit uns kommt.«

O weh! Ganz sicherlich näherten sie sich diesem verzweifelten Augenblick, und zwar schneller, als sie es ahnten. Der Ballon hatte bereits zwei tüchtige Aderlässe erlitten und sank deshalb, obwohl er mit großer Schnelligkeit der amerikanischen Küste zutrieb, ständig dreihundert bis vierhundert Meter in der Stunde. Freilich machte er zeitweise den einen oder anderen Sprung in die Höhe, der ihn um hundert und mehr Fuß emporbrachte, aber dann fiel er wieder, schneller als zuvor.

Um elf Uhr bemerkte Cardozo, der seinen Platz beim Barometer einnahm, dass sie nur noch fünfzehnhundert Meter Höhe hatten. Die Wolken waren in allernächster Nähe und man sah, wie sie sich wild auftürmten, zerrissen, schlossen, unter dem tollen Spiel des Windes sich bald hoben und bald sanken und wie sie sich mit verschiedenen Tinten färbten.

In ihrem Schoß zuckten die Blitze nach allen Seiten, es krachten schreckliche Donnerschläge, die unsere zwei Reisenden fast betäubten, nur für den phlegmatischen und schweigsamen Agenten schienen sie noch viel zu schwach zu sein, denn er fuhr fort, ganz ruhig zu schlafen, so als wäre er im bequemsten Zimmer.

Um 11:15 Uhr tauchte der Ballon bei seinem Niedergang in die Region der Wolken. Jetzt war keine Zeit mehr zu verlieren, wollten die Luftschiffer nicht vom Blitz getroffen werden.

Der Master hob das Fässchen Whisky mit etwa zwanzig Litern in die Höhe und warf es hinaus. Der Ballon schnellte sofort bis zur Höhe von dreitausend Metern empor, behielt dieselbe über zwei Stunden hinweg, dann fing er wieder an, langsam zu fallen.

Um zwei Uhr morgens sah der Master, der mit Unruhe in die Tiefe schaute, keine Wolke mehr, nur im Osten wetterleuchtete es ab und zu.

Der Wind hatte sich gelegt, war aber immerhin noch so stark, um den Ballon beständig der amerikanischen Küste zuzutreiben.

»Der Hurrikan hat die Windrichtung ganz verkehrt«, sagte er zu Cardozo. »Gut! Wenigstens droht uns dann nicht mehr die Gefahr, einige Blitzstrahlen in den Leib zu bekommen.«

»Aber unsere Lage hat sich darum nicht gebessert, mein guter Diego!«, antwortete der Junge. »Wir fallen beständig.«

»Wie hoch sind wir?«

»Zwölfhundert Meter.«

»Nur?«

»Nicht einen darüber. Wir sind sehr übel daran, Diego, und wenn wir unseren Ballon nicht bald zur vollständigen Herstellung in ein Hospital schicken, werden wir morgen früh aus der großen Schüssel da drunten trinken müssen.«

»Bevor wir aber ins Meer getunkt werden, werfen wir alles hinaus, sogar die Gewehre, wenn unsere Rettung das erfordert. Nun aber, solange wir Zeit haben, denken wir an die Rettung des Schatzes.«

Er nahm einen kleinen Schlüssel aus seiner Brust, öffnete damit eine zierliche Stahlschatulle, die in den Decken eingewickelt war, und zog zwei Seidengürtel von ungleicher Füllung daraus hervor.

»Wer würde glauben, dass hier in diesen Gürteln sieben Millionen in Diamanten stecken?«, sagte er. »Bei Gott! Ein schönes Sümmchen! Nimm und verbirg diesen Gürtel da unter deinen Kleidern.«

»Sei ruhig, Diego!«, erwiderte der Junge, und seine Stimme bebte vor Rührung. »Eher lasse ich mich töten, bevor ich mir den Schatz unseres tapferen Präsidenten rauben lasse. Aber ... wird Señor Calderon keinen Widerspruch erheben? Er ist doch ein Mann, ich noch ein Junge ...«

»Der Kapitän hat den Schatz uns zweien anvertraut und nicht dem Señor Calderon.«

»Hatte er Misstrauen gegen ihn?«

»Möglich! Sein Gesicht flößt kein Zutrauen ein, und noch weniger seine seltsamen Manieren. Wenn ...«

Er unterbrach sich und schien mit gespannter Aufmerksamkeit zu lauschen.

»Was hast du?«, fragte Cardozo.

»Hörst du?«, rief der Master und ergriff die Hand des Jungen.

Mitten durch das Pfeifen des Windes, der sich in den Falten des Luftschiffes verfing, hörte Cardozo, nicht ohne zu erschauern, ein fernes Brüllen, welches durch die dichte Finsternis heraufscholl.

»Das Meer!«, rief er aus.

»Ja, unser alter Freund ist's, der uns begrüßt«, sagte Diego in scherzendem Ton, aber er wurde bleich. »Ein falscher Freund in dieser Lage! Wirf etwas hinaus!«

Cardozo nahm den tragbaren Kochherd und warf ihn samt dem Vorrat von Alkohol in die Tiefe.

Der Ballon stieg im Nu auf zweitausend Meter, aber er fiel sofort wieder. Fleischkonserven und getrocknete Fische, die Decken und eine größere Menge Zwieback gingen nach und nach denselben Weg.

Dieses nicht kleine Gewicht trieb den Ballon auf viertausend Meter, aber alle Anstrengungen waren vergebens. Das Gas reichte nicht mehr aus, um drei Menschen zu tragen, und die Falten des Gewebes verlängerten sich immer mehr. Ohne Zweifel entwich es durch die Poren des Stoffes, vielleicht schloss auch das Ventil nicht mehr gasdicht.

Um drei Uhr früh hörten sie das Brüllen des Ozeans aufs Neue. Diego und Cardozo, die nicht daran dachten, ein Auge zu schließen, glaubten durch die Finsternis hindurch bereits den Schaum der Wellen zu sehen.

»Der schreckliche Augenblick kommt immer näher«, sagte der Master und wischte sich den kalten Schweiß von der Stirn. »Binnen weniger Stunden werden uns die Wogen den ersten Kuss geben. Ha! Wenn nur Land zu erblicken wäre!«

»Hoffen wir es, Matrose«, sagte Cardozo, der trotz seiner Jugend ein merkwürdig kaltes Blut bewahrte. »Wir sind es ja schon gewohnt, dem Tod ins Auge zu schauen und haben schon genug Erschreckliches auf unseren Reisen und Fahrten erlebt.«

»Ich sage nicht nein.«

»Welch eine Überraschung für Señor Calderon, wenn er die Augen öffnen wird.«

»Pah! Das ist ein Mensch, den nichts auf der Welt überrascht. Er schläft, als liege er in einem bequemen Bett, fern von jeder Gefahr.«

»Eine eigene Menschengattung, Master!«

»Und manchmal zu beneiden, Cardozo … Oh! …«

»Was hast du?«

»Da! – Schau da hinunter … mein Junge!«, rief der Master mit zittriger Stimme.

»Ein Licht!«

»Ja, ein Licht!«

»Jetzt sind wir gerettet.«

Der alte Seemann hatte sich nicht getäuscht. Durch die Finsternis hindurch leuchtete in großer Entfernung gegen Westen zu ein rötlicher Punkt, der kein Stern sein konnte, weil er auf der Wasseroberfläche zu schweben schien. War es ein am Land brennendes Feuer? War es das Signallicht eines Schiffes? Das eine wie das andere bedeutete für unsere Reisenden – Rettung.

»Schnell, Signale«, rief Cardozo.

»Ja, ja, Signale!«, entgegnete der Master, den die neue unerwartete Entdeckung ganz außer Rand und Band gebracht hatte. »Gib mir einen Karabiner.«

Cardozo gab ihm die geladene Waffe und Diego feuerte sie in der Richtung des Lichtes ab.

Auf die Detonation, die sich jedenfalls auf weite Distanzen deutlich verbreitete, wachte der Agent auf.

»Was gibt es?«, fragte er mit seiner gewöhnlichen, so ruhigen Stimme.

»Ein Schiff oder Land ist in Sicht«, erwiderte Cardozo.

»Ah! …«

Er erhob sich langsam, beugte sich über den Rand der Gondel und betrachtete den leuchtenden Punkt, der unter dem Horizont glänzte.

»Fallen wir?«, fragte er eine Weile später.

»Jawohl, Señor, und wir haben bereits die ganze Gondel geleert«, antwortete Cardozo.

»Gib mir den anderen Karabiner!«, sagte der Master.

Er nahm die zweite Waffe und feuerte sie ab, ebenso zwei Pistolen.

Es verging eine lange Minute der Angst für die beiden Seeleute.

»Hörst du nichts?«, fragte der Master Cardozo.

»Nichts.«

»Sie müssten uns aber doch antworten.«

»Vielleicht haben sie uns nicht gehört.«

»Das ist unmöglich.«

»Diego!«

»Cardozo!«

»Das Licht entfernt sich!«

»Und der Ballon sinkt«, sagte der Regierungsagent mit düsterer Stimme.

»Elende!«, rief der Master und ballte seine Faust gegen das Licht, das sich immer weiter nach Norden entfernte. »Sie lassen uns im Stich!«

Er lud seine Waffen wieder und feuerte sie erneut ab, allein auch diese vier Detonationen blieben ohne Antwort. Wenige Minuten später war das Signallicht (ein solches musste es sein) ganz verschwunden.

Diego warf die Waffen auf den Boden der Gondel und trocknete sich den Schweiß von der Stirn.

»Jetzt ist alles vorbei«, sagte er mit dumpfer Stimme.

»Hoffen wir noch immer, Matrose!«, erwiderte Cardozo.

»Aber der Ballon sinkt und wir stürzen ins Meer«, sagte der Regierungsagent und lächelte traurig, als freue ihn dieser Ausgang der Dinge.

Auf einmal sprang der Master, der sich in eine Ecke der Gondel hineingeworfen hatte, auf und stieß einen Schrei aus.

Er klammerte sich an das Netzwerk, bog sich, so weit er konnte, hinaus und horchte, die Augen weit aufgerissen, nach Westen.

Hatte er etwas gehört? Was suchten seine Augen?

»Cardozo!«, rief er mit bebender Stimme.

»Was siehst du?«, fragte der Junge.

»Hörst du dieses Geräusch?«

»Ja, ja – mir scheint, dass die Wellen sich irgendwo brechen«, erwiderte Cardozo, nachdem er lange lauschend gehorcht hatte.

»Das ist die Brandung!«

»Heißa! Die Brandung!«

»Dann liegt ein Land vor uns!«

In diesem Augenblick bahnte sich ein silberheller Mondstrahl einen Weg durch die Dunst- und Nebelmassen, die bisher den Ausblick gehindert hatten, und beleuchtete das Meer.

Der Master stieß einen Schrei aus:

»Land, Land! Gottlob! Wir sind gerettet!«

8. Die wilden Bewohner der Pampas

Die letzte Stunde hatte doch noch nicht für unsere kühnen Luftschiffer geschlagen. Der Ozean, den es so sehr zu gelüsten schien, sie zu verschlingen, musste sein Spiel verloren geben.

In einer Entfernung von fünf bis sechs Kilometern war plötzlich ein schmaler Landstrich erschienen, der sich vom Norden nach Süden ausdehnte. War das eine einsame Insel oder das amerikanische Festland?

Das wussten sie derzeit nicht, aber die Luftschiffer zerbrachen sich auch nicht den Kopf darüber, ihnen war das Eine genug: einen festen Punkt gefunden zu haben, auf welchen sie Fuß fassen konnten, für alles andere wollten sie später sorgen.

Der Ballon fiel noch immer, aber es waren ja noch einige Gegenstände in der Gondel und dieselben repräsentierten ein nicht geringes Gewicht. Dazu blies der Wind unausgesetzt von Osten her und trieb den Ballon dem heiß ersehnten Land zu.

»Cardozo!«, sagte der Master, der um zehn Jahre jünger geworden zu sein schien. »Wir ersaufen doch noch nicht, – in kürzester Zeit werden wir auf jener Küste stehen.«

»Wir haben uns herrlich aus der Patsche gezogen«, erwiderte der brave Junge. »Ich gab schon keinen Piaster[1] mehr für unsere Haut.«

»Und ich noch weniger, mein Sohn! Der Teufel soll alle Ballone auf der ganzen Welt holen! *Caramba*[2]! In diesen wenigen Stunden habe ich Schrecklicheres erlebt als auf meiner ganzen sechsunddreißigjährigen Fahrt durch die fünf Meere der Erdkugel.«

»Aber wo werden wir niedergehen?«

»Wer weiß das? Ich vermute, dass diese Küste die amerikanische sei, denn seit gestern Mittag trieben wir unaufhörlich westlich.«

---

[1] Umgangssprachliche Bezeichnung für den spanischen und auch den spanisch-amerikanischen Peso.

[2] Donnerwetter! Verdammt noch mal!

»Scheint es dir nicht, dass wir gegen Süden geraten sind?«

»Ja, und zwar nicht wenig.«

»Dann ist das die Küste von Patagonien.«

»Wenn die Sonne aufgeht, werde ich es dir sagen.«

»Kennst du vielleicht die patagonische Küste?«

»Hab einmal an ihr Schiffbruch erlitten, und habe ein halbes Jahr unter den riesigen Wilden gewohnt, die dort hausen. Wenn ein englischer Reisender mich nicht den Krallen dieses Heidengesindels entrissen hätte, wette ich, ich wäre noch bei ihnen.«

»Und wenn das die Küste Argentiniens wäre?«

»Umso besser.«

»Und der Schatz?«

»Pah! Wer vermutet in uns die Seeleute des *Pilcomayo,* des Kreuzers der Paraguanischen Republik? Wir können irgendein Märchen erfinden, zum Beispiel dass wir schnurstracks aus Europa kommen.«

»Hm!«

»Ich garantiere dir einen kolossalen Erfolg, Cardozo! *Caramba*! Wie wird unsere Aufnahme sein, wenn es heißt, wir seien Luftschiffer, von jenseits des Ozeans gekommen?«

»Man wird unsere Abenteuer in den Zeitungen veröffentlichen und unsere Fotografien verkaufen.«

»Ja, Spaßvogel!«

»Die Wellen«, sagte in diesem Augenblick der Regierungsagent.

»Ah! Zum Henker!«, rief Diego. »Ich hab ganz unseren Kranken vergessen, seine Kräfte gehen ja zur Neige. Wirf irgendetwas hinaus, Cardozo!«

Der Junge nahm die noch übrig gebliebene Zwiebackration und warf sie den Fischen vor. Der Ballon erschwang sich zu einer Höhe von dreizehnhundert Metern, geriet dort in eine lebhafte Luftströmung und trieb mit großer Geschwindigkeit der Küste zu, die man jetzt ganz gut sehen konnte.

Es fing zu grauen an. Das Meer verlor seine düstere Färbung, die Sterne erbleichten rasch, das Dunkel verschwand und man sah bereits Küstenvögel in der Morgenluft streichen und hörte ihr fröhliches Gezwitscher, womit sie die aufgehende Sonne begrüßten.

Um vier Uhr befand sich der Ballon nur noch einige hundert Ellen[1] von der Küste entfernt. Diego, Cardozo und der Regierungs-

[1] Altes Längenmaß. In Italien maß eine Elle *(braccio)* je nach der Gegend zwischen 54 und 75 Zentimeter.

agent schauten mit gespanntester Aufmerksamkeit auf das immer näherkommende Land.

Gleich darauf verließ der Ballon endgültig das Meer und flog über die unbekannte Küste, die sich nach Norden, Westen und Süden in unabsehbarer Weite verlor und nun in Form einer flachen Muschel unter ihnen lag. Ein sehr hoher Graswuchs im satten Grün war dort zu sehen, hier und da große Mengen eines dünnen, in borstigen besenartigen Büscheln endenden Pflanzenwuchses, dann wieder eine Menge wilder Disteln.

In der Ferne erschienen da und dort zerstreut riesige Bäume in der Form ungeheurer Regenschirme, aber man sah keine Wohnung, keine Niederlassung, nicht einmal irgendein lebendes Wesen. Es schien, als sei der Landstrich ganz und gar unbewohnt.

Der Master, welcher seit geraumer Zeit Anzeichen einer gewissen Unruhe gegeben hatte, betrachtete aufs Genaueste bald den Graswuchs, bald die Bäume, als wolle er in seinem Gedächtnis nach ihren Namen suchen. Aus einmal wendete er sich an Cardozo und sagte:

»Ich kenne das Land. Freilich sind es schon viele Jahre, seit ich diesen prachtvollen Teppich, der sich vor uns ausbreitet und viele hundert Meilen unser Begleiter sein wird, unter den Hufen meines Pferdes gehabt habe.«

»Wo sind wir?«, fragte der Junge.

»Siehst du das kurze, starke, hellgrüne Gras, das nennt man *Cortadera*, und diese wirren Haufen, das ist *Paja*. Ich kenne auch diese Nesseln und Disteln, diese *Jaccas*, den Kaktus und auch jene Bäume, die den Eichen ähnlich sind, das sind die *Ombu* der Pampas.«

»Also sind wir an der patagonischen Küste?«, fragte Cardozo.

»Du sagst es.«

»Das missfällt mir gar nicht, Matrose. Aber auf welchem Punkt von Patagonien sind wir wohl?«

»Das lässt sich nicht so leicht sagen. Ich weiß nur, dass zwei sehr lange, breite Flüsse dieses Land durchqueren, der Colorado im Norden und der Río Negro im Süden, aber wo sind sie? Wenn ich nur einen sehen könnte, dann würde ich dir gleich sagen, wo wir uns befinden.«

»Vielleicht treffen wir jemanden an, der uns Auskunft gibt.«

»Das wird schwer möglich sein, denn vor den Eingeborenen heißt es sich in acht nehmen, das sind Wilde, die alle Fremden tödlich hassen, besonders aber die Spanier und ihre Abkömmlinge.«

»Werden wir nicht auf Weiße stoßen?«

»Ja, wenn wir von dem argentinischen Gebiet nicht allzu fern sind.«

»Du! Da schau einmal hinunter! Ein Gehöft!«

»Nein! Das ist ein *Corral.*«

»Was ist das?«

»Nun, eine Umzäumung, in welcher die Gauchos das Vieh zusammentreiben, um es vor den Angriffen wilder Tiere zu schützen.«

»Werden wir solch einen Gaucho antreffen?«

»Das kann ich dir erst später sagen. Der Wind treibt den Ballon in jener Richtung.«

In der Tat trieb der Ballon, der in einer ungefähren Höhe von zweihundertfünfzig Metern, immer zum weiteren Sinken geneigt, dahinzog, gerade auf den *Corral* zu, der auch von Minute zu Minute deutlicher sichtbar wurde. Diego, Cardozo und selbst der Regierungsagent hatten das Tauwerk ergriffen und beugten sich weit über die Gondel hinaus, um besser zu sehen.

Rasch befand sich der Ballon, der mit einer Geschwindigkeit von neun bis zehn Kilometern in der Stunde dahintrieb, in allernächster Nähe der aus Pfählen hergestellten Umzäumung. Nicht ohne Verwunderung bemerkten unsere Luftschiffer, dass der *Corral* an mehreren Stellen durchbrochen war, gerade so, als hätte er einen gewaltsamen Angriff durchgemacht, und man sah in seinem Innern auch mehrere Kadaver von Pferden und Rindern, über welchen Aasgeier kreisten.

»Ein schlechtes Zeichen«, brummte der Master und schüttelte den Kopf. »Hier muss ein Kampf stattgefunden haben.«

»Zwischen wem?«, fragte Cardozo.

»Vielleicht zwischen Indianern und den Besitzern des *Corrals.* Ah! … eine Leiche …«

»Wo denn?«

»Dort, in der Mitte der Kaktushecke.«

Cardozo schaute in der angegebenen Richtung und erblickte dort wirklich einen vollständig nackten Leichnam, den die Raubvögel zum Teil schon zerfleischt hatten. Er lag auf der Seite und sein Kopf schien von einer gewaltigen Keule zerschmettert worden zu sein, denn er bestand nur aus einer unförmlichen Masse von Blut, Fleisch, Gehirnfetzen und Haaren.

»Das ist ein Weißer«, sagte Cardozo.

»Vielleicht ein Gaucho«, erwiderte Diego, der nachdenklich geworden war.

»Wer wird ihn wohl umgebracht haben?«

»Indianer ohne Zweifel, ich werde mich kaum täuschen.«

»Woher weißt du das?«

»Sein Kopf ist von einer *Bola perdida* zerschmettert worden, und eine solche Waffe besitzt nur der Indianer.«

»Was ist denn das, eine *Bola perdida*? Ich habe wohl einige Mal davon sprechen gehört, aber nur so im Allgemeinen; so viel weiß ich doch, dass das eine schreckliche Waffe sein muss.«

»Die *Bola perdida* ist ein meistens spitzer Stein, der in ein Stück Haut eingewickelt und von den Indianern nach Art einer Schleuderkugel auf das Ziel geschnellt wird. Sie bedienen sich dabei eines Riemens aus den Sehnen des Straußes oder des Guanakos, derselbe ist beiläufig einen Meter lang. Manchmal vertritt die Stelle des Steines eine weiße Metallkugel. Die Indianer halten dieselbe immer blank geputzt, um sie mitten unter Gras und Sträuchern leichter finden zu können. Sowohl der Stein als die Metallkugel sind in der Hand der roten Krieger immer schreckliche Waffen, denn auf fünfzig oder sechzig Meter Entfernung zerschmettern sie damit den Kopf des Feindes, als wäre er ein einfacher Kürbis.«

»Benützen sie die Bola auch auf der Jagd?«

»Nein, zur Straußenjagd haben sie den *Chumé*, der besteht aus zwei kleinen Kugeln; zur Jagd auf Guanakos benützen sie den *Yachicho*, der hat drei. Um aber wilde Pferde zu fangen, werfen sie das Lasso, das sie mit außerordentlicher Geschicklichkeit handhaben.«

»Ein *Rancho*«, sagte in diesem Augenblick der Regierungsagent, der sich, um Ausschau zu halten, auf den Rand der Gondel gesetzt hatte.

Cardozo und der Master blickten über die Pampas und nahmen auf eine Entfernung von einem Kilometer eine Art Gehöft wahr, aber es schien zur Hälfte zerstört. Als sie genauer schauten, erblickten sie einen ganzen Schwarm Vögel, welche dieses umflatterten und bald aufflogen, bald sich wieder niederließen.

»Da unten sind weitere Kadaver«, sagte Diego kopfschüttelnd. »Das wird schlecht enden!«

Und er täuschte sich nicht. Sowohl der *Rancho* als der früher passierte *Corral* trugen die unverkennbaren Spuren eines Überfalls. Die aus luftgetrockneten Ziegeln hergestellten Mauern waren zum Teil

Cardozo erblickte einen vollständig nackten Leichnam, den die Raubvögel zum Teil schon zerfleischt hatten.

zerstört, das Dach aufgerissen, Türen waren keine mehr zu sehen, und in geringer Entfernung lagen halb verdeckt vom dichten Grase blutigrote Massen, jedenfalls Kadaver von Rindern und Pferden.

Im ganzen Umkreis war das Gras niedergetreten, als sei ein zahlreicher Reitertrupp hier gewesen, auch erblickte der Master, dessen gespanntester Aufmerksamkeit nichts entging, am Boden eine lange, mit einer scharfen Eisenspitze versehene und mit Rehafedern geschmückte Lanze.

»Das ist eine Indianer-Lanze«, sagte er, »eine echte *Waichè*. Meine Freunde, aufgepasst, und sorgen wir dafür, in der Luft zu bleiben, denn wie mir scheint, sind die Indianer gar nicht fern.«

»Wir haben ja nichts mehr zum hinauswerfen«, sagte Cardozo mit einem melancholischen Blick in das Innere der Gondel. »Willst du vielleicht die Waffen hinunterwerfen?«

»Das nicht, denn sie sind uns notwendig, um die Räuber der Pampas abzuwehren.«

»Aber handelt es sich da um einen Indianeraufstand oder nur um einen ihrer Streifzüge?«

»Das kann ich dir nicht sagen, mein Junge; ich fürchte aber, es handle sich um einen Aufstand. Ohne Zweifel erhielten die Indianer Kunde vom Kriege am La Plata und haben sich das sogleich zunutze gemacht, sind in die argentinischen Grenzen eingebrochen und verwüsten dort alles mit Feuer und mit Schwert.«

»Ich wollte, sie kämen bis nach Buenos Aires.«

Was war es, dass der Regierungsagent bei diesen Worten Cardozos so ganz eigentümlich, fast möchte man sagen höhnisch lachte?

»Sollte Ihnen das missfallen, Señor?«, fragte Cardozo, der sich wunderte, dass man den Feinden des Vaterlandes gegenüber anderer Meinung sein könne.

Señor Calderon antwortete nichts, sondern wendete den Kopf woanders hin.

Cardozo und der Master wechselten einen Blick der Verwunderung.

»Mir scheint, der hasst die Argentinier viel zu wenig, und die haben uns doch schon so viel Übles zugefügt«, murmelte der Master. »Wer wird diesen Menschen begreifen? Holla! Cardozo, wir fallen, wirf etwas hinaus.«

»Wir haben nur mehr den Anker, etwas Zwieback und wenige Liter Wasser.«

»Wirf den Anker hinaus, es ist zwar eine Dummheit, die uns teuer zu stehen kommen könnte, aber jetzt gilt es um jeden Preis in die Höhe hinauf zu kommen.«

Cardozo gehorchte. Der Ballon, der sich nur mehr sechzig Meter über der Prärie befand, schnellte rasch auf sechshundert Meter empor und trieb bei neuem frischem Wind dem Süden zu.

Aber auch auf dieser Strecke sah man überall die Spuren des Krieges, der also in der ganzen Ausdehnung der Prärien wüten musste. Bald erblickten unsere Luftschiffer durch Feuer zerstörte *Ranchos*, dann wieder eingerissene *Corrals*, deren Pfahlumzäunung durchbrochen und an vielen Stellen zusammengehauen war, dann wieder

Tambos, kleinere Hütten, wo man die Ziegen hineintreibt, um sie dort zu melken, ganz verwüstet, mit zerstörten Mauern, Charcas, gut gepflegte Gärtchen, ganz zertreten, der schützende Agavenzaun niedergerissen – und endlich zwischen alledem die bereits angefressenen Kadaver von Rindern und Pferden, und über ihnen, in dichten Schwärmen um das Aas sich streitend, die *Chimangos*, die *Gallinajas*, die *Carranchos*, durchwegs Geier, die von gefallenem Fleisch leben. Mitten aber durch *Verbene melindres*, mit ihren blutroten Blüten, durch die dichten Haufen der purpurfarbenen *Flor morada*, der gelben *Romerille*, der azurblauen *Nemofilas*, welche üppig in großen Partien den Graswuchs durchbrachen, erblickten sie dunkle Fährten, auf denen alle Blumen und Blüten wie von einem gewaltigen Zyklon niedergetreten erschienen – das war jedenfalls der Unheilsweg, den die Plünderer und ihre wilden Rosse genommen hatten.

Als der Ballon gegen Mittag wieder zu sinken anfing, erblickte der Master, der strengen Ausschau hielt, schwarze undeutliche Punkte, welche sich ungeordnet durch die Prärie bewegten; der hohe Graswuchs verdeckte sie fast ganz und gar.

»Zum Geier!«, rief er und runzelte die Stirn. »Sind das wilde dahingaloppierende Pferde oder sind das Indianer? Cardozo, mein Junge, wir gehen jetzt einer bösen Geschichte entgegen.«

»Sind es Indianer?«, fragte der Junge, ohne irgendeine Erregtheit zu zeigen.

»Ich fürchte es«, erwiderte der Master und fuhr fort, mit gespanntester Aufmerksamkeit zu beobachten.

»Wie werden die uns aufnehmen? Ich wette, die halten unseren Ballon für den Mond.«

»Das bezweifle ich, mein Junge. Ich glaube eher, sie werden Jagd auf uns machen und uns mit Flintenkugeln und Bolas versorgen.«

»Pah! Ich lasse mich durch ihre schrecklichen Bolas nicht ins Bockshorn jagen. Wir sind noch hoch. Matrose!«

»Aber wir fallen mit großer Schnelligkeit.«

»Leider ist das wahr. Aber wir haben noch etwas zum Auswerfen.«

»Was denn? Die Gondel ist vollständig leer.«

»Ich sag es dir schon, wenn der Moment gekommen ist, wo wir leichter werden müssen. Zum Henker! Das sind wirklich Menschen da unten!«

»Indianer, Cardozo! Sind die Waffen in Bereitschaft?«

»Ja, sie sind geladen, Diego, und zwar mit Prachtbonbons.«

»Señor Calderon, nehmen Sie die Pistolen«, sagte der Master. »Wir lassen die Karabiner sprechen.«

Der Regierungsagent, der nicht das Geringste von seiner gewohnten Ruhe verloren hatte, nahm die beiden Waffen, prüfte, ob sie geladen seien, und steckte sie in seinen Gürtel, ohne eine Silbe zu verlieren.

Der Ballon, den ein mäßiger Wind in der Höhe von hundert bis hundertzwanzig Metern gegen Süden trieb, hatte die Indianer, welche ungeordnet durch die Prärie sprengten, bald erreicht, ohne dass sie ihn bemerkten, denn er war ihnen im Rücken.

Es mochten gegen fünfzig oder sechzig sein, alle beritten, auf jenen Präriepferden, die man Mustangs nennt, hohe, starke, schnellfüßige Tiere, fähig, an einem Tag dreißig Meilen Weg zurückzulegen und dabei mit etwas Gras und einem Schluck Wasser zufrieden zu sein. Dem Master genügte ein Blick, um sie sofort zu erkennen.

»Die Pampas!«, schrie er, »Gott steh uns bei!«

Im selben Augenblick brachen die Reiter in ein wildes Geheul aus, denn jetzt hatten sie den Ballon bemerkt, der über ihren Köpfen dahinsegelte. Zuerst standen sie betroffen still, aber das dauerte nicht lange, dann sprengten sie vorwärts, spornten kräftig ihre Pferde und schwangen wütend ihre Waffen.

Die Jagd auf die unglücklichen Luftschiffer nahm ihren Anfang.

9. Die Verfolgung

In den grasreichen Niederungen, welche sich von den Grenzen Argentiniens bis zu den äußersten Enden des patagonischen Territoriums erstrecken und die im Osten vom Atlantischen Ozean, im Westen von der großen Gebirgskette der Anden eingeschlossen werden, treibt sich ein überaus unruhiges Völkchen von rein indianischer Rasse herum, das weder mit den Araukanern noch mit den Patagoniern etwas gemein hat.

Wenn diese beiden letztgenannten Stämme, der eine das ganze Jahr hindurch die Jagd betreibt, um sich den Lebensunterhalt zu verschaffen und seine Pferde zuzureiten, der andere eifersüchtig die eigenen Berge hütet und seine Unabhängigkeit, die stets von den Chilenen bedroht ist, verteidigt, so bringt jenes Volk in den großen Niederungen Argentiniens seine ganze Zeit mit Raub und Plünderung zu.

Die Pampas oder Penks – so lautet der Name dieser verwegenen Prärieräuber – besitzen die Tollkühnheit der Araukaner und die listige Verschlagenheit der Patagonier. Sie sind nicht zahlreich, geben aber den Spanisch-Amerikanern gewaltig viel zu tun.

Davon weiß die Regierung Argentiniens zu erzählen, dessen Grenzen immer wieder von diesem räuberischen Reitervolk bedroht werden. Ohne Rast und ohne Ruhe, ohne jeden festen Wohnsitz durchqueren diese Frechlinge die Pampas nach allen Richtungen, sind heute da und morgen dort, ganz nach Einfall und Belieben, und ruhen sie einmal aus, so genügt ihnen ein aus Tierhäuten gefertigtes Zelt. Wie ihre Brüder im Gran Chaco, die unversöhnlichen Feinde der Brasilianer, und ihre Brüder in Nordamerika, die geschworenen Feinde der Bleichgesichter, hassen sie die Argentinier glühend als Usurpatoren ihres Bodens und ihres Landes und lassen keine Gelegenheit vorübergehen, um ihren mächtigen Nachbarn blutige Schäden zuzufügen.

Wenn man glaubt, sie seien jetzt fern, und wenn Ruhe und Zuversicht in den Herzen der kühnen Ansiedler, die in die Pampas vordringen, Platz greifen, da brechen plötzlich die roten Krieger Verderben bringend wieder herein. Wie ein schreckliches Unwetter rasen die Horden einher und in wenigen Tagen haben sie die Pampas in Wüsteneien verwandelt.

Wie Geier stürzen sie über die zahlreichen Herden her, töten unbarmherzig die Gauchos und schleppen jene fort, überfallen meist im Dunkel der Nacht die Gehöfte, massakrieren ihre Verteidiger, rauben Frauen und Kinder, zerstören die Behausungen und zünden sie an, ja selbst Grenzbefestigungen bezwingen diese kühnen Räuber: freilich sind diese so mangelhaft, dass eine Kompanie europäischer Soldaten zu ihrer Einnahme hinreichen würde.

Ist man auf der Hut, ist der Alarmdienst gut geregelt und geht es mit einer Überrumpelung schwer, indem die Regierungstruppen rechtzeitig herbeieilen, dann fliehen sie in die Wüste, in Orte, die den Soldaten der Republik ganz unzugänglich sind, und schleppen die Beute ihrer Plünderungszüge und zahlreiche Gefangene mit, die sie später der erniedrigendsten Sklaverei unterwerfen. Wie groß ist die Anzahl solch unglücklicher Opfer! Es genügt darauf hinzuweisen, dass, als General Rocha[1] das Territorium von Buenos Aires von

[1] Gemeint ist wahrscheinlich Juan Jose Rosendo Rocha (1807–1880), ein argentinischer Militärangehöriger.

diesen Unholden befreite, er ihnen etwa fünfhundert Gefangene abnahm, die sie sämtlich in den Niederlassungen der Pampas geraubt hatten.

Ohne Zweifel waren die Pampas vom Krieg am La Plata unterrichtet, in den die Republik verwickelt wurde. Sie hatten daher ihre Schlupfwinkel verlassen und sich im Gefühl vollständiger Sicherheit auf das Grenzgebiet geworfen, alles vernichtend, wie dies die zerstörten und verbrannten *Ranchos*, *Corrals*, *Charcas* und zahllosen Kadaver bewiesen, welche unsere Luftschiffer bei ihrer Fahrt über die unermesslichen Grasebenen bemerkten.

Ein Trupp derselben, der den Küstenstrich zum Schauplatz seiner Tätigkeit gewählt, hatte den Ballon wahrgenommen. Zuerst waren sie verblüfft, man kann sich ja denken, was für einen Eindruck auf solche Naturkinder die große, mit Menschen besetzte Kugel hervorbringen musste, die über ihnen dahinstrich, dann aber machten sie sich mutig an ihre Verfolgung, in der Hoffnung, nichts dabei zu verlieren. Glücklicherweise hielt sich der schon ganz hinfällig und halb leer gewordene Ballon noch in der Luft und außerhalb der Wurfweite der gefährlichen Bolas.

»Was sagst du dazu, Cardozo?«, fragte der Master, der mit Unruhe das Näherkommen des Reitertrupps beobachtete.

»Ich sage, dass, wenn wir uns nicht in respektabler Höhe halten, wir einen Hagel von Kugeln erhalten werden«, antwortete der Junge. »Mir scheint, diese schnauzbemalten Heidenlümmel werden uns ein tüchtiges Wegstück verfolgen.«

»Erschrecken sie dich nicht?

»Für jetzt nicht; wir werden sehen, was später kommt, wenn sich der Ballon ins Gras legt.«

»Wenn sie uns fangen, machen sie uns zu Sklaven.«

»Dann laufen wir ihnen wieder davon.«

»Das wird kaum möglich sein. Diese Unglücksmenschen besitzen Mittel, die Füße ihrer Gefangenen so zu misshandeln, dass dieselben … Ahoi! Zum Henker! …«

»Wir fallen.«

»Ich sehe es.«

»Wieder ein Sprung! Binnen Kurzem werden wir unten aufschlagen und uns das Genick brechen.«

Das war nur allzu wahr. Das Luftschiff, das von den Reitern noch etwa fünfhundert Meter entfernt war, hatte die Grenze seiner Leistungsfähigkeit erreicht und schwebte nur mehr angenähert zwanzig Meter über dem Boden dahin.

Die Indianer ließen den Ballon nicht aus den Augen; vielleicht ahnten sie die üble Lage, in der sich seine Insassen befanden. Sie spornten ihre Pferde an, und im Nu waren sie auf zweihundert Schritte herangekommen.

Einige Augenblicke lang konnten die Luftschiffer ihr Äußeres betrachten. Sie waren von mittlerem, aber kräftigem Wuchs, von gedrungenem Gliederbau und von unbestimmbarer Hautfarbe, denn sie waren über und über mit farbigen Linien und Punkten bemalt; der eine sah abenteuerlicher aus als der andere.

Ihre malerischen Kostüme passten recht gut zu ihrem Banditenhandwerk.

Silberringe und Ketten zierten ihre Ohren und ihren Hals und klirrten und klangen hell bei jeder Bewegung, sie hatten farbenprächtige Ponchos, die wie Messkleider vorne und rückwärts herabfielen, und an der Seite die reichen, mit Perlen und Silberschmuck gezierten Gürtel, *Quinpiqué* genannt, aus denen lange Messer hervorblitzten; an den Füßen hatten sie Stiefel von Guanako oder Pferdeleder, die mit kolossalen Spornen besetzt waren.

Auf Schussweite herangekommen, wiederholten die Krieger ihr Geheul, schwangen die federgeschmückten Lanzen und ließen die Bolas kreisen, mit denen sie den Kopf des Feindes so sicher zerschmettern.

Auf einmal sprengte ein Reiter, der nach der Pracht seiner Kleidung, nach seiner hohen Statur, welche über alle anderen emporragte, und nach seinem ganz mit Farbe über und über bekleckstem Gesicht ein Häuptling zu sein schien, in vollem Galopp gegen den Ballon, und fast unmittelbar unter ihm anhaltend, stieß er ein paar Worte hervor.

»Was will dieser heidnische Geselle?«, fragte Cardozo, der, um auf alle Fälle gewappnet zu sein, seinen Karabiner ergriffen hatte.

»Er fordert uns einfach auf, herabzusteigen«, sagte der Master.

»Ist ein bisschen anspruchsvoll, dieser schnauzbemalte Señor.«

»Er droht uns mit Waffengewalt, wenn wir nicht gehorchen.«

»Ich möchte ihm sagen, das sei uns jetzt unmöglich, möge er zu uns heraufkommen, wenn er es kann. Was sagen Sie, Señor Calderon?«

»Ich weiß keine bessere Antwort«, antwortete der Agent.

»Aber meinen Sie nicht, dass wir binnen Kurzem den Boden berühren werden?«, fragte der Master. »Wenn man sich nur mit diesen Kanaillen verständigen könnte, obwohl nicht viel zu hoffen und ihnen nie zu trauen ist.«

»Versuchen Sie es trotzdem«, antwortete der Agent.

Der Master versuchte zu unterhandeln, aber nach wenigen Worten begriff er, dass von diesen Banditen nichts zu hoffen sei. Der Häuptling wollte durchaus keine Bedingung annehmen, er forderte vollständige Ergebung, widrigenfalls werde er die Feindseligkeiten beginnen.

»Schick diesen Galgenstrick zum Teufel«, sagte Cardozo.

»Wenn du willst, stecke ich ihm einen guten Bonbon in seine Schnauze.«

»Dann werden wir in Stücke gerissen, mein Junge. O hätten wir jetzt eine frische Brise und könnten wir uns leichter machen!«

»Schleudern wir die Gondel unter diese Kanaillen«, sagte der Junge. »Und warum nicht? Das Tauwerk ist gut, wir klettern in dasselbe und setzen uns rittlings auf den Ring und fliegen so hoch, bis wir die ganze Prärie nicht mehr sehen.«

»Gut gesprochen, Junge!«, rief der Master. »Aber wir dürfen jetzt keine Minute mehr verlieren.«

»Señor Calderon, leiden Sie an Schwindel?«, fragte Cardozo.

»Nein«, erwiderte der Agent.

»Also frisch ans Werk!«

In diesem Augenblick fiel der Ballon noch tiefer, sodass seine Gondel das hohe Präriegras streifte, plötzlich schwang er sich aber wieder an die dreißig Meter hoch empor.

Die Indianer hatten haltgemacht in Erwartung, ihr Häuptling werde zu ihnen zurückkehren. Jetzt stürzten sie mit wildem Geheul vorwärts, schwangen die Lanzen und rissen ihre *Navajas*[1] mit den breiten, leicht gekrümmten Klingen aus den Gürteln.

Ihr Häuptling, der dem Ballon am nächsten war, glaubte wahrscheinlich, seine Beute entwische ihm; er griff die *Bola perdida* und ließ sie in schwirrenden Kreiseln um seinen Kopf pfeifen.

»Achtung Freunde!«, rief Diego, der kein Auge von den Indianern wandte. »Aufgeschaut auf die Bolas!«

---

[1] Üblicherweise werden so die spanischen Taschenmesser genannt. Es gibt allerdings auch noch etwas größere, schwertähnliche Waffen, die ebenfalls *Navajas* genannt werden.

»Der Erste, der eine schleudert, ist ein Kind des Todes«, erwiderte Cardozo entschlossen, er hob seinen Karabiner und zielte auf die Reiter.

»Gut gesprochen, mein Junge, aber verlieren wir keinen Augenblick, wenn uns unsere Haut lieb ist. Sie, Señor Calderon, nehmen die Pistolen und dieses Paket Munition und steigen in den Ring hinauf. Fallen Sie nicht, wir könnten Sie unmöglich wieder auflesen.«

»Fürchten Sie nichts«, antwortete der Agent.

»Und du, Cardozo«, fuhr der Master fort und öffnete dabei sein Hackmesser. »Du nimmst die Karabiner und diese Munition da und folgst dem Señor Calderon, während ich das Abschneiden der Stricke besorge. Sollten die Indianer allzu nahe kommen, so gibst du ihnen ein paar gut gedrehte Pillen.«

»Ja, die kuriere ich für immer, Matrose, du darfst es mir glauben«, antwortete der Junge.

Er kletterte in das Netzwerk und stieg bis zum Ringe empor, wo sich bereits der Agent eingerichtet hatte.

Die Indianer, jedenfalls in der Meinung, man spotte ihrer, verdoppelten ihr Geheul und spornten wütend ihre Pferde an.

Auf einmal durchschnitt ein glänzender Gegenstand pfeifend die Luft, fuhr durch das Netzwerk der Gondel und fiel auf der anderen Seite ins hohe Präriegras hinunter.

»Eine Bola«, rief Cardozo.

»Und zwar eine eiserne«, antwortete der Master, welcher mit einer Hand sich am Reifen haltend, mit der anderen, welche das Messer führte, rasch die Stricke durchschnitt.

Eine andere vom Häuptling geschleuderte Bola pfiff daher und riss eine tiefe Schramme in die Gondelbrüstung, wenige Zoll vom Master entfernt.

»Donnerwetter!«, schrie dieser. »Ein wenig näher, und mein Kopf wäre wie ein Kürbis zertrümmert worden.«

»Warte, jetzt geht's an den Kürbis des Häuptlings«, rief da eine Stimme neben ihm. »Gib acht, Matrose!«

Cardozo (er hatte so gesprochen) lehnte sich ins Netzwerk, nahm den Reifen zwischen die Füße und zielte kaltblütig auf den Indianer.

Man hörte einen Knall, welchem sofort ein Schmerzgeheul folgte. Der Indianerhäuptling, von der Kugel des braven Jungen mitten in die Stirn getroffen, stürzte kopfüber aus dem Sattel auf den Boden hin.

Die Indianer stießen ein Wutgebrüll aus, stürmten vorwärts und spornten ihre Pferde blutig. Sechs oder sieben Bolas pfiffen um die Luftschiffer und verloren sich in verschiedenen Richtungen. Cardozo und der Regierungsagent feuerten den zweiten Karabiner und die beiden Pistolen unter den Reitertrupp. Ein Pferd fiel und noch ein Reiter stürzte ins Gras.

Die Indianer, durch diese Meisterschüsse vorsichtiger geworden, mäßigten jetzt ihren Ritt, hatten sie doch den Kugeln des Ballons nur ihre Bolas entgegenzusetzen, aber sie erfüllten die Luft mit einem geradezu höllischen Geheul.

Diesen Moment des Waffenstillstandes benutzte der Master, der mit rasender Eile die zahlreichen Stricke der Gondel durchschnitten hatte.

»Achtung!«, rief er. »Festgehalten.«

»Wir sind es«, antwortete Cardozo.

Der Master stieg in den Reifen und durchschnitt mit zwei Hieben die zwei letzten Stricke. Die Gondel fiel prasselnd zur Erde und vergrub sich im hohen Präriegras.

Der Ballon, plötzlich um ein Gewicht von hundert Kilogramm leichter geworden, stieg mit großer Schnelligkeit empor. In wenigen Augenblicken waren die Reiter, welche herbeigestürzt waren, kaum noch sichtbar und ihr Geschrei klang immer leiser, immer leiser, bis es fast unhörbar wurde.

»Dreitausend … Viertausend … Fünftausend … Meter«, rief der Master, welcher das Aneroidbarometer mit sich genommen hatte. »Die Pampas kriegen uns nicht mehr. Heißa, mein Junge, du hast eine Prachtidee gehabt, für welche ich dir vom Herzen danke.«

»Ja, es hat sich doch um unsere Haut gehandelt, Matrose«, erwiderte Cardozo »und mir war's darum zu tun, dass wir sie behalten. Was für dumme Gesichter die Indianer wohl gemacht haben werden, als sie glaubten, uns schon packen zu können, und wir davongeflogen sind.«

»Wenn die uns kriegen sollten, werden sie uns unser Schelmenstück gehörig vergelten; den Tod des Häuptlings aber müssten wir mit unserem Blut bezahlen. Mein Junge, hast du ein Auge! Du hast ja diesen armen Wilden wie einen Vogel weggeputzt und mitten in der Stirn saß ihm deine Kugel! Was für ein Schütze du doch bist!«

»Man tut nur, was man kann«, antwortete der Junge bescheiden.

»Ich hoffe, dass diese Schüsse auch dann knallen werden, wenn uns ein Unstern noch einmal mit diesen Kanaillen zusammenführt.«

»Glaubst du, dass wir etwa anderen Indianern begegnen?«

Der Indianerhäuptling, von der Kugel mitten in die Stirn getroffen, stürzte aus dem Sattel.

»Wenn der Aufstand allgemein ist, ohne Weiteres.«

»Und werden die da unten galoppieren, unsere Verfolgung fortsetzen?«

»Ohne Zweifel; aber binnen Kurzem werden wir ihnen aus dem Blick gekommen sein. Der Ballon ist von einer starken Brise erfasst worden und segelt wohl sechzig Meilen in der Stunde südwärts.«

»Da entfernen wir uns ja von den zivilisierten Landstrichen.«

»Vielleicht ist das besser, nachdem das argentinische Grenzgebiet von Indianern angegriffen zu sein scheint.«

»Und wir fallen dafür in die Hände der Patagonier«, sagte der Regierungsagent boshaft.

»Möchten Sie lieber in die Hände der Argentinier fallen, Señor Calderon?«, fragte der Master.

»Vielleicht.«

»Ich nicht.«

Der Regierungsagent zog die Schultern empor und schaute woanders hin, nicht ohne zuvor, was die beiden Matrosen wohl bemerkten, eine Gebärde der Verachtung gemacht zu haben.

»Der hat manchmal hirnverbrannte Ideen«, sagte Diego zu Cardozo. »Muss es ihm doch auch daran liegen, dass der Schatz nicht in die Hände unserer Feinde fällt.«

»Ach was, passt es ihm nicht, so soll er dem Ballon sagen, dass er nordwärts fliegt«, sagte Cardozo. »Wo sind denn unsere Indianer?«

»Verschwunden, mein Junge. Ich seh sie nicht mehr.«

»Ein gutes Zeichen! Da schau, Matrose, siehst du nicht, dass da unten vor uns etwas glänzt?«

»*Caramba!* Ja. Das sieht aus, wie ein sich mitten durch die Fläche ziehendes Silberband.«

»Das ist ein Fluss.«

»Du hast recht, Cardozo.«

»Der wird richtig schnell größer. Was wird das für ein Fluss sein?«

»Entweder der Colorado oder der Río Negro, wahrscheinlich der erstere.«

Der Wind trieb den Ballon mit rasender Eile dem Fluss entgegen, welcher trotz der großen Höhe, in der sich die Luftschiffer befanden, immer deutlicher wurde. Er war ein mächtiger Strom und floss in großen Serpentinen innerhalb hoher Ufer von Westen nach Osten.

Rasch stand der Ballon über ihm. Diego und Cardozo warfen einen Blick auf seine Ufer, aber kein Haus, kein lebendes Wesen ließ sich sehen, nichts, gar nichts.

Schon hatten sie ihn überquert, da stieß Diego eine leise Verwünschung aus.

»Was hast du?«, fragte Cardozo.

»Wir fallen.«

»Schon wieder?«

»Ja, und dieses Mal, ohne jemals wieder aufzusteigen.

10. Das Verschwinden des Regierungsagenten

Es war vier Uhr nachmittags.

Der Ballon hatte in vier Stunden etwa hundert Meilen zurückgelegt. Jetzt fing er wieder an zu sinken, und zwar, wie der Master ganz richtig bemerkt hatte, ohne je wieder aufzusteigen, denn seit sie die Gondel in die Prärie hinuntergeworfen hatten, besaßen die kühnen Luftschiffer nichts mehr, um ihn zu erleichtern.

Halb geleert, voll von Falten, raste er mehr durch den Wind als durch das Gas gehalten vorwärts, denn dieses war auf ein Minimum reduziert worden. Er sank also allmählich, versuchte hie und da zu steigen, jedoch nur, um dann umso entschiedener zu fallen.

In einer Viertel-, vielleicht in einer halben Stunde musste alles vorbei sein.

»Jetzt nicht verzagen«, sagte Cardozo. »Er hat lang genug ausgehalten, der arme Ballon, es musste ja alles so kommen, das begreift jeder.«

»Oh!«, rief der Master aus. »Hätten wir doch nur ein Mittel, um seinen Kräften ein bisschen aufzuhelfen.«

»Ich sehe nur weit und breit keinen Gasometer, ich mag machen, was ich will. Richten wir lieber unsere Beine her und laden wir unsere Gewehre, dass wir nicht wehrlos in den Graswald fallen. Siehst du nichts?«

»Zu unserem Glück scheint die Prärie ganz öde und verlassen zu sein«.

»Sie täuschen sich«, sagte der Regierungsagent.

»Sehen Sie etwas? Vielleicht Indianer?«

»Mir scheint dort ein *Rancho*[1] zu sein.«

»Birgt der vielleicht Indianer?«

»Ich glaube nicht«, antwortete Diego, welcher aufmerksam das Gehöft betrachtete, das sich vielleicht sechs Kilometer südlich inmitten einer dichten Distelhecke erhob. »Die Pampas und die Patagonier haben nur Zelte.«

»Aber wer soll dort wohnen?«

»Wer weiß das? Vielleicht argentinische Hirten, obwohl es mir sonderbar vorkäme, solche so weit von der argentinischen Grenze

[1] Gehöft zur Viehzucht.

anzutreffen. Ich sehe auch einen *Corral*, und zwar, wenn mein Auge mich nicht trügt, in gutem Zustand.«

»Und auch zwei Pferde«, fügte der Regierungsagent hinzu.

»Was machen wir?«, fragte Cardozo.

»Die Waffen herrichten und abwarten«, erwiderte der Master. »Der Wind trägt uns ohnehin dem *Rancho* zu und wir werden in seiner Umgebung niederfallen. – Da schau! Aus dem Gehöft steigt Rauch auf.«

»Sollten die da unten ihr Nachtmahl kochen? Ich versichere dir, Matrose, dass ich diesem alle Ehre antun möchte. – Hallo! Sachte, lieber Ballon! Donnerwetter! Wir haben es nicht so eilig mit dem Abstieg!«

»Wir stürzen«, schrie der Master. »Haltet euch am Tauwerk fest.«

Der Ballon ging jetzt sehr schnell abwärts, es schien, dass sein Gas aus einer großen Öffnung entströme. So sank er dreihundert Meter, dann hielt er einen Augenblick inne, dann fiel er in wenigen Minuten rasch weitere dreihundert Meter, und konzentrische Kreise beschreibend, wirbelte er nieder.

»Zum Teufel«, rief Cardozo. »Scheint es doch, als hätte der Ballon einen Kapitalrausch.«

»Er rollt wie ein Schiff im Taifun«, sagte der Master. »Ein schlechtes Zeichen, mein Junge.«

»Was fürchtest du denn?«

»Ich weiß es nicht! Ich hab nur die unbestimmte Furcht, dass das nicht gut ausgehen wird.«

»Dass wir kopfüber abstürzen?«

»Hoffen wir, dass es nicht geschehen wird. Ahoi! Festgehalten!«

Der Ballon war mit rasender Eile niedergegangen, und zwar dieses Mal, wie es schien, ohne noch einmal innezuhalten. Der Master, Cardozo und selbst der phlegmatische Agent fingen an, unruhig zu werden.

»Wir werden erschlagen«, schrie der Junge, dem alle Lust zum Scherzen vergangen war.

»Oder vielmehr, wir werden zur Erde geschmettert werden«, erwiderte der Agent. »Haben wir denn gar nichts mehr hinauszuwerfen?«

»Fünf Stücke Zwieback, unsere Waffen und die Munition«, antwortete der Master.

»Das alles hält unseren Sturz nicht mehr auf.«

»Und dann würde ich mich auch unter keiner Bedingung von den Waffen trennen, Señor. Halt, ich hab eine Idee.«

»Heraus damit, Matrose!«, sagte Cardozo. »Nur schnell, die Prärie kommt uns ja mit rasender Eile entgegen.«

»Klettern wir ins Netzwerk. Fallen wir nach unten, so schlägt doch zuerst der Ballon auf, und diesen Moment benützen wir und springen in das Gras, welches hoch und dicht steht.«

»Ja, wenn nur der Ballon nicht das Gleichgewicht verliert und umstürzt.«

»Keine Furcht, mein Junge! Wir werden uns so festhalten, dass sein Gleichgewicht nicht gestört wird.«

»Also hinauf ins Netzwerk und Gott möge uns beistehen.«

Sie verließen eiligst den Ring, erfassten die Stricke und klammerten sich an das Netzwerk fest, das fast die Hälfte des Ballons bedeckte.

»Ist alles gut gegangen?«, fragte der Master seine beiden Gefährten, die er nicht sehen konnte, weil sie sich auf der anderen Seite des Ballons befanden.

»Ja«, antworteten der Regierungsagent und der Junge wie aus einem Mund.

»Also achtgegeben auf mein Kommando und springen, oder der Ballon nimmt einen von uns mit in die Lüfte.«

»Wir sind bereit«, antwortete Cardozo.

Der Ballon fiel ohne Aufenthalt, als habe er Eile, ein Ruheplätzchen auf der Prärie zu finden. Es schien, als treibe ihn ein mächtiger Luftstrom zur Erde nieder und ein ähnlicher unter ihm zöge in gleicher Richtung an. Die Entfernung schwand mit fantastischer Eile. Nur mehr hundert Meter trennten ihn vom Boden, und noch immer fiel er mit gleicher Schnelligkeit.

»Matrose«, schrie Cardozo, der mit einem gewissen Schrecken die Prärie betrachtete, die ihnen entgegenzurasen schien.

»Hier«, antwortete der Master.

»Ich fühle, wie sich alles in meinem Kopf dreht.«

»Halt dich fest, mein Junge! Nichts wird geschehen, die Prärie ist weich wie ein Flaumbett. Achtung! …«

Die hundert Meter verschwanden wie ein Blitz. Der Ballon tauchte tief in das dichte Gras, das an die zwei Meter hoch war. Sein unterer Teil schlug heftig auf den Boden, seine Flanken dehnten sich übermäßig aus, fast schien es, als wolle das Luftschiff platzen. Einen Moment blieb der Ballon unbeweglich. Dieser Augenblick genügte.

»Auf den Boden hinab!«, donnerte der Master.

Zwei Körper rollten in das dichte Gras, aber einer blieb in den Maschen des Netzwerkes hängen.

Der Ballon, von einer Last befreit, machte einen gewaltigen Satz in die Luft, indem er einen der drei Aeronauten mit sich nahm, welcher, wie man sah, verzweifelte Anstrengungen machte, sich von etwas, das ihn festhielt, zu befreien.

Ein Schrei durchschnitt die Luft.

»Hilfe! … Hilfe!«

Die zwei Körper, die in das dichte Gras gerollt waren, erhoben sich eiligst, es waren der Master und Cardozo.

»Señor Calderon!«, schrien sie.

Aber Señor Calderon hörte sie nicht mehr. Der Ballon war nur mehr wie ein dunkler Punkt in schwindelnder Höhe, der rasch nach Süden flog.

»Großer Gott!«, rief der Master.

»Er ist verloren«, jammerte Cardozo.

»Nein, verloren ist er nicht, wir werden ihn schon wieder auffinden, mein Junge!«

»Also vorwärts ihm nach, Diego!«

»Sachte, sachte! Keine Dummheiten, mein Junge, dem Ballon nachlaufen wäre eine Eselei; wir sind so vollständig kaputt, dass wir wohl einige Zeit Rast halten müssen.«

»Aber warum ist er auf dein Kommando nicht vom Ballon herab?«

»Weil er sich wahrscheinlich in das Netzwerk verwickelt hat. Mir kam es so vor, als hätte er seine Füße in den Maschen gehabt.«

»Wie wird es ihm ergehen?«

»Wer kann das sagen? Glücklicherweise kennt er die Ventilkonstruktion des Ballons, und ich bin der ganz sicheren Meinung, dass er, während wir hier reden, das Gas ausströmen lässt.«

»Aber er wird weit von hier niedergehen.«

»Wir werden ihn schon finden, mein Junge. Ich schwöre es dir. Wir können doch hier nicht einen Genossen verlassen, der mit uns so große Gefahren geteilt hat.«

»Wenn er nur nicht unter Indianer gerät.«

»Er hat ja Waffen, seine Pistolen, und weiß sich zu verteidigen. Er ist zwar ein sehr wortkarger Mensch, aber er hat uns bewiesen, dass er auch Courage besitzt.«

»Armer Señor Calderon! Ich bemitleide ihn von ganzem Herzen, obwohl er mir nicht sehr sympathisch war.«

»Ich sage dir, wir werden ihn wiederfinden, und wenn wir bis zur Magellanstraße[1] wandern müssten.«

»Was machen wir einstweilen?«

»Die Nacht bricht mit Eile herein und der Hunger klopft an unsere Türen, suchen wir also den *Rancho* auf und verlangen wir Gastfreundschaft. Kannst du gehen?«

»Mir scheint, in meinem Gebein ist nichts gebrochen.«

»Umso besser. Erinnerst du dich nicht mehr, wo sich der *Rancho* befindet? Unter diesen Riesengräsern sieht man kaum weiter als bis zur eigenen Nasenspitze.«

»Mir schien es, als wir niedergingen, als befände er sich rechts, doch kann ich es nicht mit Bestimmtheit sagen. Jetzt schwirrt es in meinem Kopf, als hätte ich eine Flasche Rum ausgetrunken.«

»Steig auf meinen Rücken und schau einmal über diesen Riesengraswald.«

Cardozo kletterte wie ein Eichhörnchen auf die Schultern des Masters und richtete sich balancierend auf.

»Ja, ja«, rief er, »dort ist er, dort drüben.«

»Weit von hier?«

»Kaum fünfhundert Schritte. Aber …«

»Siehst du etwas?«

»Mir scheint, es kommt etwas auf uns zu, weil sich das Gras vor uns bewegt.«

»Ein Mensch oder ein Tier?«

»Kann es noch nicht sagen, weil es ganz im Gesträuch verborgen ist und es dunkelt schon ganz gehörig.«

»Herab und die Waffen zur Hand. In diesem vermaledeiten Land weiß man nie, was einem in den Weg kommt.«

»Gibt es hier vielleicht Raubtiere?«

»O ja, Kaguare und Jaguare, ein sehr wildes Viehzeug.«

Cardozo sprang herab und ergriff seinen Karabiner, während Diego den anderen zur Hand nahm.

In kurzer Entfernung hörte man ein Rauschen, gefolgt von einem eigentümlichen Klirren, wie wenn Münzen durcheinander gerüttelt werden, oder wie man es bei Sporen vernehmen kann.

[1] Die Meerenge, welche den Süden des südamerikanischen Kontinents und den Feuerland-Archipel trennt; ihr Osteingang ist zwischen Kap de las Virgines und Kap Espiritu Santo, ihr Westeingang zwischen Kap Vitoria und Kap de los Pilares; ihre Gesamtlänge einschließlich der Krümmungen beträgt 80 geografische Meilen.

»Das ist ein Mensch«, sagte der Master.

»Wer wird es wohl sein?«

»Jedenfalls ein Bewohner des *Rancho*. Ohne Zweifel hat er unseren Purzelbaum bemerkt und geht jetzt, uns zu suchen.«

»Pst! Da ist er ja schon …«

Das hohe Gras öffnete sich wenige Schritte vor ihnen und ein abenteuerlich gekleideter Mann, ganz schrecklich bewaffnet, trat hervor und musterte die beiden Matrosen mit neugierigen Blicken.

Er war von hohem, sehnigem Wuchs, hatte eine bronzefarbene Haut, schwarze, bis auf die Schultern fallende Haare und tief liegende, aber Flammen sprühende Augen. Er trug ein Wollhemd von grellen Farben, um die Lenden ein breites gestreiftes Tuch, eine *Chiripa*[1], darüber einen breiten, mit Silberplatten geschmückten Ledergurt, den *Tirador*[2]. Seine Säbelbeine trugen weite Beinkleider, *Calconzitas*[3] von Leder mit buntscheckigen Muscheln geziert, und steckten in ein Paar mächtigen Stiefeln, die aus ungegerbtem Pferdeleder gefertigt schienen und aus deren Spitze die großen Zehen hervorlugten. Ein Paar riesengroße Sporen, deren Rädchen gewiss an die zehn Zentimeter maßen, ein breiter Filzhut, ein langes, im *Tirador* steckendes Messer, das die Spanier *Navaja* nennen, und eine Feuersteinmuskete mit einem Lauf, der wie ein Schallbecher an der Mündung ausgeweitet war, vervollständigten das Äußere des Unbekannten

Einige Augenblicke lang betrachtete er mit seinen tiefschwarzen glänzenden Augen die beiden Matrosen, die sich nicht von der Stelle bewegten, dann senkte er seine Feuersteinmuskete, die er auf sie angeschlagen hatte, lüftete den Hut und sagte mit ausgesuchter Höflichkeit:

»*Buena tardas, caballeros!*[4]«

»Guten Abend, Señor!«, erwiderten Diego und Cardozo.

»Wenn die Señores mir folgen wollen, bin ich so frei, Ihnen meine Hütte und meinen Tisch freundschaftlichst anzutragen«, fuhr der Unbekannte fort.

»Wir können uns nichts Besseres wünschen«, antwortete der Master.

[1] Hosengewand, das gerne von Gauchos getragen wurde.
[2] Hosenträger.
[3] Hosen.
[4] Guten Tag, meine Herren! In der ursprünglichen Übersetzung steht falsch übernommen: *Buena noche, caballeros!* – Guten Abend, meine Herren!

»Also beliebet mir zu folgen. Der *Rancho* ist nur zwei Schritte von hier entfernt.«

Er schulterte seine Feuersteinmuskete, zog seine furchtbare *Navaja* heraus und machte sich daran, rechts und links das hohe Gras niederzumähen, um den beiden Matrosen, die ihm am Fuße folgten, einen breiten Weg zu bahnen.

»Diego«, flüsterte Cardozo, den die neue Situation aus seinem Staunen nicht herauskommen ließ. »Wohin sind wir denn gefallen?«

»Mitten in die Pampas, mein Junge!«

»Das sehe ich wohl, aber ich hätte niemals geglaubt, in einem so abscheulichen, von wilden Indianern wimmelnden Land so gut erzogene und höfliche Leute zu finden.«

»Erzogen! Hm! …«

»Ist dieser vielleicht ein Gauner?«

»Sag lieber ein abgefeimter Spitzbube.«

»Nun, das glaube ich dir doch ganz und gar nicht.«

»Wärest du früher schon in diesen Gegenden gewesen, da würdest du anders sprechen.«

»Aber was ist dann also der, welcher uns so höflich zu sich einlädt, uns mit so großer Liebenswürdigkeit grüßt, und der trotz alledem ein abgefeimter Spitzbube sein soll?«

»Ein Gaucho.«

»Jetzt weiß ich gerade so viel wie früher.«

»Ich werde dir später alles näher erklären.«

»Haben wir irgendeinen Grund zur Furcht?«

»Ja und nein!«

»Das klingt ja rätselhaft.«

»Wenn sie gut gelaunt sind, halten sie gute Kameradschaft und sind voll ausgesuchter Höflichkeit, aber hüte dich, mein Junge! Das sind sehr hitzige, gewalttätige und überaus empfindliche Menschen. Ein Messerstich ist in ihren Augen eine Sache, die nicht der Rede wert ist.«

»Ein gewarnter Mensch …«

»Pst!«

»Was gibt's?«

»Es folgt uns jemand.«

»Wirklich, das Gras bewegt sich.«

Der Gaucho hatte es auch bemerkt, blieb stehen und riss seine Muskete von der Schulter.

»Ramon!«, rief er.

»Ich bin's!«, antwortete eine Stimme.

Die dichten Gräser öffneten sich und ein zweiter Gaucho erschien. Er war geradeso bewaffnet und gekleidet wie der erste und glich ihm auch in den Gesichtszügen.

Als er Diego und den Jungen erblickte, machte er eine Gebärde der Überraschung, dann grüßte er höflichst mit den Worten:

»Guten Abend, Señores!«

»Das ist mein Bruder«, sagte der Gaucho, der sie führte, während der andere sich leicht verneigte.

»Seid uns willkommen, Señores!«, antwortete Diego, indem er seine Mütze lüftete. »Und empfangt unsere besten Glückwünsche.«

»Ich bin glücklich, euch noch am Leben gefunden zu haben«, erwiderte Ramon. »Potz Blitz! Ich hätte geschworen, euch beide tot anzutreffen.«

»Habt Ihr unseren Sturz vom Himmel gesehen?«, fragte der Master.

»Ja, ich habe gerade die Pferde im *Corral* getränkt, da sah ich den Ballon in die Prärie niederstürzen, dann sich aber gleich wieder erheben und in der Richtung nach Süden verschwinden. Mir schien aber, als wären es drei Menschen gewesen. Ist euer Gefährte tot?«

»Nein Señor, er ist im Ballon zurückgeblieben.«

»Wollte er vielleicht nicht aussteigen?«

»Im Gegenteil, er wollte es gewiss, aber mir scheint, er hat sich in den Maschen des Netzwerkes verstrickt.«

»Wo wird er sich jetzt befinden?«

»Wer kann das schon sagen? Ohne Zweifel ist er in diesem Augenblick sehr weit von hier.«

»Und wird er nicht herabkommen?«

»Ich hoffe doch!«

»Werdet ihr ihn suchen?«

»Sobald wir können.«

»Und wir werden euch dabei helfen. Nicht wahr, Pedro?«

»Wenn es den Señores genehm ist«, erwiderte der Gefährte.

»Wir danken euch einstweilen«, antwortete der Master.

»Aber wo kommt ihr denn eigentlich her?«, forschte Ramon.

»Vom Meer!«

»Was? Vom Meer?«, riefen die beiden Gauchos mit Verwunderung.

»Oder vielmehr von einer großen Insel, die sich im Ozean befindet.«

»Aus bloßem Vergnügen?«

»Nein, sondern um Studien über Luftströmungen zu machen.«

»Nun, das ist tollkühn über alle Maßen! Aber genug; vorwärts Caballeros! Das Abendessen wartet auf uns.«

Fünf Minuten später langten die vier Mann bei dem *Rancho* an.

11. Die Gauchos

Die kleine Behausung, welche mitten in der ungeheuren grasreichen Ebene fern von jedem Kulturmittelpunkt in einem Landstrich lag, der nur von Indianern durchstreift wurde, war so schlecht, dass man sie nicht einmal Hütte nennen konnte.

Sie schien erst vor Kurzem erbaut worden zu sein und war doch schon baufällig. Ihre Lehmmauern waren von allen Seiten geborsten, als ob sie einen Sturmangriff von außen oder ein furchtbares Erdbeben durchgemacht hätten, das Strohdach zeigte große Risse und Löcher, durch die der Regen ungehindert eindringen konnte, ihre Tür, die aus dornigen Zweigen hergestellt war, schloss nicht mehr. Selbst der Zaun, der das Ganze umgab, war an mehreren Orten beschädigt, geradeso, als hätte man versucht ihn zu durchbrechen, um ihn nicht überklettern zu müssen.

Das Innere war nicht viel schöner. Auf dem Fußboden wuchs das Gras und lagen wirr Scherben und Knochen durcheinander, zusammengetragene Äste und Zweige dienten wahrscheinlich als Schlaf- und Lagerstätte. Das ganze Mobiliar bestand aus zwei großen, roh gearbeiteten Stühlen, mehreren Pferdegeschirren, einigen Decken, ein paar Stricken, einem eisernen Topf und zwei Rinderschädeln, die als Sessel dienen mussten.

In der Mitte duftete über einem lustig flackernden Feuer ein gewaltiges Stück gebratenes Fleisch.

Die zwei Gauchos traten ein und boten den beiden Matrosen sofort mit größter Höflichkeit die zwei Rinderschädel als Stühle an und entschuldigten sich, dass sie nur eine so notdürftige Einrichtung anbieten konnten.

»Pah!«, sagte der Master, dem die Höflichkeit der beiden Gauchos und der winkende Braten mit seinem köstlichen Aroma den ganzen Humor wiedergegeben hatten. »Wir sind das harte Sitzen und das auf dem Boden Liegen schon gewohnt, nicht wahr Cardozo?«

»Wir sind gar nicht zimperlich«, erwiderte der Junge. »Auf See bekommt man eine harte Haut und Knochen aus Stahl.«

»Erlaubt, dass wir euch ein Stück dieses *Asado*[1] anbieten, den wir uns zur Abendmahlzeit bereitet haben«, sagte Ramon. »Ich bedauere, mit nichts Besserem dienen zu können; aber in diesem gottverlassenen Land kann man absolut nichts auftreiben, nicht einmal einen Schluck *Caña*.«

»O, wir werden dem Braten alle Ehre antun, dessen seid versichert«, antwortete Cardozo, indem er seine Kinnladen auf- und zuklappte. »Seit zehn Stunden hat unser Magen strengen Fasttag gehalten. Wenn nur Señor Calderon auch bei uns wäre, um sein Gebiss an diesem herrlichen Bratenstück zu versuchen!«

»Der hat seine Pistolen, mein Junge, und hat jemand in diesem wildreichen Land gute Waffen, dann stirbt er nicht vor Hunger. Vielleicht nimmt er gerade jetzt irgendwo in aller Fröhlichkeit sein Abendessen zu sich.«

»Ja, wenn er nicht in die Klauen der Pampas gefallen ist.«

»Oder vielmehr der Patagonier. Aber wir werden ihn schon finden, Cardozo, sei dessen versichert, wir werden ihn finden.«

»Zu Tisch, *Caballeros!*«, sagte Ramon und legte den *Asado* auf ein reines Hammelfell, das er auf der Erde ausgebreitet hatte. »Das ist von einem Guanako, das wir gestern früh erlegt haben, und ich versichere euch, es ist besser als ein Rindsfilet.«

Sie nahmen die Messer zur Hand und hieben gewaltig in den Braten ein, der uneingeschränkt als köstlich erklärt wurde.

Einige wenige Minuten genügten bei so kräftigen Kauwerkzeugen und so ausgehungerten Mägen, und der Braten war, trotzdem er sicherlich seine sechs Kilo wog, auf Nimmerwiedersehen verschwunden.

Nach dem kleinen, aber ausgiebigen Mahl stellte Ramon den eisernen Topf mit Wasser übers Feuer, während sein Bruder eine Handvoll klein geschnittener, trockener Blätter, allem Anschein nach Tee, hineinwarf.

»Potztausend, ist das ein Luxus!«, rief der Master, der kein Auge von diesen Vorbereitungen weggewendet, »hier in dieser Wüstenei gibt's *Mate*[2]?«

»Die letzte Portion, die wir haben. Wir sind eigentlich trostlos, dass

[1] Braten. *(Anm. d. Übers.)*
[2] Südamerikanischer Tee.

unser Vorrat so schnell zu Ende gegangen ist«, sagte Ramon. »Ein Gaucho ohne *Mate* ist wie ein Matrose ohne Tabak.«

»Und kann man hier keinen bekommen?«, fragte Cardozo.

»Ja, wo denn? Hier gibt es hundert Meilen im Umkreis keine *Pulperia*[1].«

»Aber wo sind wir denn eigentlich?«, fragte der Master.

»Wo? … Am Río Negro.«

»Am Río Negro?«, rief der Master höchst erstaunt. »Dann sind wir also nicht auf eigentlich argentinischem Gebiet?«

»O nein, die argentinische Grenze ist sehr weit von hier entfernt.«

»Wie kommt ihr aber denn hierher! Ich weiß doch, dass die Gauchos sehr selten über die argentinische Grenze gehen.«

»Ganz richtig, Señor, aber die Luft der Republik ist nicht mehr gut für uns«, sagte Ramon und lächelte.

»Ihr seid also Flüchtlinge?«

»Ja, wir haben drei Männer getötet, die uns anhalten wollten, haben drei oder vier andere verwundet und sind darauf im Verein mit mehreren unserer Freunde in die Pampas entwischt. Ihr wisst, dass wir einen Messerstich nicht besonders hoch anschlagen.«

»Ich kenne die Gauchos. Da ihr jetzt die Grenze hinter euch habt, ist nichts mehr zu fürchten.«

»Das ist wahr, jedoch etwas anderes hat uns bisher hier festgehalten.«

»Vielleicht die Indianer?«

»Jawohl. Diese Kanaillen sind aufgestanden, haben sich auf die argentinischen Pampas geworfen, haben alle Gauchos, die ihnen in die Hände fielen, massakriert und haben alle Faktoreien, alle *Pulperias* und *Saladeros*[2] zerstört.«

»So ist es nicht möglich, nach Norden durchzukommen?«

»So unmöglich, dass wir bis hierher geflohen sind, nun aber beabsichtigen, nicht mehr länger hier zu bleiben, da die Indianer diese Gegend auch schon unsicher machen. Vor kaum drei Tagen sind unsere Gefährten zwanzig Kilometer von hier ermordet worden.«

»Aber wo gedenkt ihr hinzugehen?«

»Nach Chile, sofern die Indianer …«

»Und wir, Cardozo, welchen Weg schlagen wir ein?«, fragte der Master und wendete sich an den Jungen.

---

[1] Kramladen. *(Anm. d. Übers.)*. Salgari selbst schreibt jeweils: *puerperia*

[2] Schlachthäuser. *(Anm. d. Übers.)*

»Nach Chile, vorausgesetzt, dass wir den Señores keine Ungelegenheit damit bereiten.«

»Im Gegenteil, eure Begleitung wird uns vom größten Vorteil sein, denn ihr seid ja ausgezeichnet bewaffnet. Wir werden euch gute Pferde verschaffen, die wir jedoch erst bändigen und zähmen müssen.«

»Aber wir verlassen diese Gegend nicht, bevor wir nicht unseren Gefährten lebendig oder tot aufgefunden haben.«

»Wir werden ihn schon finden. Aber jetzt, *Caballeros*, einen guten Schluck Mate.«

Er nahm den Topf mit siedendem Wasser vom Feuer und schüttete seinen Inhalt über die im anderen Topf befindlichen, mit Zuckerstückchen versüßten Teeblätter. Nach kurzer Weile tischte er allen das herrliche Getränk auf und lud sie ein, sich beim Trinken desselben der silbernen Röhrchen, *Bombille*[1] genannt, zu bedienen. Diese *Bombille* enden unten in einer mit feinen Öffnungen versehenen Kugel, man kann mit ihnen den Tee schlürfen, ohne die Blätter in den Mund zu bekommen.

Dieser Mate, von dem die Spanisch-Amerikaner wie die Indianer Südamerikas einen maßlosen Gebrauch machen, indem sie ihn dem besten Kaffee weit vorziehen, ist für diese Länder ganz dasselbe, was der eigentliche Tee für China und Japan, für England und Russland ist.

Man gewinnt ihn aus den Blättern der *Yerba (Ilex paraguayensis)*, einem Strauch, der acht bis zehn Meter hoch wird und den man vorzugsweise in Brasilien, Río Grande und Sao Paulo kultiviert, wo man ihn Arvore de Congonha nennt; in Paraguay wächst und gedeiht er aber am trefflichsten und liefert dort auch die duftendsten Blätter.

Man schneidet zur Erntezeit die Zweige und bringt sie in die Nähe eines Feuers, damit die Blätter sich leichter lostrennen lassen, dann legt man diese samt den ganz zarten Sprossen auf Geflechte, *Barbracnas*, unter denen ein mäßiges Feuer vierundzwanzig Stunden lang unterhalten wird. Sind die Blätter hinlänglich getrocknet, so werden sie mit hölzernen Messern zerkleinert und durch die *Barbracnas* sozusagen gesiebt, schließlich in Säcken von ungegerbtem Leder, *Tercios* genannt, deren jeder beiläufig einhundert Kilogramm fassen kann, aufbewahrt.

[1] Trinkröhrchen zum Trinken von Mate-Tee.

Der Verbrauch ist riesig groß, da fast alle Bewohner von Paraguay, vom Río de la Plata, in Río Grande do Sul, von Chile, von Bolivien und zum größeren Teile von Peru ihn so gewöhnt sind, dass sie ihn unmöglich entbehren können. Die Gauchos ziehen ihn dem Tabak und dem Branntwein vor, was bei diesen enragierten Rauchern und eingefleischten *Caña*-Trinkern viel sagen will.

Als das kostbare Getränk ausgeschlürft war, erhoben sich beide Gauchos zur gleichen Zeit und ergriffen ihre Feuersteinbüchsen, die sie kurz vorher mit einer Ladung von Kugeln, Nägeln und selbst Steinen sozusagen vollgepfropft hatten.

»*Caballeros*«, sagte Ramon, der leutseligere und höflichere der beiden, »nehmt auf uns keinerlei Rücksicht, sondern benützet ungeniert unsere Betten. Wir werden im Freien übernachten, um uns von den Indianern, welche gar nicht weit entfernt sein können, nicht überrumpeln zu lassen.«

»Gute Nacht«, erwiderte Diego, »und wenn ihr diese Kanaillen kommen seht, versäumt ja nicht, uns zu wecken. Wir haben gute Gewehre und sind geübte Schützen.«

»Zweifelt nicht daran«, antworteten die Gauchos.

»Was urteilst du über diese Leute, Matrose?«, fragte Cardozo, als sie allein waren.

»Ich denke, wir können Zutrauen zu ihnen fassen«, entgegnete der Master. »Übrigens haben sie ein Interesse, mit uns gut zu sein und uns an sich zu fesseln, schon in Rücksicht auf die umherstreifenden Indianer.«

»Aber sag mir, was sind denn das für Menschen? Was machen sie? Wovon leben sie?«

»Das werde ich dir morgen sagen, mein Junge! Benützen wir jetzt diesen augenblicklichen Waffenstillstand, um ein gutes Schläfchen zu machen. Seit drei Nächten haben wir kaum ein Auge geschlossen.«

»Das ist wahr, und ich sage dir aufrichtig, mir kommt es so vor, als seien mir alle Knochen im Leibe zerschlagen und verrenkt.«

»Also fein aufs Ohr gelegt und die Äuglein zugemacht.«

Sie warfen über die trockenen Blätter eine weite *Corconilla*, eine weiche Decke von araukanischer Handarbeit, und streckten sich dann nieder; die Gewehre lehnten sie so in unmittelbarer Nähe an, dass sie im Bedarfsfall sofort zur Hand waren, auch öffneten sie zwei Schachteln Patronen. Wenige Augenblicke später schnarchten beide so gewaltig, dass die morschen Wände der Hütte bebten.

Die Nacht verlief trotz der Nähe der wilden Pampas ohne Störung in friedlichster Ruhe. Kein Alarm, kein Schuss unterbrach den Schlaf der beiden Matrosen.

Sie wachten erst in der Früh auf, als das Wiehern der beiden Gaucho-Pferde das aufsteigende Tagesgestirn begrüßte.

»*Caramba!*«, rief der Master und reckte und streckte sich. »Das nenne ich geschlafen. War aber auch notwendig, um meine Maschine wieder in Ordnung zu bringen.«

»Und ich träumte, in einem Federbett zu schlafen, alter Master!«, sagte Cardozo und sprang behänd auf seine Füße.

»Sind unsere Freunde noch immer auf ihrem Nachtposten?«

»Ich sehe sie nicht und höre sie nicht.«

»Hoffen wir, dass sie nicht totgeschlagen wurden.«

»Dann wäre es wohl auch uns ans Leben gegangen. Diese Señores Pampas haben die üble Gewohnheit, allen, die sie irgendwie auf ihren Wegen antreffen, seien es Alte oder Junge, Männer oder Frauen, den Kragen umzudrehen.«

»Ich höre Sporengeklirr.«

»Das sind unsere Freunde.«

In der Tat nahte sich Ramon der Hütte mit jenem Schaukelgang, welcher den Gauchos, diesen ebenso trefflichen Reitern wie schlechten Fußgängern, eigen ist. Als er die beiden Matrosen erblickte, wünschte er ihnen höflichst einen guten Morgen.

»Gibt es was Neues?«, fragte Diego.

»Die Prärie ist vollständig ruhig«, antwortete der Gaucho, »aber vertrauen wir nicht allzu viel. Ich fürchte, diese Ruhe wird nicht allzu lange dauern.«

»Habt Ihr Indianer bemerkt?«

»Nein, aber ich fühle instinktiv ihre Nähe und wir werden darum gut tun, uns eiligst auf den Marsch nach Süden zu machen.«

»Das kommt mir sehr erwünscht, umso mehr, als wir im Süden auch höchst wahrscheinlich Señor Calderon treffen dürften. Aber wie sollen wir mit euch gleichen Schritt halten, unsere Beine sind zwar ganz trefflich, allein mit euren Pferden können wir's doch nicht aufnehmen.«

»Ihr werdet bald zwei so flinke Pferde wie wir haben«, sagte der Gaucho lächelnd. »Zwölf Meilen von hier ist ein kleiner See, den die wilden Pferde sehr häufig und gerne besuchen, wir gehen direkt zu ihm, verbergen uns unter den Riesenkakteen und lassen dann unsere

Lassos arbeiten. Morgen früh sind wir alle beritten und haben gute Rennpferde.«

In diesem Augenblick erschien sein Bruder an der Tür. Er schien sehr eilig und unruhig zu sein.

»Was hast du, Pedro?«, fragte Ramon.

»Beeilen wir uns, Bruder.«

»Hast du vielleicht einen Indianer gesehen?«

»Ich habe eine schwache Rauchsäule bemerkt.«

»Wo?«

»In nördlicher Richtung.«

»Das sind die Pampas.«

»Das glaub ich auch.«

»Die sollen nur kommen«, sagte Cardozo. »Mir brennen die Finger, diesen Galgenstricken meinen Karabiner unter die Nase zu halten.«

Ramon wandte sich gegen den Jungen, der seinen Karabiner mit Kampfeslust ergriffen hatte, und betrachtete ihn lange mit anerkennenden Blicken.

»*Es un pollito, que un dia serà gallo*[1]«, sagte er dann lächelnd.

»Er ist schon jetzt ein trefflicher Hahn«, sagte stolz der Master. »Er hat einen indianischen Häuptling getötet und sich schon dreimal mit den brasilianischen Truppen geschlagen.«

»Bravo, Junge! Ganz wie einer der Unsrigen.«

»Aufs Pferd, Bruder!«, sagte Pedro. »Die Minuten sind kostbar.«

»Also brechen wir auf!«

Sie beluden sich mit den Decken, dem Bratspieß, dem eisernen Kochtopf und verließen den Rancho. Draußen wieherten und stampften zwei große Pferde, vorzügliche Renner mit kleinem Kopf und sehnigen, stahlharten Füßen. Sie waren vollständig ausgerüstet.

»Werdet Ihr Euch im Sattel halten können?«, fragte Ramon.

»Ein Matrose ist recht oder schlecht immer ein Reiter.«

»Also nehmt und besteigt dieses Pferd, ich und mein Bruder reiten auf dem anderen, und nun – traben wir.«

Sie schwangen sich in den Sattel, machten es sich dort so bequem wie es ging, spornten die Pferde und fort ging's im scharfen Trabe dem Süden zu.

[1] Er ist ein Küchlein, das einmal ein Hahn werden wird. *(Anm. d. Übers.)*

12. Die wilden Pferde

Die unermessliche Prärie, die sie umgab, war vollständig öde, aber sie zeigte ganz und gar nicht jene Einförmigkeit und jenes beständige Einerlei, welches man ziemlich allgemein den ausgedehnten Ebenen jenseits des argentinischen Territoriums, den Pampas andichtet.

Der Boden stieg und senkte sich sanft in lang gezogenen Wellenlinien mit ebenso tiefen Niederungen als auch ziemlich bedeutenden Hebungen.

Auch die Vegetation war nicht eintöniger Graswuchs, sondern hier und da erhoben sich Gruppen des wilden Johannisbrotbaumes, Gebüsche von *Gynerium* und hochragende, Riesenschirme bildende *Ombu* mit ihrem tiefdunkelgrünen Blätterwerk und dem massiven knorrigen Stamm.

Von der Tierwelt ließ sich wenigstens für den Augenblick nichts wahrnehmen. Mochten Cardozo und der Master noch so sehr ihre Augen anstrengen, sie sahen kein einziges Tier den herrlich grünen, mit Papaverarten[1] bunt durchwirkten Teppich durcheilen. Es schien, als ob die Guanakos, die Strauße, die Kaguare und Jaguare, die Präriewölfe, Tiere, von denen sonst die Pampas wimmeln, verschwunden oder aus Furcht vor den Indianern geflohen seien. Bloß hier und da durchschwirrte eine *Tenostrichia piteta* die Luft oder ein gemeiner Sperling oder eine *Vindita*, ein ganz schwarzer Vogel mit weißen Schwingen, oder prächtige *Trochilidi* oder Fliegenvögel umschwärmten die Gebüsche.

»Was sagst du, Cardozo, zu dieser Prärie«, fragte der Master, der ganz regelrecht sein Pferd meisterte.

»Ich sage, dass die Beefsteaks fehlen, Matrose!«, antwortete der Junge, der sich fest an den altehrwürdigen Sattel anklammerte.

»Und dann?«

»Ich glaubte, die Pampa sei anders beschaffen.«

»Warum?«

»Man sagte mir, das sei eine vollkommen ebene Grasfläche ohne Strauch oder Busch oder Baum.«

»Wer hat dir das gesagt?«

»Ich habe es in Büchern gelesen.«

---

[1] Mohn.

»Die haben gelogen.«

»Das sehe ich wohl.«

»Glaub' den Büchern nicht allzu viel, Herzensjunge! Das hier ist die Pampa, wie sie leibt und lebt.«

»Aber wo sind denn die wilden Pferde und die Raubtiere?«

»Wir werden sie schon antreffen, sei dessen versichert. Ohne Zweifel sind sie bei der Annäherung der Indianer mehr südwärts geflohen.«

»Diese verdammten Indianer! Wenn mir diese Galgenstricke auf Schussweite nahe kommen …«

»Besser ist es aber, sie bleiben uns fern, Cardozo!«

»Sollen wir vor diesen Spitzbuben das Hasenpanier ergreifen?«

»Die Gauchos lassen sie nicht herankommen. Das sind Leute, die mit den Wilden schon fertig werden.«

»Aber sag, Diego, unsere Gauchos haben doch auch etwas von der Rasse der Wilden in sich.«

»Sie sind Abkömmlinge der weißen Rasse, so wie du und ich. Freilich rollt in ihren Adern mancher Tropfen Indianerblut«.

»Stammen sie von Spaniern ab?«

»Ja, und zwar von den ersten, die sich am Río de la Plata ausschifften.«

»Sag mir, Matrose! Wer sind eigentlich diese Gauchos, ich weiß es noch immer nicht.«

»Es sind Viehhirten, welche gewöhnlich in den Prärien leben, die Buenos Aires umgeben. Obwohl spanischer Abkunft, haben diese Menschen einen tiefen Abscheu vor jeder Zivilisation und fliehen die Nähe der Städte mehr als das gelbe Fieber. Ihr Vaterland ist die Pampa und von ihr gehen sie unter keiner Bedingung fort.«

»Sind sie mutig und tapfer.«

»Bis zum Wahnsinn. Sie haben eine gründliche Todesverachtung. Schon von Kindheit an treiben sie sich in den *Saladeros* herum, das sind groß angelegte Schlächtereien, wo alljährlich Tausende von Rindern geschlachtet werden. Gewohnt, sozusagen im Blut zu waten, wachsen sie heran, blutdürstig, kampflustig, über die Maßen wild. Ihre Ideale sind nur Büchsenknall und Messerstiche, sie haben nur ein heißes Verlangen, ihre Gegner blutig zu züchtigen. Einen Menschen umbringen gilt ihnen nicht viel mehr, als ein Huhn abschlachten, und wenn sie zu einem ihrer vielen Zweikämpfe gehen, glaubt man, sie gingen zum Tanz.«

»Aber sie scheinen mir sehr höflich und gastfreundlich zu sein.«

»Ja, sie sind höflich und legen es darauf an, recht großherzig zu erscheinen, aber dennoch sind sie Halunken. Der kleinste Vorfall, den du für einen Zufall hältst und der ihnen in die Quere kommt, genügt, dass sie dich ohne jeden Gewissensskrupel niedermachen, wenige Augenblicke, nachdem du ihre Hütte verlassen hast. Sie sind äußerst empfindlich; einen Scherz, der ihnen nicht passt, zahlen sie mit einem Messerstich heim, und hast du sie aus Unvorsichtigkeit verwundet, so werden sie bei der ersten Gelegenheit blutige Rache an dir nehmen, obwohl sie vollkommen überzeugt sind, dass du sie durch einen Zufall verletzt hast.«

»Nun, da heißt es ja recht achtgeben, Matrose! Das sind kostbare Ratschläge. Aber sag mir, mischt sich denn die argentinische Polizei nicht in ihre blutigen Händel?«

»Wer wird denn seine Nase in die Händel der Gauchos stecken? Und glaubst du denn, ein Gaucho, wenn er eine solche Untat begangen hat, wartet auf die Polizei? Er springt auf sein Pferd, füllt seine *Alforjas*-Säcke mit Lebensmitteln, geht in eine andere Provinz und sucht sich daselbst einen anderen Herrn.«

»Diese Leute müssen treffliche Reiter sein.«

»Man rühmt sehr die *Vaqueros* von Mexiko und die Cowboys des Far-West der Vereinigten Staaten, aber die Gauchos übertreffen die einen wie die anderen. Sie sind die ersten Reiter der Welt und ich sage dir, niemand kommt ihnen hierin gleich. Sie können fünf Tage im Sattel sein, ohne jemals abzusteigen, und durchqueren so hundertmal Südamerika, indem sie sich nur wenige Stunden dem Schlafe gönnen. Sie sind so an das Pferd gewöhnt, dass sie das Gehen fast vollständig verlernen und das Pferd für ein vom Menschen unzertrennliches Wesen halten und nicht begreifen, wie es Leute gibt, die nicht reiten können.«

»Da werden wir eine traurige Rolle gegenüber unseren Genossen spielen, die werden sich von uns etwas Schönes denken.«

»Pah! Ziehen wir uns so gut es geht aus der Verlegenheit, mein Junge!«

»Und überdies …«

»Pst! …«

»Was gibt's? …«

»Auf den Boden nieder, Junge! Schnell auf den Boden nieder!«

Cardozo, ohne zu wissen, um was es sich handle, sprang mit einer eleganten Drehung vom Pferde und mitten hinein zwischen den hohen Kaktus, während der Master das Gleiche auf der anderen Seite tat.

Die beiden Gauchos waren ebenfalls mit einer wunderbaren Schnelligkeit von ihrem Pferde gesprungen und hatten dasselbe mit sich mitten hinein in den dichten und hohen Graswuchs zur Erde gezogen.

»Was hast du gesehen?«, fragte Cardozo und setzte dabei seinen Karabiner instand.

»Reiter«, sagte der Master.

»Wo?«

»Drei bis vier Kilometer von hier.«

»Indianer oder Reisende?«

»Ich konnte sie nicht gut wahrnehmen, aber ich denke, wo gibt es denn Reisende, welche Lust empfinden, in diesem gottvergessenen Land herumzustiefeln?«

»Dann müssen wir vielleicht unsere Karabiner sprechen lassen. Ich hätte große Lust, ein bisschen auf Rothäute zu gehen.«

»Nun, wir werden sehen, Cardozo!«

»Und die beiden Gauchos?«

»Die sind … Oh! … Achtung, Cardozo!«

Wenige Schritte von ihnen entfernt hatte sich plötzlich eine Schar *Teruteri*, eine Pfauenart, erhoben und stiebte, Angstrufe ausstoßend, in alle Winde.

»Diese Vögel hat jemand aufgeschreckt«, sagte der Master mit einiger Unruhe. »Sollten die Indianer schon bis hierher gelangt sein?«

»Diego! …«

»Was gibt's?«

»Sieh doch, der Kaktus da vor uns bewegt sich.«

»Greif zum Karabiner, und wenn's nottut, fest gefeuert!«

Cardozo schlug in der angegebenen Richtung an. Man sah den Kaktus sich links und rechts auseinanderbiegen, gerade so, als winde sich ein Körper mitten hindurch, dazwischen hörte man ein Rauschen und ein leises Klirren.

Der Master und der mutige Junge knieten hinter ihrem Pferd, die Karabiner angeschlagen, die Finger am Drücker, auf alles gefasst.

Endlich erschien wenige Schritte vor ihnen ein Kopf, und eine wohlbekannte Stimme sagte:

»Bedeckt den Kopf eures Pferdes.«

»Ramon!«, riefen beide Matrosen.

»Ja, der bin ich«, antwortete der Gaucho.
»Rücken die Indianer vor?«, fragte Cardozo.
»Welche Indianer?«
»Nun, die wir gesehen haben«, sagte Diego.
»Aber wo denn?«
»Uff!«, platzte der alte Seebär heraus. »Habt Ihr sie nicht auch bemerkt, drei Kilometer von hier?«
Der Gaucho begann zu lachen.
»Ich verstehe Euch nicht«, sagte der Master.
»Aber, guter Freund, das sind ja Pferde, die ihr gesehen habt.«
»Was, Pferde ohne Reiter?«
»Ja, Pferde allein – wilde Pferde – nichts anderes!«
»Und warum habt Ihr Euch versteckt?«
»Um sie zu überraschen. Sie werden ihren Weg hierher nehmen und binnen Kurzem werden Pedro und ich die Jagd auf sie eröffnen.«
»Sind es viele?«, fragte Cardozo.
»Etwa dreißig.«
»Und warum wollt Ihr, dass wir den Kopf unseres Pferdes bedecken?«
»Warum? Weil es wiehern könnte, wenn es seine wilden Kameraden herbeikommen sieht, und diese würden Reißaus nehmen.«
»Verständigen sie sich also untereinander?«
»Es scheint, ja. Jetzt kommen sie in Galopp, hört ihr sie?«
Man hörte in der Ferne einen dumpf dröhnenden Galopp, von lautem Gewieher unterbrochen.
Der Gaucho nahm eine Decke und wickelte rasch den Kopf des Pferdes damit ein.
»Wo ist denn Euer Bruder?«, fragte der Master.
»Dort drüben, bereit, sofort in den Sattel zu springen, wenn die *Tropilla*[1] hier sein wird.«
»Und seid Ihr sicher, ein Paar in die Hände zu bekommen?«
»Wir haben ein unfehlbares Auge und eine sichere Hand«, sagte der Gaucho mit Stolz. »Niemals entkommt ein Pferd dem unfehlbaren Lasso der *Caballeros de las pampas*. Da schaut, jetzt kommen sie.«
Er bog vorsichtig den Kaktus auseinander, der sich zur Rechten hinzog und durch den man einen Ausblick auf eine weite, mit sehr niederem Gras bewachsene Fläche hatte, und wies auf den Pferde-

[1] Pferdetrupp. *(Anm. d. Übers.)*

trupp hin, der in lebhaftem Durcheinander gerade auf unsere Reisenden zuhielt.

Es waren etwa dreißig Pferde, Hengste, Stuten und Füllen, groß, robust, dunkelbraun gefärbt, die Mähne struppig, die Augen groß und lebhaft. Schön waren sie eigentlich nicht, aber man konnte aus diesen schlanken und nervigen Beinen und aus diesen kräftigen Flanken die unüberwindliche Widerstandskraft, vereint mit strammer Ausdauer, dieser Tiere bei allen Strapazen erraten. Sie waren, wie alle anderen Pferde, welche Südamerika vom La Plata bis zur Magellanstraße bevölkern, die Abkömmlinge jener fünfundsiebzig spanischen Pferde, die am Silberstrom im Jahre 1507 ausgeschifft wurden. Bekanntlich haben sich dieselben in jenen unermesslichen und futterreichen Prärien so vermehrt, dass sie innerhalb von dreiundvierzig Jahren das ganze Land vom La Plata abwärts bis zum Feuerland bevölkerten.

Auch gegenwärtig sind sie trotz des enormen Konsums von Seiten der Indianer, die ja fast ausschließlich vom Pferdefleisch leben, sehr zahlreich und man sieht sie in großen Trupps die fruchtbaren Prärien durcheilen. Jede Berührung mit den Menschen fliehen sie, denn der ist ihr größter Feind geworden.

Die *Tropilla*, die der Gaucho im Auge hatte, näherte sich bald nachher auf vierhundert Schritte der Kaktusgruppe, hielt und fing zu weiden an.

»Nicht rühren und stille sein«, sagte Ramon zu den beiden Matrosen. »Wenn die Pferde unsere Anwesenheit erspähen, machen sie sich in Eile davon und wir können sie nicht mehr einholen.«

Er näherte sich dem Pferd und zog unter seiner Decke einen Lederriemen von beiläufig zehn Meter Länge hervor, der in einer Schlinge mit einem eisernen Ring endete. Das war ein Lasso, die gefürchtete Waffe in der Hand dieser Pampaskinder. Er diente ihnen zum Einfangen der Pferde und Rinder, wohl aber auch, um ihren Feind wehrlos zu machen und zu fesseln.

Er band sorgsam das eine Lassoende an dem Sattelknopf fest, dann legte er den Riemen in große Schlingen, die er in der Linken behielt, und wartete ruhig an der Seite des Pferdes.

Die *Tropilla* näherte sich, an den Flanken die Füllen, die sich sorglos herumtummelten, einander nachliefen und sich in den Gräsern lustig herumwälzten.

Auf einmal hielten die Hengste, die in der vordersten Reihe einhertrabten, an, hoben die Köpfe schnobernd empor und brachen in lautes Gewieher aus.

Die *Tropilla* unterbrach eiligst ihr Weiden, sammelte sich eng um die Hengste und gab lebhafte Zeichen der Unruhe. Ein Moment des Zauderns und alles war verloren.

Ramon riss hastig sein Pferd empor, sprang in den Sattel und raste laut schreiend gerade auf die *Tropilla* los. Fast im selben Augenblick sah man fünfzig Schritte weiter weg Pedro sich erheben und in die Weite hinaussprengen, um den Flüchtigen den Weg abzuschneiden.

Die *Tropilla* stand erschreckt und verblüfft einen Moment stille, dann aber machte sie mit einem heftigen Ruck lehrt und sprengte in vollem Galopp mit flatternden Mähnen, die Augen Flammen sprühend, die Stuten und die Füllen an der Spitze, die Hengste zuletzt, als wollten sie den Rückzug decken, hinaus in die weite Prärie. Es schien, als nahe ein Orkan durch die Pampas, das Gras, das Gesträuch, der Kaktus bogen sich und wurden unter den Hufen der erschreckten Pferde zertreten. Dumpf dröhnte der Boden.

Die beiden Gauchos, welche wütend ihre Pferde spornten, hatten den flüchtigen Trupp in wenigen Augenblicken erreicht und zwangen ihn ein zweites Mal, kehrt zu machen und sich zu teilen. Dann hoben sie ihre Lassos und ließen sie über ihre Köpfe kreisen.

Die beiden festen Riemen fielen pfeifend mitten hinein in die *Tropilla*, die nach allen Richtungen auseinanderstob. Zwei Pferde, es waren die schönsten und kräftigsten, bäumten sich plötzlich und wieherten wütend, dann stürzten sie auf den Boden hin und stampften mit den Füßen.

Sie waren gefangen. Die unfehlbaren Lassos der Gauchos waren über ihren Hals gefallen und legten sich so fest um sie, als sollten sie erwürgt werden.

»Bravo!«, rief Cardozo und klatschte in die Hände.

»Prächtige Leute!«, sagte der Master und rieb vergnügt die seinigen.

»Werden die Gefangenen zahm werden?«

»Sie werden allerdings heftigen Widerstand leisten, aber schließlich werden sie sich fügen. Den Gauchos widersteht kein Pferd, mag es noch so stark und noch so wild sein.«

Ramon und Pedro waren unterdessen aus dem Sattel gesprungen und nahmen ein anderes Lasso zur Hand. Sie näherten sich den beiden wilden Pferden, die mit allen Vieren wütend um sich schlugen, um sich von ihrer Halsfessel zu befreien, und banden ihnen kunstgerecht zuerst die Vorder-, dann die Hinterfüße. Nun waren beide vollständig unbeweglich und wehrlos.

Mittlerweile galoppierte die *Tropilla* bis in die Nähe der Gefangenen, geradeso, als wolle sie ihnen Hilfe bringen, als sie diese aber gefesselt am Boden liegen sah, kehrte sie um und sprengte in großer Eile davon. Bald darauf war sie gegen Norden verschwunden.

13. Die Giftskorpione der Pampas

Die Gauchos hatten sich bei ihrer Auswahl nicht geirrt. Die zwei Gefangenen waren ganz vorzügliche Renner, hochgebaut, dunkelbraun von Farbe, wie das durchgängig die Pampaspferde sind, mit festen Sprunggelenken, zierlichem Kopf, breiter Brust und schlankem Leib, alles Zeichen einer großen Ausdauer und Mäßigkeit.

Sie schienen sich nur schwer in ihre Lage zu finden. Für die Freiheit geboren, geschaffen dafür, die unermesslichen Prärien zu durchstreifen, und jetzt von elenden Riemen gefesselt und gefangen! Sie schossen wilde Blicke auf diejenigen, die sie ihrer Freiheit beraubt hatten. Ein krampfhaftes Zittern durchlief ihre Leiber und von ihren Mäulern troff unaufhörlich weißer Schaum, der sich manchmal rötlich färbte, als wären ihm Blutstropfen beigemischt.

»Das sind Prachtpferde«, sagte Cardozo, der sie mit aufmerksamen Blicken betrachtete. »Sie müssen fliegen wie der Wind.«

»Die stellen jedes andere Pferd in den Schatten«, sagte Ramon, der an der Seite der Gefangenen saß, das Lasso in der Hand. »Sie können ohne müde zu werden wohl an dreißig Meilen pro Tag zurücklegen.«

»Sind das Abkömmlinge spanischer Rasse?«

»Reines Andalusierblut, das sich in diesen unermesslichen Prärien noch verbessert hat.«

»Und gibt es viele in dieser Gegend?«

»Zu Tausenden sind sie hier und vermehren sich noch immer, trotz des enormen Konsums vonseiten der Indianerstämme, besonders der Tehuels oder Patagonier.«

»Worin besteht dieser Konsum?«

»Nun, im Verspeisen.«

»Ah! Diese Leckermäuler!«

»Wenn es nicht so massenhaft Pferde gäbe, wäre die indianische

Rasse schon ausgestorben, denn die Wildnis könnte sie nicht genügend nähren.«

»Aber es sind doch noch nicht viele hundert Jahre, seitdem die Spanier die Pferde eingeführt haben. Was aßen die Indianer also früher?«

»Man sagt, dass sie das Fleisch von den Pferden einer ganz anderen Rasse verzehrten. In der Tat hat man Funde von Knochen gemacht, welche denen der jetzigen Pferde sehr ähnlich sind.«

»Und wie nannte man diese Tiere?«

»Die Gelehrten haben dieses Tier *Equus cervidius* benannt.«

»Sind sie jetzt ganz verschwunden?«

»Ja, es scheint so, wenigstens hat sie niemand noch lebend angetroffen und man sagt, sie seien sofort nach Ankunft der spanischen Pferde verschwunden.«

»Das ist eine wohl schwer erklärliche Sache. Vielleicht haben diese beiden Rassen sich nicht gut miteinander vertragen und die schwächere ist der stärkeren unterlegen«, meinte Diego.

»Züchtet man in eurer Provinz Pferde?«, fragte Cardozo.

»In sehr großer Menge. Man schlachtet sie, um das Fett und das Fell zu gewinnen, beides wertvolle Handelsobjekte.«

»Sagt mir, Señor Ramon, ist es schwer, wilde Pferde zu bändigen?«

»Man muss eben ein Gaucho sein, um es zu können«, sagte Ramon. »Kein anderer bringt solches zustande. Wollt Ihr es vielleicht versuchen?«

»Ich verzichte gerne darauf.«

»Also wollen wir zwei, ich und Pedro, es probieren und werden diesen beiden Wildlingen die erste Lektion geben.«

»Genügt eine?«, fragte Cardozo.

»Es sind oft vier, manchmal sogar fünf Proben notwendig, bevor ein wildes Pferd zu einem *Caballo rodomon*, das heißt zu einem gebändigten und zahmen Pferd wird.«

Ramon und sein Bruder näherten sich dem kräftigeren der beiden Tiere und banden ihm die Vorderfüße mit einer *Manca*, das heißt mit einem breiten Ledergürtel, dann setzten sie sich auf seinen Nacken, zwangen es, das Maul zu öffnen, und steckten mit Gewalt ein Stück Leder, das erste Gebiss, hinein, mit daran befestigten derben Zügeln. Als das geschehen war, lösten sie ihm die Lassos.

Das Pferd, im Gefühl frei zu sein, sprang gelenkig auf die Füße, wieherte laut auf und versuchte in die weite Prärie hinauszusprengen; doch der Gaucho Pedro packte es bei den Nüstern und zwang es, still zu halten.

»Beeile dich, Bruder«, sagte er. »Dieses Pferd hat flüssiges Feuer in seinen Adern.«

Ramon nahm den Sattel von seinem Pferd, um ihn dem wilden Pferd aufzulegen.

Vorerst warf er ihm aber zwei große *Gergas*, eine Art Wolldecken, vierfach zusammengelegt über den Rücken, dann die große gestickte Lederdecke, eine *Corona de vaca*, hierauf den *Recado*, einen Sattel von riesigen Dimensionen, wenigstens zwanzig Kilogramm schwer, von Leder mit Silbernägeln verziert, und befestigte diesen mit einem breiten Bauchgurt, *Cincha* genannt. Über alles das kamen noch eine grell gefärbte Tierhaut und dann der *Sobre puesto*, eine breite Decke aus gegerbtem und ausgezacktem Leder, endlich die *Sobre cincha*, die den Sattel vollständig fest machte.

Als Ramon dieses getan hatte, warf er seinen Hut weg und band ein bunt gefärbtes Taschentuch um seinen Kopf, entledigte sich des Ponchos und sprang, ohne die Steigbügel zu berühren, in den Sattel.

»Losgelassen!«, schrie er und ergriff rasch die Zügel.

Pedro befreite das Pferd mit einem Ruck von der *Manca*, welche seine Hinterfüße fesselte, und ließ es los.

Das Tier schien zuerst ganz betroffen im Gefühl, frei zu sein und auf dem Rücken eine ungewohnte Last zu tragen; dann stürzte es mit blutunterlaufenen Augen fort, den Kopf gesenkt, und spritze Geifer und Schaum links und rechts über die Gräser. Es lief etwa fünfhundert Meter in gerader Linie mit der Schnelligkeit eines Pfeiles, dann machte es plötzlich kehrt und stürzte sich mitten hinein in einen Distelbestand, den es nach allen Seiten durchstampfte und gründlich zerstörte. Als es von hier herausstürzte und den Reiter noch immer am Rücken fühlte, schien es für einen Augenblick vor Wut sinnlos zu werden.

Es stürzte sich ganz blindwütig vorwärts, dann erhob es sich in ganzer Größe auf seine Hinterfüße, schlug mit den Vorderfüßen wild um sich, drehte sich wie ein Kreisel um seine Achse, warf sich nach rechts, warf sich nach links, kehrte zurück wie ein Hurrikan, indem es Gräser und Strauchwerk zerstampfte, dann stieg es wieder kerzengerade in die Höhe und versuchte mit seinem Kopf den Reiter zu stoßen und ihn mit den Zähnen zu fassen, dann wieder stürmte es bald dorthin, bald dahin, schlug mit allen Vieren aus und wollte auf alle mögliche Weisen den Reiter aus dem Sattel schleudern; es warf sich auf den Boden hin und sprang wieder auf, um sich im nächsten Augenblick im dichtesten Gras zu wälzen. Aber der Mann saß fest, wie angewachsen. Mit seinen Schenkeln meisterte er kräftig die Flanken des wilden Pferdes, die Zügel zog er straff an, seine Augen sprühten Feuerflammen und stets war er bereit, die Steigbügel zu verlassen, um nicht unter das sich wälzende Pferd zu geraten, aber das Tier entschlüpfte seinen Händen nicht mehr. Er war am Sattel wie angenagelt, noch mehr, es schien, dass er mit dem Pferd nur ein Wesen und einen Leib bilde.

Nichts brachte ihn von da herunter, keine plötzlichen Sätze, nicht die krampfhaftesten Anstrengungen, nicht das beständige sich Niederwerfen, selbst nicht die sogenannten »Bocksprünge«, denen so wenige Reiter standhalten. Er nahm das Tier so kräftig zwischen seine Schenkel, dass diesem der Atem stockte; warf es sich hin und her, so zog der Reiter die Zügel so scharf an, dass dem Tier die Zähne bebten. Die Bocksprünge züchtigte er aber mit so scharfen Spornstößen, dass das Blut von den Weichen rieselte.

Cardozo und der Master betrachteten voll bewundernder Aufmerksamkeit diesen Kampf zwischen dem wilden, mit ungezähmter roher Gewalt ausgestatteten Wesen und der von der Vernunft geleiteten menschlichen Kraft und applaudierten enthusiastisch dem vortrefflichen Reiter. Selbst der schweigsame Pedro, auch ein vorzüglicher Reiter, der schon Hunderte von wilden Pferden gebändigt hatte, war ganz umgewandelt und verfolgte mit leuchtendem Blick den interessanten Kampf.

Schließlich musste der Mensch siegen. Das Pferd, erschöpft, mit Blut und blutigem Schaum bedeckt, hatte alle Mittel versucht, um sich seines Reiters, der ihm mit Spornstößen seine Überlegenheit zeigte, zu entledigen. Nun rannte es wie wahnsinnig mitten durch ein Kaktusfeld und bedeckte sich dabei mit unzählbaren Wunden. Es hatte sich ein paar Dutzend Mal auf die Erde geworfen und hatte versucht, durch heftiges Schütteln und Zerren mit dem Kopf die Zügel zu zerreißen, endlich musste es gehorchen und fing daher an, weniger unordentlich zu galoppieren, lief endlich nach rechts, dann nach links, wie der Gaucho es verlangte. Nach einer halben Stunde trabte es einher wie ein anderes gezähmtes Pferd und gehorchte vollkommen. Ramon ritt vergnügt seinen Gefährten zu, sprang leicht aus dem Sattel, ließ das Tier sich niederlegen und fesselte seine Füße mit der *Manca*.

Der Reiter zog die Zügel so scharf an, dass dem Tier die Zähne bebten.

»Bravo«, rief der Master und schüttelte ihm kräftig die Rechte. »Ich bin ein Mensch, der die Welt weit und breit durchwandert hat, aber ich sage Euch, einen so prächtigen und trefflichen Reiter, wie Ihr es seid, habe ich noch nirgends angetroffen.«

»Alle Gauchos sind wie ich«, erwiderte Ramon.

»Jetzt ist die Reihe an dir, Pedro!«

Der schweigsame Gaucho befreite das zweite Pferd, sattelte es und stieg dann auf seinen Rücken. Der Kampf war nicht minder hartnäckig als der frühere, doch auch er endete mit dem vollständigen Sieg der Menschenkraft, und das früher so wilde Tier kam gezähmt an der Lagerstätte an.

»Morgen sind alle beide marschfähig«, sagte Ramon. »Noch eine kleine Probe und dann ist gut.«

»Werdet Ihr diese gleich jetzt vornehmen?«, fragte Cardozo.

»Gegen Abend. Unterdessen müsst Ihr die Umgebung abstreifen, um etwas für das Abendessen zu suchen.«

»Richtig! Ich hab ganz vergessen, dass unsere Vorräte aufgebraucht sind und es hier keine Wirtshäuser gibt. Hallo! Matrose, nimm das Gewehr und machen wir einen kleinen Pirschgang.«

»Ganz gut, mein Junge! Spüre ohnehin ein nagendes Gefühl in der Magengegend. Das muss ein ganz ausgezeichneter Hunger sein.«

»Also vorwärts! Suchen wir ein Dutzend Koteletts aufzutreiben.«

»Oder wenigstens einen guten Geflügelbraten.«

Während die Gauchos, von ihrem Kampf mit den wilden Pferden ermüdet, sich auf ihre Ponchos zu einer kurzen Ruhe hinstreckten, schulterten die beiden Matrosen ihre Gewehre und entfernten sich südwärts, wo dichteres Gebüsch zu sehen war.

Unglücklicherweise schien dieser Teil der Pampa von Tieren ganz entblößt zu sein, denn wohin die beiden Jäger ihre Blicke auch wenden mochten, sie sahen weder Guanakos noch Strauße noch Kaguare und nur sehr wenige Vögel, die überdies sämtlich Aasgeierarten angehörig und keinen Schuss Pulver wert waren.

Als Cardozo schließlich tiefer in die Gebüsche eindrang, gelang es ihm, ein Straußennest zu finden, das an sechzig Eier, jedes dreimal so groß wie die der Truthennen, enthielt. Sie lagen schön geordnet und mit Blättern bedeckt vor den erfreuten Blicken unserer Jäger.

»Nun, die *Frittata*[1] hätten wir«, rief er aus und sprang mitten hinein ins Gebüsch.

»Und was für eine *Frittata!*«, rief der Master, der sich auf solche Dinge wohl verstand. »Warum die Eier nicht gleich auch die Jungen enthalten?«

»Wären sie dann appetitlicher, Diego? Zum Henker! Machst du jetzt vielleicht das spröde Leckermaul?«

»Ich? … Nun, das wirst du gleich sehen, wenn wir die *Frittata* am Feuer haben. Aber jetzt denke ich: wo das Nest ist, könnten wir auch dessen Eigentümer erwischen. *Caramba!* Wenn wir uns so einen Nandubraten zu Gemüt führen könnten!«

»Was ist das: ein Nandu?«

[1] Omelett.

»Die Strauße heißen so; die Indianer nennen sie *Nandu guazu*, das heißt: große Spinne.«

»Gleichen sie denn den Spinnen?«

»Wenn sie einherschreiten, so gleichen ihre Bewegungen frappant den wackelnden Bewegungen der Spinnen, wenn diese an ihren lustigen Fäden auf- und ablaufen.«

»Und ihr Fleisch …?«

»Ist köstlich, mein Sohn!«

»Also legen wir uns da auf die Lauer und warten wir.«

»Ja, aber zuerst wollen wir den Magen stärken«, sagte der Master, nahm ein Ei aus dem Nest und hielt es gegen das Sonnenlicht. »Sie müssen erst vor wenigen Tagen gelegt worden sein.«

»Und unsere braven Gauchos?«

»Pah! Diese Leute sind an langes Fasten sehr gewöhnt. Übrigens werden sie es bei der *Frittata* schon hereinbringen.«

Der Feinschmecker öffnete behutsam ein Ei und leerte es.

»Köstlich, mein Junge!«, sagte er. »Schmeckt ein bisschen wildartig, aber wir sind nicht Leute, die sich um solche Lappalien scheren.«

Eben wollte er ein zweites öffnen, als hoch über den beiden Matrosen ein zahlreicher Schwarm langbeiniger Vögel vorüberzog.

»Ah!«, rief Diego. »Die *Batitu*[1]!«

»Was ist das?«, fragte Cardozo.

»Nun, Vögel, wie du siehst.«

»Wohlschmeckend?«

»Ja, wohlschmeckend. Wenn Argentinier hier wären, das gäbe ein Gaudium.«

»Warum denn?«

»Die sind wie die Narren auf die Jagd der *Batitu* versessen.«

»Vielleicht sind sie schwer zu schießen?«

»Im Gegenteil, man jagt sie per Wagen.«

»Das ist kurios!«

»Wie ich dir sage. Wenn in der argentinischen Pampas die *Batitu* streichen, dann besteigen die noblen argentinischen Herren wohlbewaffnet ihre Kutschen und dann geht's hinaus in die Prärie und dann wird auf die Vögel gefeuert, die trotzdem nicht weit wegfliegen. Ich habe mehrmals solchen Jagden beigewohnt. Die Wagen sausen einher wie besessen, die Pferde, bis aufs Blut gepeitscht, rasen dahin wie

[1] In Argentinien lebender, schnepfenartiger Wasser-und Sumpfvogel.

der Wind, der Wagen schwankt nach rechts und nach links, Schuss kracht auf Schuss und die Vögel fallen zu Hunderten. Wenn dann …«

»Pst!«

»Was gibt's?«

»Die *Tussak* bewegen sich.«

Diego richtete sich mit Vorsicht auf und blickte auf die angegebenen Grasgewächse hin. Cardozo hatte sich nicht getäuscht. Die *Tussak* öffneten sich leise schwankend, geradeso, als ob irgendein lebendes Wesen den Weg durch sie hindurch den Weg zum Nest nehmen wolle.

»Ein Indianer oder ein Tier?«, fragte Cardozo und ergriff den Karabiner.

»Ein Nandu ist's, vielleicht das Weibchen«, erwiderte der Master. »Ziele gut, damit du deines Schusses sicher bist.«

»Wart' nur, bis es kommt, dann wirst du sehen.«

»Vielleicht haben wir mehrere Weibchen vor uns, Cardozo, denn ich weiß, dass sie die Eier gemeinschaftlich zusammenlegen.«

»Setze auch deinen Karabiner instand u…«

Er unterbrach sich plötzlich, drehte sich halb um und ließ den Karabiner fallen; sein Gesicht bedeckte sich plötzlich mit Leichenblässe.

»Diego!« stieß er hervor.

»Was hast du, mein Junge?«, rief der Master erschrocken.

»Hier … am Fuß … sticht mich etwas …«

Der Master stürzte auf ihn zu, ohne sich mehr um die Strauße zu kümmern, und stieß einen Schrei der Verzweiflung aus.Ein großer Skorpion hatte sich am rechten Bein des Jungen festgeklammert und hatte ihn mit seinem Giftstachel verwundet.

»Großer Gott«, schrie der Master auf, indem er entsetzt das kleine Ungeheuer wegschleuderte und zertrat.

»Diego! Mir wird dunkel vor den Augen …«

»Mut, Mut, mein Junge!«

»Es schauert mich, wie Eis rinnt's durch meine Adern … es steigt mir zum Herzen … Diego! … Ich fürchte … eine Schlange hat mich gebissen.«

Nein, eine Schlange war es nicht, es war etwas viel Furchtbareres, der Master wusste das. Südamerika beherbergt die allergiftigsten Skorpione, giftiger selbst als die Klapperschlangen, ihr Gift geht sozusagen augenblicklich in das menschliche Blut über.

Glücklicherweise verlor der Master seinen Kopf nicht im Mindesten. Obwohl tödlich erschrocken, zeigte er dem Jungen keine Furcht, um ihm Mut einzuflößen, und tat sofort alles Mögliche für seine Rettung.

Mit einem raschen Messerschnitt öffnete er das Beinkleid des Verwundeten und legte das Bein bloß, das schon anzuschwellen begann und bläulich nussfarbig wurde. Ohne an die große Gefahr zu denken, in die er sich stürzte, presste er seine Lippen an die Wunde, saugte sie kräftig aus und spie das ausgesaugte Blut von sich.

Cardozo, der ohnmächtig niedergesunken war, schien von dieser Blutentziehung erquickt zu sein und sagte, sich aufrichtend, stammelnd:

»Danke … Diego … Mir scheint es ein bisschen besser zu gehen …«

»Hat nichts zu bedeuten, mein Junge«, antwortete der Master und wischte ihm den kalten Schweiß von der Stirn. »Es war ein schmerzhafter Stich, nichts weiter!«

»Werde ich geheilt werden?«

»Ja, schnell … ganz gewiss, Cardozo, aber ich muss dich jetzt eiligst zu unserem Lager tragen.«

»Warum denn?«

»Weil die Gauchos dich viel schneller heilen können.«

»Aber was hat mich denn gestochen?«

»Pah, eine winzige Schlange«, sagte der Master. »Komm!«

Er packte den armen Jungen, legte ihn an seine Brust, und dann rannte er mit ihm spornstreichs dem Lagerplatz zu, fortwährend schreiend:

»Ramon, Pedro! Schnell, schnell herbei!«

14. Die Patagonier auf der Ballonjagd

Als Diego den Lagerplatz erreichte, gab Cardozo fast kein Lebenszeichen mehr von sich. Das Aussaugen hatte zwar den Vergiftungsprozess verlangsamt, das Gift war aber dadurch nicht vollständig aus der Wunde entfernt worden. Nur noch wenige Minuten, und der Tod war zu erwarten.

Die beiden Gauchos, die mit der Dressur ihrer beiden wilden Pferde beschäftigt waren und das Geschrei des Masters hörten, eilten rasch herbei und pflockten ihre Pferde an. Als sie Cardozo in diesem Zustand sahen, errieten sie schnell, um was es sich handle.

»Er ist von einem Skorpion gestochen geworden«, sagte Ramon, nachdem er einen langen Blick auf das Bein geworfen hatte, das hoch aufgeschwollen und ganz dunkel gefärbt war.

»Ist er verloren?«, fragte der Master in ängstlicher Sorge.

»Nein!«

»Kennt Ihr ein Heilmittel?«

»Ja und ich bürge Euch dafür, wir werden ihn retten.«

»Gott sei Lob und Dank!«

»Ja. Ihr könnt ihm vom ganzen Herzen danken, denn ohne unsere Dazwischenkunft würde der mutige Bursche verloren sein. Pedro, geh, bring mir meine Silberschale und meinen Quersack, und Ihr, Diego, legt den Verwundeten nieder, zündet ein Feuer an und gebt ein wenig Wasser in den Kochtopf.«

»Aber steht Ihr mir auch gut dafür, dass er nicht stirbt?«

»Ich verspreche es Euch, Diego!«

»Wenn er sterben müsste, ich hätte keine gute Stunde mehr auf Gottes Erdboden.«

»Verzagt nicht und tut, was ich gesagt habe. Die Minuten sind kostbar.«

Diego ließ es sich nicht zweimal sagen. Er mähte mit seiner *Navaja* das Gras im Umkreis von drei bis vier Metern nieder; war ja sonst die Gefahr vorhanden, dass das Feuer die Prärie ergreife und damit eine furchtbare Katastrophe heraufbeschwöre. Dann brachte er das Wasser im Topf zum Sieden. Er war kaum damit fertig, da kam schon Pedro mit Tasse und Quersack.

Ramon öffnete letzteren und zog eine schwarze Wurzel hervor, die er in der Mitte mit einem Hieb seiner *Navaja* spaltete.

Die eine Hälfte zerkleinerte er in Stückchen und warf sie in das Wasser des Topfes, das schon zu wallen begann; die andere Hälfte zerkaute er so lange und gründlich, dass zuletzt eine Art Brei daraus wurde.

»Was ist das für ein Ding da?«, fragte Diego, der alles ängstlich beobachtete.

»Eine Wurzel und nichts weiter, aber sie wird unser liebes Bürschchen wieder herstellen«, erwiderte der Gaucho.

Cardozo, der bisher kein Lebenszeichen von sich gegeben hatte, schlug in diesem Moment die Augen auf.

Der Arme, ganz blass, erschöpft, öffnete im Schauer des Todes, der mit großen Schritten herannahte, mühsam den Mund und flüsterte:

»Diego! … Diego! …«

»Da bin ich, mein Bürschchen«, antwortete der Master, indem er sich über ihn beugte.

»Mir ist entsetzlich übel …«

»Ich sehe es, aber Ramon wird dich schon retten.«

Der Junge lächelte traurig und schüttelte den Kopf.

»Ich fürchte, es ist leider zu spät …«, flüsterte er.

»Nein, wir werden dich retten. Ramon hat es mir geschworen, und dieser Mann schaut gar nicht darnach aus, dass er verspricht und das Versprochene nicht hält.«

»Oh! … Ich … habe keine Furcht … vor … dem Tod, mir fällt es … nur so … unendlich schwer … dich … dich … hier allein … zurückzulassen …«

Über die Wangen des Masters rollten zwei dicke Tränen, vielleicht die ersten, die er seit vierzig Jahren vergoss.

»Beruhige dich, Cardozo«, sagte Ramon, der jetzt mit dem Zerkauen der Wurzel fertig geworden war, »ich bin bei dir.«

Er entblößte das Bein, nahm die zu Brei zerkaute Wurzel, die einen scharfen ammoniakalisch urinösen Geruch von sich gab, aus dem Mund, legte sie auf die Wunde und band sie dort mit einem Zeuglappen[1], den er von einer *Corconilla* gerissen hatte, fest.

»Nun wirst du dein Tränklein verschlucken«, sagte er, nachdem er fertig geworden war, »und wirst ruhig einschlafen.«

Er nahm den Topf vom Feuer, goss seinen heißen Inhalt in die silberne Schale und reichte dem Jungen den Trank, der, als er den scharf stechenden Uringeruch desselben verspürte, aus Ekel den Mund verzog.

»Was ist das? Wirst du mir jetzt ein Leckermaul sein?«, fragte Diego mit leisem Tadel. »Mut, mein Junge! Ein Matrose muss alles in der Welt trinken können.«

»Es ist wahr«, murmelte Cardozo, indem er sich zu einem Lächeln zwang.

Er näherte seine Lippen der Schale und trank sie in einem Zuge aus. Plötzlich stürzte er wie vom Blitz getroffen ins Gras, seine Fäus-

[1] Ein Lappen aus Webstoff.

te ballten sich, seine Glieder dehnten sich, der ganze Leib wurde starr und steif.

»Er ist tot«, schrie der Master auf und rollte wild seine Augen gegen den Gaucho.

»Nein, er ist nur vollkommen eingeschlafen«, erwiderte Ramon.

»Könnt Ihr das bestimmt sagen?«

»Ich schwöre es Euch.«

»Und wann wird er aufwachen?«

»Morgen, und er wird sich an nichts mehr er erinnern.«

»Geheilt?«

»Ja, aber außerordentlich schwach. Es werden vier bis fünf Tage vergehen, bis er vollkommen hergestellt ist.«

»Bleiben wir mit unserem Lager so lange hier?«

»Nein, im Gegenteil, wir reiten noch diese Nacht von hier weg. … Ich habe vor zwei Stunden gegen Norden Pferde bemerkt und sofort aus ihrer Gangart wahrgenommen, dass es keine wilden Pferde waren. Ich bin sicher, mich nicht zu täuschen, die Indianer haben unsere Fährten gesehen und umschleichen uns von allen Seiten.«

»Dann bleibt uns freilich nichts anderes übrig. Und wohin werden wir uns wenden?«

»Wir müssen versuchen, den Río Negro zu gewinnen und diesen breiten Strom zwischen die Indianer und uns bringen.«

»Ist er weit von hier?«

»Etwa sechs Meilen, nicht weiter.«

»Und wird Cardozo reiten können?«

»Ihr müsst ihn vorne vor Euch über das Pferd nehmen, wir führen dann die beiden wilden Pferde mit uns.«

»Also brechen wir auf.«

»Nein, nicht sofort, erst nach dem Abendessen, wenn Ihr etwas Essbares gefunden habt.«

»Wartet nur ein wenig, und ich bringe Euch Labsal über Labsal.«

Eben wollte er fort, um die Straußeneier zu holen, als Ramon ihn gewaltsam zurückhielt.

»Was gibt's?«, fragte verwundert der Master.

»Horcht!«

Der Master spitzte die Ohren und bückte sich auf den Boden nieder. In einiger Entfernung hörte man wildes Geschrei, das eilig näherkam.

»Sind das Indianer?«, fragte er sich aufrichtend.

»Ja, Indianer!«

»Und kommen sie auf uns zu?«

»Vielleicht.«

»Haben sie uns bereits bemerkt?«

»Ich weiß es nicht, Pedro! Die Pferde auf den Boden nieder!«

»Was machen wir denn mit Cardozo in seinem Zustand?«, fragte der Master ganz verzweifelt.

»Wir werden ihn verteidigen«, erwiderte der Gaucho. »Ramon verlässt seine Freunde nicht.«

Auf einmal machte der Master einen mächtigen Satz zurück und stieß laut hervor:

»Potz Blitz! ...«

»Was bemerkt Ihr denn?«

»Den Ballon!«

»Was, den Ballon? ...«

»Ja, da schaut hin!«

Ramon hob den Kopf und schaute. Ungefähr zwei Kilometer vom Lagerplatz entfernt schwankte müde und langsam das arme, wahrscheinlich beinahe ganz leere Luftschiff daher. Weder der Gaucho noch der Matrose konnten trotz aller Anstrengung irgendeine Person in seinem Netzwerk entdecken.

»Wie kann der denn überhaupt noch fliegen?«, fragte Ramon.

»Und Señor Calderon, wo wird er abgestürzt sein?«, meinte der Master, der wohl wenig Sympathie für diesen Mann hatte, sein Los aber trotzdem tief beklagte.

»Ohne Zweifel wird er in die Hände der Indianer geraten sein«, entgegnete Ramon.

»Und vielleicht ist er zur Stunde schon ermordet.«

»Die Pampas schonen ihre Gefangenen nicht, aber die Tehuels oder Patagonier begnügen sich damit, sie zu Sklaven zu machen.«

»Auf den Boden nieder!«, schrie Pedro, der im gestreckten Lauf zurückkehrte.

Es war höchste Zeit. Zwei Kilometer vom Lagerplatz entfernt, galoppierte ein großer Reitertrupp, halb verdeckt durch das hohe Gras, unter wütendem Kriegsgeheul den Ballon verfolgend, vorbei.

Ihr Vorüberritt war so rasend schnell, dass die beiden Gauchos nicht feststellen konnten, ob es Pampas oder Tehuels seien. Auf alle Fälle war gar keine Gefahr, dass diese Reiter jemals mit den Lagernden zusammenstießen, denn man sah es deutlich, die Jagd nach den Ballon nahm alle ihre Sinne gefangen, und überdies war ihre Richtung nördlich.

»Jetzt sind sie vorbei«, sagte Ramon, als er sie nicht mehr bemerkte. »Wir müssen uns aber beeilen, einen Schlupfwinkel zu suchen, um nicht entdeckt und überfallen zu werden.«

»Aber wohin wenden wir uns?«, fragte der Master.

»Ich habe es schon gesagt: Nur die Gebüsche, welche sich an den Ufern des Río Negro finden, können uns vor den Blicken dieser Galgenvögel verbergen.«

»Bevor wir aber gehen, gestattet mir nur noch zehn Minuten, um ein paar Dutzend Eier für meinen Cardozo zu holen, und dann – in den Sattel!«

»Beeilt Euch!«

Der Master warf seinen Karabiner über die Schultern, nahm eine Decke und lief spornstreichs von dannen. Es war ihm gar nicht schwer, das in geringer Entfernung vom Lagerplatz befindliche Straußennest mitten in einem Kaktusgebüsch wiederzufinden. Er füllte die Decke mit Eiern, band sie zusammen und kehrte zu den Gauchos zurück, welche die Pferde schon hatten aufstehen lasten.

Ramon sattelte sein Pferd, welches das ruhigste und sanfteste war, ließ es vom Master besteigen und reichte ihm Cardozo hinauf, der in eine große Corconilla eingewickelt ruhig schlief.

»Armes Bürschchen!«, rief der Matrose, zog ihn liebevoll an seine Brust und legte ihn vor sich hin in den breiten Sattel. »Ich werd schon achtgeben, dich nicht aufzuwecken.«

»Das Pferd ist fromm und der Junge wird gar nichts merken«, sagte Ramon. »Nach ein paar Stunden sind wir am Fluss und er wird besser ruhen.«

»Wer wird dann aber die wilden Pferde führen?«

»Das werden wir auf uns nehmen, und seid unbesorgt, keins wird uns entwischen.«

Der Master schloss die Schenkel und das verständige Tier setzte sich sofort in Bewegung. In einem sanften und doch ziemlich schnellen Trab ging es dem Süden zu. Bald darauf folgten die Gauchos auf den beiden wilden Pferden, das vierte führten sie mit sich.

Die Nacht war schon hereingebrochen. Die unermessliche Prärie war dunkel geworden, bloß dort, wo der Himmel den Boden berührte, sah man einen leisen Schimmer, den die Sterne bewirkten, die von oben herabfunkelten und glänzten, unter ihnen in majestätischer Pracht das Kreuz des Südens. Allüberall herrschte tiefes Schweigen, nur dann und wann knarrten die Kakteen, die eine frische, von der Kordilleren-Kette kommende Brise bewegte, oder man hörte den heiseren Schrei irgendeines durch das Dunkel nach Beute schleichenden Präriewolfes.

Die kleine Truppe, welche, ohne ein Wort zu wechseln, einherritt, die Ohren gespannt auf jedes, auch das leiseste Geräusch, die Augen geöffnet und die Gewehre in der Hand, um nicht überrumpelt zu werden, passierte zuerst den Saum eines Kaktusbestandes, dann ging es hinaus auf eine große, weite, offene Fläche, die mit einem kurzen, weichen, saftigen Gras bewachsen war, das die Hufschläge der Reiter so abschwächte, dass sie fast unhörbar waren.

»Nur gut aufgepasst«, sagte Ramon, der als Letzter ritt und seine mächtige Feuersteinbüchse quer vor sich über den Sattel gelegt hatte. »Beim ersten Alarm nur schnell auf den Boden nieder!«

»Hoffen wir, dass alles gut geht«, erwiderte Master Diego, der den armen Cardozo zart in den Armen hielt. »Ich sehe nichts mehr; ein Zeichen, dass die Indianer sich entfernt haben.«

»Vertrauen wir nicht allzu sehr!«

»Pah! Jetzt sprengen alle hinter dem verdammten Ballon einher.«

»Still! Die Menschenstimme pflanzt sich auf diesen unermesslichen Ebenen unglaublich weit fort.«

»Ich schließ schon meine Luke!«

Sie durchritten beiläufig einen halben Kilometer dieses offenen, im Fall der Gefahr gar keinen Schlupfwinkel bietenden Terrains und ließen die Kaktusgruppen nicht aus den Augen, die hie und da zerstreut die Fläche belebten, dann wendeten sie sich südwestlich, wo abwechselnd Gebüsch und Bäume, wahrscheinlich wildes Johannesbrot, auftauchten; dort konnte man sich im Fall eines Angriffes vonseiten der Indianer leichter verbergen. Schon waren sie denselben ganz nahe gekommen, als Pedro, der an der Spitze ritt, plötzlich haltmachte und einen verdächtigen Blick auf diese Gebüsche warf.

»Oh!«, rief der Master aus und drückte den armen Jungen noch enger an sich. »Was gibt es denn da unten?«

»Was bemerkst du denn?«, fragte Ramon und ritt an den Bruder heran.

»Nichts – aber mir schien es, als bewegten sich diese Zweige«, erwiderte der Gaucho.

»Hast du dich vielleicht getäuscht?«

»Ich weiß es nicht, aber ich hab einen Verdacht.«

»Also umreiten wir die Gruppe im Bogen, vielleicht steckt ein Jaguar oder ein Guanako darinnen.«

»Ruhig! ...«

»Hörst du etwas?«

»Ja, die Indianer, die zurückkehren.«

»*Per todos sanctos!*[1] Es ist wahr!«

In der Tat, gegen Norden hörte man, freilich noch in großer Entfernung, Geheul und Geschrei, begleitetet von dumpfem Geräusch, das von den Hufen einiger galoppierender Pferde herrühren musste.

»Der verdammte Ballon!«, rief der Master. »Hetzt uns noch die Indianer auf den Hals.«

»Siehst du nichts, Pedro?«, fragte Ramon.

»Ja, den Ballon sehe ich, er bewegt sich vorwärts und streift dabei den Boden.«

»Der Wind hat sich also gedreht. Uns steht eine üble Nacht bevor.«

»Was tun wir?«, fragte Diego. »Wir müssen schnell einen Entschluss fassen oder die Indianer entdecken uns.«

»Reiten wir weiter! He! He! ...«

»Was gibt's?«

»Die Sporen! Die Sporen!«

Vier Pferde waren unvermutet aus dem Gebüsch emporgetaucht. Diego, Ramon und Pedro stießen ihre Sporen in die Weichen ihrer Renner und rasten südwärts, ohne sich umzuschauen.

Einen Augenblick später vernahm man den Lärm eines wilden Galopps, verbunden mit donnerndem Geschrei.

»Die Patagonier!«, rief Ramon.

Diego wandte sich zurück. Auf vier Pferden saßen vier Indianer von geradezu riesenhaftem Wuchs und verfolgten sie mit zunehmender Schnelligkeit.

»Oh du Raubgesindel du!«, rief er aus. »Hätte ich Cardozo nicht, so möchte' ich euch schon ein paar Kügelchen zwischen die Rippen stecken.«

»Die Sporen! ... Die Sporen!«

Die Pferde fraßen sozusagen den Weg, aber die Pferde der Patago-

[1] Bei allen Heiligen! *(Anm. d. Übers.)*

nier mussten besser oder mehr ausgeruht sein, kurz, sie kamen unseren Reisenden immer näher, und um das Unheil vollzumachen, brüllten und schrien die Indianer unausgesetzt, gleich als wollten sie die Aufmerksamkeit ihrer Kameraden erregen, welche den Ballon verfolgten.

»Halt!«, kommandierte Ramon mit einem Mal.

»Kommen noch andere Feinde?«, fragte Diego.

»Die Messer zur Hand und achtet auf die Lassos!«

Die Patagonier erreichten in voller Eile die kleine Gruppe, welche sich jetzt dem Feind entgegenstellte. Sie flogen wenige Schritte an ihnen entfernt vorbei, ohne zu halten, und warfen ihre Lassos.

Diego bückte sich blitzschnell zum Pferde nieder und entging so dem fatalen Riemen, der ihn aus dem Sattel schleudern und fest umschnüren sollte; aber Ramon, der in erster Linie stand und mit dem wilden Pferde zu tun hatte, das gerade in diesem Augenblick störrisch zu werden anfing, fühlte sich in der Mitte des Leibes gefasst und emporgerissen. Er stieß einen furchtbaren Schrei aus:

»Zu Hilfe!«

Jäh aus dem Sattel gerissen, wurde er ins Gras hinein geschleudert hinter den Pferden der Patagonier, die ihren wilden Galopp fortsetzten.

»Feuer!«, schrie Pedro. »Feuer auf die Pferde!«

»Fertig!«, erwiderte Diego.

Ein Musketenschuss und der Knall eines Karabiners donnerten hinaus in die Stille der Nacht. Zwei Pferde stürzten wie vom Blitz getroffen und rissen ihre Reiter mit ins Gras.

»Ramon!«, schrie Pedro und sprengte auf ihn zu.

»Da bin ich, Bruder!«, entgegnete eine Stimme.

»Am Leben?«

»Ja!«

»Gott sei Lob und Dank!«

»Ja, wir müssen ihm danken!«

»Bist du vielleicht verwundet?«

»Nein! Aber wenn wir hier stehen bleiben, werden wir gefangen. Achtung!«

15. Die Verfolgung durch die Patagonier

In der Tat, die Lage unserer Reisenden wurde von Minute zu Minute verzweifelter. Die Indianer, welche den Ballon für den Mond oder so etwas ähnliches hielten und ihn verfolgten, hörten das Krachen der Schüsse und das Geschrei ihrer Kameraden durch die Stille der Nacht und machten deshalb eine schnelle Schwenkung, um an den Ort zu kommen, wo sich die beiden Gauchos, Diego und der arme Cardozo befanden.

Freilich waren sie noch ziemlich weit entfernt und konnten im Dunkel der Nacht nicht sofort erkennen, um was es sich handle, aber sie konnten jeden Augenblick zur Stelle sein, denn man hörte ganz deutlich den beschleunigten Galopp ihrer Pferde. Unsere Reisenden mussten sich deshalb beeilen, das Weite zu gewinnen, da sonst die Gefahr bestand, die Freiheit, ja vielleicht sogar das Leben zu verlieren.

»Vorwärts mit größter Schnelligkeit«, rief Ramon, der sich beeilt hatte, auf sein Pferd zu kommen, das glücklicherweise nicht entwischt war.

»Und werden wir wohl gut durchkommen?«, fragte Diego ängstlich. »Ich fürchte nichts für mich, aber alles für den armen Jungen.«

»Seid versichert, für Cardozo wird alles Menschenmögliche geschehen«, antwortete Ramon. »Aber jetzt im Galopp!«

»Noch ein Wort. Wo sind denn die vier Indianer, die uns überfallen haben? Am Boden liegen nur die zwei erschossenen Pferde.«

»Pah! Die sind, als ihre Pferde unter ihnen zusammenbrachen, abgesprungen und sind wohl jetzt schon weit von hier, denn diese Leute laufen mit den Hirschen um die Wette. Die Zwei aber, deren Pferde unverletzt blieben, sind, soviel es mir scheint, dem großen Trupp, der uns verfolgt, entgegengeritten. Auf alle Fälle die Gewehre laden und stets schussbereit sein.«

»Sehr wohl!«

»Also vorwärts!«

Ramon ließ das wilde Pferd, welches er führte, los, denn es war bei seiner Störrigkeit mehr von Schaden als von Nutzen, bestieg das andere und stellte sich an die Spitze des kleinen Trupps, indem er südwärts hielt, denn dort musste binnen Kurzem der Río Negro erscheinen. Ihm folgte Diego, der Cardozo mit einem Lasso gut vor sich am

Pferde befestigt hatte, um im Falle der Notwendigkeit über freie Hände verfügen zu können. Den Schluss machte Pedro.

Die Indianer waren etwa noch einen halben Kilometer weit hinter ihnen her, spornten ihre Pferde und stießen fortwährend ein wildes Geheul aus. Im Glauben, es seien mehr Reiter vor ihnen, bildeten sie einen Halbkreis, um alle in der Mitte fassen zu können. Nur einige wenige galoppierten noch hinter dem Ballon her, der nach Westen trieb und dabei die Prärie streifte und fegte, manchmal riesenhafte Sprünge machte, um dann wieder bis nahe an den Boden zu fallen.

Während einer halben Stunde kam nicht außergewöhnliches vor. Den Flüchtlingen gelang es mithilfe der Sporen, die Distanzweite stets einzuhalten, ja sogar noch einige hundert Meter mehr gegenüber den Indianern zu gewinnen, allein sehr schnell änderte sich die Lage vollständig zu ihren Ungunsten.

Als sie gerade ein Gebüsch der *Luma*, aus deren Frucht die Indianer köstlichen Wein herstellen, und von *Boyghe*, von den Amerikanern heilig gehaltenen Bäumen, aus deren Rinde man eine Art Zimt gewinnt, durchritten, sahen sie zehn bis zwölf Reiter auftauchen, die dort im Hinterhalt gelegen hatten. Das war eine absichtlich gestellte Falle, vielleicht wollten diese Indianer ihre Pferde während der Ballonjagd ausruhen lassen.

»*Caramba!*«, rief Ramon, indem er sich rasch zu seinen Genossen wendete, die mit dem Finger am Drücker ihrer Gewehre schnell gehalten hatten. »Da schaut, auch diese noch!«

»Die werden mit uns wenig Federlesens machen«, sagte Pedro. »Ihre Pferde sind gut ausgeruht und werden die unsrigen überholen. Unsere zeigen ohnehin schon Zeichen der Ermüdung.«

»Ist der Río noch immer nicht zu sehen?«, fragte Diego.

»Nein, aber er kann nicht mehr sehr weit entfernt sein«, entgegnete Ramon. »Ja, wenn wir nur diesen Fluss zwischen uns und diese Kanaillen brächten!«

»Aber was machen wir jetzt?«

»Wir setzen unsere Flucht fort.«

»Ich bemerke euch, dass mein Pferd einen längeren Ritt kaum mehr aushalten wird; bedenkt, es hat eine doppelte Last zu tragen.«

»Ramon«, sagte Pedro, »wie viele Männer werden das sein?«

»Ich denke mindestens vierzig«, antwortete Ramon.

»Wenn wir versuchen würden, sie zu teilen? Wir haben unsere Musketen und Diego seinen Karabiner. Nach und nach könnten wir sie, wenn auch nicht vernichten, so doch der Zahl nach so weit vermindern, dass sie den Mut verlieren, uns weiter zu verfolgen.«

»Du hast recht, Bruder!«

»Auf diese Weise könnten wir die Verfolgung auf uns lenken und vielleicht den armen Cardozo retten.«

»Tausend Dank, Señor Pedro«, rief Diego tief bewegt. »Und da sage man noch, die Gauchos hätten kein Herz!«

»Lasst den Dank tief in Euren Taschen drinnen«, sagte der Gaucho. »Ramon, ich wende mich zuerst östlich. Sowie ich zu einem guten Schuss komme, feuere ich die ganze Kartätschenladung meines Rohres unter sie, dann gebe ich meinem Pferd die Sporen.«

»Geh, Bruder, und nimm dich vor den Bolas in Acht.«

»Oh, ich schieße schon früher, bevor Sie mich noch treffen. Wo werden wir wieder zusammenkommen?«

»Jenseits des Río Negro. Galoppiere, so weit du kannst, nach Osten, dann wende dich nach Süden und überquere den Fluss.«

»Ja gut!«

»Gott steh Euch bei«, sagte Diego.

»Ich danke«, erwiderte der Gaucho.

Er schaute einen Augenblick auf die zehn oder zwölf Indianer, welche hinter dem Gebüsch aufgetaucht waren und immer näher rückten, legte seine Donnerbüchse quer über seinen Sattel, wickelte den Lasso auf, dann schoss sein Pferd mit ihm nach Osten.

»Werden sie ihn verfolgen?«, fragte Diego.

»Ohne Zweifel«, erwiderte Ramon mit ruhiger Stimme. »Da schau!«

»Und wird er den Bolas entgehen? Diese Hunde von Patagoniern sind ja unfehlbar im Schleudern der derselben.«

»Pedro hat gute Augen und wird sich nicht fangen lassen. Übrigens lässt er sie gar nicht in seine Nähe kommen, solange er Pulver und Nägel in seiner Donnerbüchse hat.«

Kaum sah der kleine Trupp, welcher der feindlichen Hauptmacht voraus war, wie Pedro sich von der Gruppe trennte und gegen Osten floh, so stürzte er ihm Hals über Kopf mit lautem Geschrei nach, denn dieser einzelne Reiter schien ihnen eine sichere Beute. Bloß einer war zurückgeblieben und verfolgte in einiger Distanz, ohne anzuhalten, Diego und Ramon.

»Oh dieser Galgenstrick!«, rief Ramon aus.

»Warum folgt er nicht seinen Genossen?«

»Begreift Ihr das nicht?«

»Nein, durchaus nicht.«

»Er erwartet den Haupttrupp, um ihn auf uns zu hetzen.«

»Wenn man ihn wegputzen könnte!«

»Wie weit tragen Eure Karabiner?«

»Er versendet seine Kugeln bis zu achthundert Meter.«

»Und dieser Mensch ist nur vierhundert von uns entfernt. Wollt Ihr es probieren?«

»Ist gleich geschehen.«

Der Master hielt das Pferd, brachte Cardozo auf dem Sattel in die geeignete Lage, nahm einen Karabiner vom Sattelknopf und schlug auf den Indianer an, indem er sehr gut zielte. Eine halbe Minute später hallte ein scharfer Knall über die weite Prärie. Der Indianer, von der unfehlbaren Kugel des Matrosen getroffen, zuckte auf dem Sattel seines Pferdes zusammen, dann glitt er herab und fiel schwer zur Erde nieder, wo er unbeweglich liegen blieb.

»Ein schöner Schuss war das!«, rief Ramon.

»Der Bonbon war ein wenig zu hart«, sagte der Master lächelnd. »Muss ich nicht auch dem Pferd noch einen geben?«

»Das ist unnütz, Diego, man muss hierzulande mit der Munition sparen.«

»Wir, Cardozo und ich, haben tausend Patronen bei uns.«

»Aber Chile ist weit. Galopp!«

In diesem Augenblick blitzte es dort im Osten auf und unmittelbar darauf folgte das Krachen eines Schusses.

»Auch Pedro teilt Bonbons aus«, sagte der Master.

»Ja, und zwar solche, welche stechen«, sagte Ramon. »Sind gute, schöne Nägel, die er in die Rothäute treibt. Geben wir unseren Pferden die Sporen und hoffen wir, dass es gelingt, unsere Verfolger zu überlisten.«

»Halt da!«

»Was gibt's?«

Ein glänzender Gegenstand, der eine große Metallkugel zu sein schien, fuhr pfeifend mitten durch sie hindurch und verlor sich beiläufig fünfzig Meter vor ihnen im hohen Gras.

»Donnerwetter!«, schrie der Master. »Eine Bola.«

»Von anderen Patagoniern?«

»Ohne Zweifel, und die sind uns, wie es scheint, sehr nahe.«

»Aber wo sind sie?«

»Vielleicht sind sie in jenem Gebüsch.«

»Ah! Das müssen die Indianer sein, deren Pferde Ihr früher erschossen habt«, sagte Ramon. »Nicht absteigen! Vorwärts, Diego!«

Sie spornten die Pferde und durchquerten einen prächtigen Grasteppich, der mit vielfarbigen Verbenen durchsetzt war, die einen geradezu betäubenden Wohlgeruch ausatmeten.

Als sie fünfhundert Meter zurückgelegt hatten, wendete sich Ramon zurück, um zu sehen, ob sie noch verfolgt würden, und konnte eine stille Verwünschung nicht unterdrücken. Das Gros der Bande verfolgte sie noch immer, und was das Übelste war, sie hatten einen ganz erheblichen Vorsprung gewonnen. Die Distanz betrug nur noch sieben- oder achthundert Meter.

»Nun müssen wir uns auch trennen«, sagte er.

»Auch Ihr verlasst mich?«, fragte Diego.

»Es ist das notwendig, um Cardozo zu retten.«

»Oh, wenn dieser arme Junge nicht da wäre!«

»Was würdet Ihr dann tun?«

»Ich würde mich in einem Gebüsch verbergen und dann ein mörderisches Feuer auf diese Kanaillen eröffnen.«

»Es sind ihrer zu viele, Diego. Das Beste, was uns noch zu tun übrig bleibt, ist, die Flucht fortsetzen und vor ihnen den Río Negro zu passieren.«

»Wenn wir es könnten. Mein Pferd zeigt schon Anzeichen von Müdigkeit.«

»Wer weiß, ob alle Indianer meinen Spuren folgen. Ihr reitet unterdessen immer geradeaus vorwärts und sucht die Höhe zu gewinnen, welche da drüben in der Ferne vor uns aufsteigt. Vielleicht findet Ihr dort einen Schlupfwinkel.«

»Und wo werden wir uns wiedertreffen?«

»Jenseits des Ríos.«

In der Ferne hörte man wieder einen Knall, dem grässliches Wutgeschrei folgte.

»Ha! Pedro lässt sich wieder hören«, sagte Ramon. *»A Dios*, Diego, und wenn ich nicht falle, so rechnet immerhin auf mich.«

»Danke, lieber Freund, und seid versichert, nie werde ich vergessen, was ich Euch schulde.«

Ramon gab dem Master ein Zeichen, vorwärts zu reiten, dann riss er plötzlich sein Pferd herum, als wolle er auf die Indianer schießen.

Wenige Minuten, nachdem Diego den Ritt fortgesetzt hatte, hörte er den Knall der Donnerbüchse, und als er sich wendete, sah er Ramon im gestreckten Galopp nach Westen fliehen, ihm nach raste eine Abteilung der Reiter.

»Braver Bursche«, rief der alte Seebär tief bewegt. »Wenn ich gesund und heil dieser Wüste entkomme, empfehle ich ihn nach Verdienst dem Präsidenten der Republik. Ah! … Diese Galgenstricke, noch immer sitzen sie auf meinen Fersen! Sie haben es eigens auf mich abgesehen und es gibt kein Mittel, sie in die Behausung des Señors Beelzebub zu befördern! Matrose! Dieses Mal entkommst du den Klauen dieses Heidengesindels nicht mehr!«

Das Manöver der beiden mutigen Gauchos brachte nicht den gewünschten Erfolg. Das Gros der Truppe, wenn auch etwas gelichtet, gab die Verfolgung des dritten Pferdes, welches Diego und Cardozo ritten, nicht auf.

Im Gegenteil, als sie ihn allein erblickten, beschleunigten sie ihren Ritt, und immer näher rückten die Endpunkte des Halbkreises, den sie bildeten; bald musste er sich schließen und die beiden Matrosen waren dann von allen Seiten umzingelt. Eine Flucht war wohl nicht mehr möglich und der Master wusste das, denn er hatte unter sich ein abgehetztes, ganz erschöpftes Pferd.

Nichtsdestoweniger verlor er den Mut nicht. Er lud den Karabiner wieder, mit dem er zuvor den Patagonier niedergestreckt hatte, richtete den zweiten her und befestigte Cardozo, der noch immer im tiefen Schlaf lag, so gut es anging auf dem breiten Sattel, dann spornte er mit aller Kraft sein Pferd und lenkte es der früher erwähnten Anhöhe zu, die nur mehr etwa zwei Kilometer vor ihm lag.

»Wenn es mir gelingt, sie zu erreichen, bevor mir diese Halunken im Genick sitzen, dann kann ich hoffen, meine Haut in Sicherheit zu bringen«, sagte er. »Ich sehe dort Gebüsche, die bieten mir vielleicht doch einen Schlupfwinkel. Und Ramon?«

Er blickte nach Westen und sah dort huschende Schatten; dann hörte er einen zweiten Knall.

»Sehr gut!«, murmelte er. »Dieser brave Gaucho wird es seinen Verfolgern heiß machen.«

Unterdessen rückten die Patagonier, die seine Absicht zu erahnen schienen, immer näher und man hörte sie, wie sie mit lautem Geschrei ihre Pferde anfeuerten. Einige der Reiter waren nur noch vierhundert Schritte entfernt, und einer der allernächsten schleuderte eine Bola, welche auf halbem Weg liegen blieb.

Diego, wenn auch von trüben Ahnungen erfüllt und der Verzweiflung nahe, spornte sein Pferd noch immer an. Unglücklicherweise konnte dasselbe, doppelt belastet, nicht mehr und stöhnte furchtbar. Manchmal fühlte Diego das Zittern, welches sein Tier durchlief, und er war gezwungen, es energisch mit Zaum und Zügel zu bearbeiten.

Es mochte um Mitternacht sein, als er am Fuß der Anhöhe anlangte, die beiläufig an drei- bis vierhundert Meter emporstieg. Sie war ganz vereinzelt gelegen und mit zerstreutem Buschwerk und wilden Johannisbrotbäumen bedeckt.

»Nur noch eine letzte Anstrengung, armes Tier«, sagte der Master und liebkoste es. »Also, Galopp!«

Das Tier, anstatt zu gehorchen, stand still und senkte tief seinen Kopf.

»Vorwärts!«, schrie der Master und drückte dem Pferde so tief er konnte die Sporen in den Leib.

Das arme Tier wieherte in Schmerz und Weh und sprang den Hügel im Galopp hinauf. Es war aber auch sein letztes Können. Kaum hatte es aber vierhundert Schritte durchlaufen, als es wieder stillstand und in die Knie einbrach.

»Aus ist's!«, schrie der Master. »Es geht nicht mehr. Gut, dass dieses Heidengesindel, das mich jetzt in die Krallen kriegt, den Wert der Diamanten nicht kennt. Schnell zur Erde nieder und die Haut so teuer wie möglich verkauft!«

Er warf die Karabiner um die Schulter, nahm Cardozo in seine Arme und rannte so schnell er konnte den Hügel hinauf. Gerade hatten die Patagonier den Fuß desselben erreicht. Sieben oder acht Bolas wurden nach dem Matrosen geschleudert, trafen aber nicht. Das Pferd, das er soeben verlassen hatte, wurde verwundet und brach zusammen, um nicht wieder aufzustehen.

»Mut, Matrose!«, rief sich der Master selber zu. »Das Glück ist an deiner Seite!«

In diesem Augenblick sah er in einer Felsenwand vor ihm eine dunkle Spalte, ohne Zweifel eine Höhle.

»Ich bin gerettet!«, rief er aus und sprang schnellfüßig wie ein Junge auf sie zu, doch es war schon zu spät. Die Patagonier stürmten den Hügel herauf und stießen ein Triumphgeheul aus.

In wenigen Augenblicken war er von fünfzehn bis zwanzig Reitern umgeben, welche ein wütendes Geschrei erhoben. Der Master stürzte und riss im Fallen Cardozo mit sich.

Schnell erhob er sich mit dem Karabiner in der Hand und schoss

Unterdessen rückten die Patagonier immer näher.

ihn, ohne zu zielen, blindlings mitten hinein unter seine Verfolger. Hierauf fasste er ihn beim Lauf, um sich mit dem Kolben zu verteidigen. Da fühlte er sich von hinten gepackt und gewaltsam zur Erde gerissen.

Ein Indianer von herkulischer Gestalt erhob seine Faust gegen ihn, die einem Schmiedehammer glich, und schmetterte ihm dieselbe an die Schläfe.

»Hilfe«, schrie der Master, dann stürzte er auf den Boden hin, als hätte ihn ein Blitzstrahl getroffen.

16. Die »Grossen Füsse« von Südamerika

In jenem stumpfwinkeligen Dreieck, das Südamerika an seinem untersten Ende bildet und das sich einhundertachtundsechzig Myriameter[1] weit zwischen dem Atlantischen und dem Stillen Ozean erstreckt, im Norden vom Río Negro, im Süden von der Magellanstraße begrenzt (welches Dreieck der Seefahrer Magellan[2] bei seinem ersten Besuch 1519 Patagonien nannte), lebt ein Volk, welches seit dreihundert Jahren und mehr bei den Gelehrten der Alten und Neuen Welt, wie bei den Seefahrern aller Nationen das lebhafteste Interesse geweckt und die leidenschaftlichsten Diskussionen hervorgerufen hat.

Wir sprechen von den Patagones oder den »Großen Füßen«; so nannte sie nämlich Magellan, der sich durch ihre riesigen, aus Guanakofell hergestellten Fußbekleidungen irreführen ließ. Ihr wahrer Name lautet Ahonikauka oder noch besser Tehouk oder Tehuels; so nennen sie auch die Nachbarvölker.

Ihre große, hohe Gestalt machte sie berühmt, nicht weniger ihre außerordentliche Kraft, ihr Unabhängigkeitsgeist und ihre Lebensweise. Die ersten Seefahrer, die ein widriges Geschick an die düsteren Küsten von Patagonien führte, gaben von diesen Indianern schreckenerregende Beschreibungen.

Magellan, der sie zuerst sah, schrieb, dass seine Matrosen diesen Riesen kaum bis zum Gürtel reichten, überdies hätten sie eine ganz erstaunliche Kraft und eine Stimme, die stärker als das Brüllen eines Ochsen sei. Die Seefahrer späteren Datums verminderten allmählich den hohen Wuchs dieser Menschen und brachten Berichte, die der Wahrheit mehr entsprachen. Ihnen zufolge sind die Patagonier zwar keine Riesen, gehören jedoch zu den größten, entwickeltsten und kräftigsten Vertretern der menschlichen Rasse.

Drake[3], der sie 1578 besuchte, sagt, sie seien größer als manche Engländer und nichts weiter; Cavendish[4], der sie 1586 sah, schreibt, dass ihre Fußspuren achtzehn Zoll Länge ausweisen; Knyvet[5], der an

[1] 10000 Meter.
[2] Ferdinand Magellan (1480–1521) war ein portugiesischer Seefahrer und Entdecker.
[3] Sir Francis Drake (um 1540–1596) war ein englischer Seefahrer, Entdecker und Freibeuter.
[4] Sir Thomas Cavendish (1555–1592) war ein englischer Seefahrer, Entdecker und Freibeuter.
[5] Anthony Knivet (um 1560–1649) war ein englischer Seefahrer, Entdecker und

diesen Küsten 1591 landete, sah Indianer von fünfzehn bis sechzehn Spannen Höhe; Van Noort[1], 1598, sagt, alle Bewohner dieses Landes seien von hoher Statur; Sebald de Weert[2] lässt sie zehn bis elf Fuß, also mehr als drei Meter hoch sein; Spielbergen[3], 1614, nennt sie wahre Riesen; Le Maire[4] und Schouten[5] fanden 1615 Skelette, die zehn bis elf Fuß maßen und Schädel, die man als Helme hätte benutzen können; Falkner[6] sah 1740 einen indianischen Häuptling, der zwei Meter dreiunddreißig hoch war; Byron[7] sah 1764 einen ebenso hohen Häuptling und andere, die nur um weniges kleiner waren; Wallis[8], 1766, fand Indianer von zwei Metern und einen, der sieben Fuß hoch war; Bougainville[9], 1767, meint, sie seien nicht größer als sechs Fuß und nicht kleiner als fünf Fuß sechs Zoll; Wiedmann gibt 1783 ihre Höhe durchschnittlich auf sechs Fuß an; King[10], 1827, auf fünf Fuß zehn Zoll, höchstens sechs Fuß; d'Orbigues, 1829, nicht über fünf Fuß elf Zoll; FitzRoy[11] und Darwin[12], 1833, auf einen Meter vierundneunzig; Mayne[13] und Cunningham[14], 1867 bis 1869, auf fünf Fuß elf Zoll, sie sahen aber auch einen Indianer mit zwei Meter acht; Auton, 1865, sagt, dass die allergrößten einen Meter vierundneunzig hoch seien.

Ohne Zweifel ist diese Rasse nach und nach kleiner geworden, denn das beweisen die riesigen Skelette, welche man noch heute findet, aber dessen ungeachtet kann man die Patagonier schlankweg die Riesen des Menschengeschlechtes nennen. Wahrscheinlich wurden manche Seefahrer über die Größe der Patagonier dadurch in die Irre

Freibeuter aus der Mannschaft von Sir Thomas Cavendish.

1 Olivier van Noort (1558–1627) war ein niederländischer Seefahrer.

2 Sebald de Weert (1567–1603) war ein niederländischer Seefahrer.

3 Joris van Spilbergen (1568–1620) war ein niederländischer Seefahrer.

4 Jacob Le Maire (1585–1616) war ein niederländischer Seefahrer.

5 Willem Cornelisz Schouten (um 1580–1625) war ein niederländischer Seefahrer und Entdecker.

6 Thomas Falkner (1707–1784) war ein englischer Jesuitenpater und Missionar in Patagonien.

7 John Byron (1723–1786) war ein englischer Seefahrer und Entdecker.

8 Samuel Wallis (1728–1795) war ein englischer Seefahrer und Entdecker.

9 Louis Antoine de Bougainville (1729–1811) war ein französischer Seefahrer, Entdecker und Schriftsteller.

10 Phillip Parker King (1791–1856) war ein englischer Seefahrer und Entdecker.

11 Robert FitzRoy (1805–1865) war ein englischer Marineoffizier, Meteorologe und Gouverneur von Neuseeland.

12 Charles Robert Darwin (1809–1882) war ein englischer Naturforscher.

13 Richard Charles Mayne (1835–1892) war ein englischer Marineoffizier und Forschungsreisender.

14 Robert Oliver Cunningham (1841–1918) war ein schottischer Naturforscher.

geführt, dass sie dieselben bloß zu Pferd erblickten. In der Tat, zu Pferde scheinen sie viel größer zu sein, als das in Wirklichkeit der Fall ist, denn sie haben kurze Beine und einen großen Oberleib, auch scheinen sie größer durch den langen Mantel von Guanakofellen, den sie, die Haare nach innen, zumeist tragen.

Dieses Volk, welches annähernd einhundertzwanzigtausend Seelen zählt, ein kleines Häuflein im Vergleich mit einem Land von zwölftausend Myriameter Flächeninhalt, bildet für sich einen eigenen Typus, ganz verschieden von den Pampasindianern, die den Landstrich zunächst der argentinischen Grenze inne haben, verschieden von den Araukanern, die das dem Stillen Ozean zugekehrte Patagonien bevölkern, und vor allem verschieden von den Bewohnern des Feuerlandes, die blöd, schmutzig[1] und, was das seltsamste ist, so klein sind, dass man sie Zwerge nennen könnte, obwohl nur ein paar hundert Meter Wasser sie von den Patagoniern trennen.

Außer der hervorragenden Statur haben sie einen sehr großen Kopf, lange Haare, schwarze, lebhafte Augen, meist ein ovales Gesicht, eine gewölbte Stirn, ein bräunlich rotes Kolorit und ein gänzlich bartloses Gesicht, denn sie nehmen sich mithilfe eines kleinen silbernen Instrumentes und mit Glasstückchen alle Barthaare weg. Sie sind weniger grausam als ihre Nachbarn, die selten ihre Gefangenen schonen, und besonders nicht die der weißen Rasse. Aber dessen ungeachtet hassen sie die Spanier gründlich, denen sie den Spitznamen *Cristianos* geben und welche sie als Usurpatoren der nördlich gelegenen Länder betrachten.

Meist sind sie schweigsam, melancholisch in ihrem Ausdruck, aber große Redner werden von ihnen geschätzt, oft scherzen sie mit ihren Kindern, die sie abgöttisch lieben, und mit ihren Frauen, denen sie sehr zugeneigt sind.

Vorzugsweise Nomaden, haben sie weder feste Wohnsitze noch Ansiedelungen. Sie kommen und gehen durch die unermesslichen Pampas teils nach reiner Willkür, teils vom Verlangen getrieben, bessere Jagdgründe zu finden, und es scheint, dass sie mit ängstlicher Sorgfalt jede Berührung mit den Weißen vermeiden. Fast könnte man sagen, dass sie Furcht vor der Zivilisation empfinden, freilich war ihr diese, so oft sie ihrem Einfluss ausgesetzt waren, nur verderblich und darum wird sie von ihnen gemieden. Tatsächlich kommen sie auch

[1] Solche heute zurecht als rassistisch empfundenen Äußerungen waren zeittypisch und durchzogen sowohl Reisebeschreibungen als auch die Unterhaltungsliteratur.

nur höchst selten über den Río Negro, wo die Pampas wohnen, und die von ihnen ganz besonders gehassten Argentinier.

Unermüdliche Reiter, gleich den Gauchos, bringen sie sozusagen ihr Leben im Sattel zu und das Pferd ist ihnen das Allernotwendigste auf der ganzen Welt. Man kann mit Fug und Recht behaupten, stürbe das Pferd aus, so wäre der Untergang der gesamten Patagonier besiegelt.

Tatsächlich nährt das Pferd den Indianer, ist sein treuer Begleiter auf der Jagd, es kleidet ihn, ja sogar zu seinem Zelt liefert es die Häute, deshalb liebt aber auch der Patagonier sein Pferd über alles, mehr als sein Weib, ja vielleicht sogar mehr als seine Kinder.

Die Patagonier leben in vollständiger Freiheit. Sie vereinigen sich zu kleinen Trupps, die gewöhnlich nicht über zwei- bis dreihundert Köpfe betragen, wählen sich unter den Tapfersten einen Häuptling, der eine sehr beschränkte Gewalt über seine Untergebenen hat.

Übrigens macht ihnen die Religion wenig Sorge. Ihr ganzes Trachten nimmt das Pferd, die Familie, die Jagd (für sie eine Lebensfrage, da sie den Landbau nicht kennen), und der Krieg, den sie sehr lieben, in Anspruch. Sie sind insgesamt ein tapferes Völkchen von nichts weniger als ruhigem Temperament.

Nach diesen kurzen Notizen über die Bewohner jenes Landes, in welches die Überlebenden des *Pilcomayo* geraten waren, nehmen wir den Faden unserer wahrheitsgetreuen Erzählung wieder auf.

Ungefähr sechzig Kilometer von der Mündung des Río Negro, den die Eingeborenen Gusa Leuvre nennen, eines Stromes von bedeutender Mächtigkeit, der sich unter dem 39° 40' südlicher Breite und dem 70° westlicher Länge aus dem Zusammenfluss des Río Sanguel mit dem Leuvre bildet und an einhundertfünfzig Meilen durch die Pampas eilt, hatte ein kleiner Stamm Patagonier, aus annähernd fünfzig Familien bestehend, sein Lager aufgeschlagen.

Im Kreis waren Zelte, gewöhnlich *Toldos* oder *Hon* genannt, aufgeschlagen. Sie bestanden aus Pferde- oder Guanakohaut, sorgfältig genäht und, durch eine dicke Lage roter Erde mit Fett untermischt, undurchdringlich gemacht. Ihre Form war viereckig, etwa vier Meter lang, drei Meter breit, zwei und einen halben hoch und vorne etwas überneigend, um dem Wasser Abfluss zu verschaffen.

Männer und Frauen, fantastisch gekleidet und weiß, schwarz und gelb im Gesicht bemalt, machten sich mit den Pferden zu schaffen, die man in großer Anzahl erblickte, andere mit den Feuern, welche vor den Zelten brannten, und wieder andere mit den Waffen, welche mit großer Sorgfalt gereinigt in die Erde gesteckt wurden.

In der Mitte des Lagers waren einige Frauen von hohem Wuchs und wahrhaft junonischer Gestalt damit beschäftigt, ein Zelt zu schmücken, indem sie rings um dasselbe Lanzen in die Erde steckten, welche an ihren Enden Federbüschel des Nandu und Silberglöckchen trugen, die lustig im Winde bimmelten.

Auf einmal erhob sich am äußersten Ende des Lagers, das einem Buschwald von wilden Johannisbrot und *Boyghe* zugekehrt war, ein seltsames Geschrei, sodass alles die Arbeit liegen und stehen ließ. Bald nachher hörte man dort und da den dumpfen Wirbel einer Trommel, von den sonderbaren Klängen anscheinend ganz verstimmter Pfeifen begleitet.

Die Männer verließen eiligst die Zelte und versammelten sich in der Mitte des Lagers gerade bei jenem, welches die Frauen mit Lanzen geschmückt hatten.

Ein Krieger kam aus dem Wäldchen eiligst herbeigeritten, sein Falbe dampfte, als er sich dem Lagerplatz näherte und eine mit den Federn der *Rhea*[1] gezierte Lanze schwang.

»Der *Gounak*«, so rief man von allen Seiten. »Wie? Der Zauberer kommt nicht mit ihm?«

Der *Gounak* – der Häuptling – der sich näherte, spornte kräftig sein edles Pferd. Er war wohl ein Musterrepräsentant der patagonischen Rasse.

Er war zwei Meter und einige Zentimeter hoch, hatte eine breite, gewölbte Brust, einen breiten Rücken, einen gewaltigen Kopf mit einem langen, tiefschwarzen Haarwuchs. Seine Hautfarbe verschwand unter der dicken Schicht weißer Farbe, mit der sein Antlitz bemalt war. Nur hie und da schimmerte sie rötlich durch, sonst war das Gesicht überreichlich mit mondsichelartigen Strichen in Ockerfarbe tätowiert.

Er trug das Nationalkostüm: einen langen Mantel aus Guanakohaut, mit Straußensehnen genäht, inwendig rot bemalt, aufwendig mit Zeichnungen ebenfalls in roter Farbe versehen. Den Mantel hielt ein breiter Gürtel, *Wati* genannt, fest und eine Art Lederschurz *(Chiripa)* bedeckte den Unterleib und die Füße.

[1] Nandu.

An den Beinen hatte er die *Botas de pedro*, große Stiefel aus wohlgeschabter Guanakohaut, die den eigentlichen Füßen eine geradezu phänomenale Größe verliehen. Am Hals, an den Handgelenken und an den Ohren trug er Ketten, Anhängsel und Armbänder von zwar grober Arbeit, die jedoch eines gewissen künstlerischen Geschmackes nicht entbehrten.

In der Mitte des Lagers angekommen, sprang der stramme Reiter mit einer für seine große Gestalt geradezu erstaunlichen Behändigkeit aus dem Sattel, und indem er sich an die Männer wandte, die ihn von allen Seiten umgaben, fragte er mit einer dröhnenden Stimme, die man gewiss einen ganzen Kilometer weit hörte:

»Ist das Zelt bereit?«

»Ja, Häuptling!«, antworteten die Gefragten.

»Führt die Pferde und das Kind her!«

»Und kommt der Zauberer nicht?«, fragten die Krieger nicht ohne Ängstlichkeit.

Der Häuptling runzelte die Stirn, und indem er geheimnisvolle Zeichen in die Luft machte, sagte er mit dumpfer Stimme:

»Gualisciù hat den guten Geist überwunden und hat den Zauberer getötet.«

»Ist er gestorben?«

»Eine Schlange hat ihn beim Zelt des Häuptlings Akuwa gebissen und der arme Mann ist in weniger Zeit, als man dreimal die Bola schleudert, eine Beute des Todes geworden.«

»Ein schlechtes Omen für deinen Sohn, Häuptling!«, sagte einer der Krieger.

»Alles liegt in der Hand Vitamentrus«, entgegnete der Häuptling und schüttelte den Kopf. »Nun bringt das Pferd und den Knaben herbei, die Handlung soll vollzogen werden.«

»Ohne einen Zauberer?«, fragten die Anwesenden erstaunt.

»Mein Sohn hat beim jüngsten Neumond vier Lebensjahre vollendet, er soll ein kleiner Mann werden«, sagte der Häuptling. »Der Zauberer ist tot, aber ich bin ja da und kann seine Stelle bei der feierlichen Handlung hier vertreten.«

Auf einen Wink von ihm wurde ein prächtiges Pferd gebracht. Es schien eigens für dieses Fest gefüttert worden zu sein, so stark war es und so kräftig. Es trug eine Unzahl kleiner silberner Glöckchen und eine kostbare Decke, welche den berühmten Geweben der Araukaner ähnlich war, die man *Corconillas* nennt.

Das Pferd wurde zum geschmückten Zelt geführt.

Zwei Männer warfen es zur Erde nieder und banden ihm die Füße mit starken Fesseln aus Guanakohaut so fest, dass es sich nicht im Mindestens mehr bewegen konnte. Alle Krieger und alle Frauen des Lagers bildeten einen Kreis um dasselbe.

Plötzlich trat eine Frau von blasser Gesichtsfarbe, hoher Gestalt und kräftigem Körperbau aus dem Prachtzelt heraus. Ihre Haare waren in zwei Zöpfe geflochten, die künstlich durch Guanakohaare verlängert waren. Geschmückt war sie mit Silberglöckchen und mit Bändern, deren Farbe bereits in ein bedenkliches schmutziges Grau übergegangen zu sein schien.

Sie trug den Indianermantel vorne mit einer Nadel, die in einer Silberplatte endete, zusammengehalten, eine lange *Chiripa* von Baumwolle ging ihr bis an die Fersen, auf dem Kopf hatte sie den *Kotchi,* eine Art weißer Kopfbinde, und an den Ohren gewaltig große, viereckige, höchst sonderbar geformte Ohrgehänge.

»Die Stunde ist nunmehr gekommen, o Frau!«, sagte der Häuptling, der mittlerweile wieder sein Pferd bestiegen hatte. »Ist die Bemalung beendet?«

»Idisciè verlangt nichts anderes, als ein kleiner Krieger zu werden«, erwiderte die Frau.

»Führe ihn also her.«

Die Frau trat in das Zelt und kam sofort wieder aus demselben, an der Hand einen Knaben von vier Jahren, den man aber der Statur nach für einen achtjährigen hätte halten können. Er war wie der Häuptling gekleidet, aber geradezu scheußlich mit Rot, Schwarz und Weiß bemalt. Sein Gesicht glich einer abschreckenden Larve. Den unteren Teil des Gesichtes zwischen Auge und Mund hatte er mit Rot bemalt, unter den unteren Augenlidern befanden sich zwei dicke schwarze, und über den Augen zwei weiße Halbmonde.

Der Häuptling betrachtete den Knaben mit einem gewissen Stolz, dann packte er ihn und hob ihn auf sein Pferd, während einige der Krieger wie wahnsinnig Trommeln aus Tierhäuten bearbeiteten und andere kreischende Pfeifen bliesen, bei deren Anblick jeder geschworen hätte, sie seien aus Menschengebein gefertigt.

Er nahm ein dünnes und spitziges Bein, das ihm die Frau hinaufreichte, und nachdem er in der Luft sonderbare Zeichen geschrieben und dazu geheimnisvolle Worte gemurmelt hatte, durchstach er schnell die beiden Ohrläppchen des Knaben und steckte in die beiden Öffnungen zwei kleine Metallstücke, um sie offen zu halten und zu vergrößern.

Nachdem diese Indianertaufe, bei welcher der Knabe auch nicht das geringste Zeichen von Schmerz äußerte, vorüber war, wendete sich der Häuptling an sechs Krieger, welche man in Ansehung ihrer zahlreichen Narben für die tapfersten des ganzen Stammes halten konnte, und öffnete mit demselben Bein einem jedem das erste Glied des Zeigefingers und ließ die heraustretenden Blutstropfen zur Erde fallen.

»Dem Vitamentru und dem Gualisciù!«

Nach diesem seltsamen, dem guten und dem bösen Geist dargebrachten Opfer, ergriff er eine Lanze und hob sie über das Pferd, um sie ihm ins Herz zu stoßen, und das Fleisch desselben sollte zum Festmahl der Eingeladenen dienen.

Soeben wollte er hinzustoßen, da gellte ein schriller Ruf durch das Lager, dem ein allgemeiner Aufschrei des ganzen Stammes folgte. Der Häuptling hob seinen Kopf und schaute aufwärts; die Lanze entfiel seinen Händen, während alle Männer, die ihn umgaben, mit dem Antlitz auf den Boden stürzten.

17. Der Sohn des Mondes

Ein seltsames, für die Wilden, die nichts anderes kannten als ihre unermesslichen Prärien, die Flüsse ihres Landes und die Sterne des Himmels, ganz neues Schauspiel bot sich den erstaunten Blicken aller.

Am Horizont war in einer Distanz von beiläufig einer Meile eine Riesenkugel erschienen, riesig besonders für diese Wilden, die keinen größeren Himmelskörper als den Mond und die Sonne gesehen hatten. Sie näherte sich mit bedeutender Schnelligkeit dem Lager der Indianer, wohl noch zwei- bis dreihundert Meter über der Prärie, jedoch mit der fortwährenden Tendenz, von Schritt zu Schritt tiefer zu sinken.

Was konnte das nur für ein Himmelsgestirn sein, das in so bedeutender Größe und mit einem schwarzen Flecken an der Seite, den man wegen der großen Weite noch nicht gut unterscheiden konnte, plötzlich erschienen war? Das war die Frage, welche der Häuptling, der sich im Unterschied zu den anderen nicht zur Erde niedergeworfen hatte, bei sich erwog. Seine Augen waren weit aufgerissen, die

Züge seines Angesichtes trotz der dicken Farbenschicht ganz verändert, ein ungeheures Staunen hatte ihn ergriffen, nicht ohne Beimischung abergläubischer Furcht.

Doch dieses Staunen war nur von kurzer Dauer. Der tapfere Patagonier ermannte sich, und indem er die Arme hoch erhob, rief er mit laut schallender Stimme:

»Söhne des Tehuels, fürchtet euch nicht! Der Mond hat sich gewürdigt, die Lieblingskinder Vitamentrus heimzusuchen. Auf die Pferde! Auf die Pferde!«

Als die Krieger die Stimme ihres Häuptlings vernahmen, sprangen sie auf, pflockten unter betäubendem Geschrei ihre Pferde los, ergriffen die Lanzen und sprengten ihrem Häuptling nach, der furchtlos die Prärie durchritt, um das Gestirn würdig aufzunehmen, das sich herabließ, die Söhne der Pampas heimzusuchen.

Der vermeintliche Mond war nur noch wenige Büchsenschüsse entfernt und fiel langsam zur Erde. An einer Seite desselben hing angeklammert ein Mann, der mit lebhafter Aufmerksamkeit die Reiter zu beobachten schien, welche ihm entgegensprengten.

Der Häuptling, der als erster unter dem Mond, oder sagen wir es nur gleich dem freundlichen Leser, was er bereits erraten haben wird, unter dem Ballon angekommen war, hob die Hände gegen diesen Mann empor und rief:

»O Schiaschie![1]«

Der Sohn des Mondes mochte wohl nicht patagonisch verstehen, denn er antwortete nichts, sondern fuhr fort die Reiter zu beobachten, die dem Ballon in kurzem Trab folgten und feierlich, wie zum Willkommen, die Lanzen schwangen. Der Häuptling wiederholte also seine Worte in spanischer Sprache und bat, der Schiaschie wolle sich würdigen, zu den Lieblingskindern Vitamentrus herabzusteigen.

Der Sohn des Mondes ließ sich herbei, dieses Mal mit einer bejahenden Gebärde zu antworten, aber der Arme schien kein Mittel zu haben, um herab auf den Boden zu kommen, deshalb blieb er fest an das Netzwerk angeklammert.

Der Ballon musste ganz leer sein, das ließ sich aus seinen zahlreichen langen Falten schließen, welche von allen Seiten schlaff hernieder hingen. Er fiel in beständigen Schaukelbewegungen immer tiefer

[1] O Vater! *(Anm. d. Autors)*

und tiefer, manchmal schien er ganz umzustürzen, denn der an einer seiner Seiten hängende Mann störte sein Gleichgewicht. Bald war er nur mehr vier Meter vom Boden entfernt und streifte mit seinem unteren Teil die Spitzen einiger Gebüsche von *Huignal*, die mit Beeren ganz beladen waren.

Der Sohn des Mondes, welcher der Verfolgung vonseiten der Patagonier unmöglich entfliehen konnte, zog seine Füße aus den Maschen des Netzwerkes und ließ sich mitten hinein ins dichte Gebüsch zur Erde gleiten.

Der Ballon, von dieser ganz beträchtlichen Last frei, machte einen ungeheuren Satz in die Luft, fand dort einen widrigen Wind und flog nach Norden fort, von vielen Indianern eifrigst verfolgt, welche den Mond nicht fliegen lassen wollten.

Der patagonische Häuptling sprang rasch aus dem Sattel mitten hinein ins dichte Gebüsch und rief;

»O Vater! O großer Vater!«

Der vermeintliche Sohn des Mondes stand nach seinem ganz beträchtlichen Sturz langsam auf, zog beide Pistolen und hielt sie dem Häuptling entgegen, indem er trocken und drohend sagte:

»Kommst du als Freund oder als Feind?«

Der Häuptling mochte eine solche Aufnahme vonseiten eines vom Himmel Herabgestiegenen gar nicht erwartet haben, denn er war einen Augenblick ganz starr und sah dem Fremdling betrübt, ja gewissermaßen entrüstet ins Auge.

»Warum drohst du dem Häuptling der guten Tehuels, die nach deiner Freundschaft verlangen, o Sohn des Mondes«, fragte der Häuptling schmerzlich bewegt.

»Ja, es ist wahr«, sagte der Fremdling mit einem eigentümlichen Lächeln, »ich bin der Sohn des Mondes, der die guten Söhne der Prärie besucht.«

Dann steckte Calderon, der Regierungsagent, welcher Diego und Cardozo auf ihrer gefährlichen Sendung begleitet hatte – denn der geheimnisvolle Fremde war niemand anderer –, seine beiden Pistolen ruhig in den Gürtel, kreuzte die Arme und schaute den patagonischen Häuptling durchdringend an, gleich als wolle er auf dem Grund seiner Seele lesen.

»Würdigt sich der Sohn des Mondes, die Gastfreundschaft anzunehmen, die ihm der Häuptling der Tehuels anbietet?«, fragte der Patagonier nach einem kurzen Schweigen.

»Ich folge dir«, antwortete Señor Calderon.

Der riesige Indianer verließ den Buschwald.

Der Regierungsagent, der nicht ein bisschen von seiner gewohnten Ruhe verloren hatte, obgleich seine Lage von einem Augenblick zum andern gefährlich werden konnte, folgte ihm in geringer Entfernung. Sie gingen auf das Lager zu, während die Krieger, welche dem Ballon nicht nachgeeilt waren, voranschritten, die Luft mit betäubendem Geschrei erfüllten und zum Zeichen ihrer Festfreude die Lanzen und die Bolas schwangen.

Die Frauen und Kinder des Stammes, die alle Zeugen des Sturzes waren, welcher den Sohn des Mondes auf die Erde gebracht hatte, kamen dem Zug schreiend und tanzend entgegen, aber der Häuptling gebot mit einer energischen Gebärde Ruhe und führte den Gast in ein großes Zelt, welches schöner als alle anderen im Lager war.

Señor Calderon, der über sein Los nunmehr ganz beruhigt schien, folgte ihm ohne Zögern und beschränkte sich für jetzt darauf, den Indianerhäuptling und seine Umgebung aufmerksam zu beobachten.

Als er sich im Zelt mit dem Häuptling allein befand, wurde sein ohnehin blasses Gesicht noch etwas bleicher und er runzelte die Stirn.

»Häuptling!«, sagte er plötzlich. »Was willst du von mir? Was hast du mit mir vor?«

Der Indianer betrachtete ihn mit Staunen, gerade so, als begreife er den Sinn dieser Fragen nicht, dann sagte er:

»Dieses Zelt ist dein Zelt. Du bist der willkommene Gast der Tehuels.«

Dann machte er Miene hinauszugehen, doch Señor Calderon hielt ihn zurück:

»Reden wir miteinander«, sagte er.

»Hat der Sohn des Mondes denn keinen Hunger?«, fragte der Patagonier.

»Du hast recht; seit zwei Tagen habe ich nichts mehr gegessen.«

»Gibt der Mond seinen Söhnen keine Lebensmittel?«

»Er hatte große Eile herabzusteigen«, sagte der Agent mit leisem Lächeln.

»Hauka hat keine Eile und wird dem Sohne des Himmels zu essen bringen.«

Der Häuptling ging hinaus und ließ die Tierhaut fallen, welche den Zelteingang verschloss, um Señor Calderon den Blicken der Neugierigen zu entziehen.

Als dieser allein war, musterte er aufmerksam sein Zelt, welches sehr leicht sein Gefängnis werden konnte. Es war genauso wie alle patagonischen Zelte gebaut. Das ganze Mobiliar bestand aus einigen Ponchos, aus einem Bratspieß, einem eisernen Topf und einigen Panzern des Armadillo oder Gürteltiers, die als Behältnisse dienten.

»Zum Kuckuck!«, murmelte Señor Calderon. »Dieses Abenteuer hat mir noch gefehlt. Also ich bin nun ein Sohn des Mondes geworden! Wenn mich nur diese blöden Wilden auf die Suche nach diesen beiden verfluchten Matrosen gehen ließen! O! Der Schatz des Präsidenten wird doch nicht verloren gehen!«

Er setzte sich auf einen Haufen von Decken nieder und schien in tiefe Gedanken verloren zu sein.

Das Erscheinen des Häuptlings riss ihn wieder aus seinem Sinnen.

»Da bin ich, Sohn des Mondes!«, sagte der Häuptling bei seinem Eintreten. »Hauka bringt sehr gute Speisen mit.«

»Führst du diesen Namen?«, fragte der Regierungsagent.

»Du hast es gesagt.«

Er nahm einen großen Sack aus der Hand eines Indianers und leerte ihn vor Señor Calderon aus. Er enthielt eine große Menge Wurzeln, Knollen, wilde Kartoffel, Spinat und Stücke von Gummi des *Bolax glebaria*, den die Patagonier mit Vorliebe kauen und von dem sie behaupten, er erhalte ihre Zähne weiß und gesund.

Dann stellte er mehrere Armadilloschalen auf den Boden nieder. Die einen enthielten noch warmes Blut, andere das Mark aus den Knochen des Guanakos mit Fett vermischt, endlich eine Eisenplatte, worauf das Herz eines Guanakos in rohem Zustand lag, ein Kapitalessen für einen patagonischen Gaumen. Schließlich brachte er eine Flasche *Aguardiente*[1] zum Vorschein, ein spanischer Branntwein, den die Patagonier Gott weiß in welcher Vorratskammer eines an ihren Küsten gestrandeten Schiffes gefunden und mit Sorgfalt für besonders feierliche Anlässe aufbewahrt hatten.

Señor Calderon, der seit zwei Tagen nichts gegessen hatte, warf sich mit einem wahren Wolfshunger auf die Knollen und Wurzeln und auf die wilden Kartoffeln, und trank wohl einen Liter des warmen Blutes, obwohl es schauderhaft gesalzen war.

Ein guter Schluck *Aguardiente*, der ihm schnell alle Kräfte wiedergab, beschloss diese sonderbare Mahlzeit.

---

[1] Schnaps mit einem Alkoholgehalt zwischen 40 und 45 Prozent.

Der Häuptling, der dieser »Beköstigung« mit sichtlicher Genugtuung beiwohnte, brachte, kaum als er gesehen hatte, dass der Sohn des Mondes fertig sei, eine Pfeife aus Holz mit einem silbernen Rohr, die mit köstlichem Tabak, *Golk* genannt, gestopft war.

Señor Calderon brannte ihn sofort mit seinem Feuerzeug an, obgleich ihm der umsichtige Häuptling das seinige angetragen hatte, zugleich mit einem Schwamm, den man am Fuß der Anden sammelt und der gut getrocknet essbar ist.

»Setze dich, Häuptling!«, sagte der Sohn des Mondes, nachdem er einige Züge aus der Pfeife getan hatte. »Und wenn es dir gefällt, sprechen wir ein bisschen miteinander.«

Der Patagonier gehorchte und setzte sich mit unterschlagenen Beinen ganz nach Art der Türken auf den Boden.

»Wo bin ich denn eigentlich herabgestiegen?«, fragte der Regierungsagent.

»In der Nähe des Río Negro.«

»Wohin gehst du jetzt?«

»Wohin der Sohn des Mondes will.«

»Glaubst du denn, dass ich bei dir bleibe?«

»Nachdem du zu mir gekommen bist, wirst du bei mir bleiben; so will es der ganze Stamm.«

Señor Calderon konnte sich nicht enthalten, eine Gebärde der Ungeduld und der Missbilligung zu machen.

»Und wenn ich durchaus gehen wollte?«

»Würde ich es dir verbieten.«

»Auch wenn der Mond wieder käme, mich abzuholen?«

»Dann würde ich auch den Mond mit mir nehmen und ihn meinen Landsleuten im Süden zeigen.«

»Aber was soll ich denn bei dir?«

»Unserer Zauberer sollst du sein, weil der frühere gestorben ist. Du bist vom Himmel herabgestiegen und wirst uns beschützen, wie Vitamentru selbst. Wir werden dir Wild in Hülle und Fülle bringen, du wirst unsere Krieger und unsere Frauen kurieren und wir alle werden glücklich sein.«

»In der Tat eine schöne Aussicht!«, murmelte Calderon und biss die Zähne aufeinander. »Pah, meinetwegen kommt es, so sei es!«

Dann wendete er sich rasch an den Häuptling und fragte:

»Bist du nicht weißen Männern begegnet?«

»Ich komme von Süden und habe nur rote gesehen.«

»Diese weißen Männer suchen mich, Häuptling.«
»Wer sind sie denn?«
»Söhne des Mondes, wie ich.«
»Und wo sind sie?«[1]
»Sie sind jedenfalls mehr nördlich zur Erde herabgestiegen.«
»Sind sie mächtig?«
»Wie ich, ja vielleicht mehr als ich.«
»Uff!«, stieß der Häuptling hervor. »Mein Stamm wird der mächtigste und glücklichste unter allen Tehuels sein. Diese weißen Männer werden meine Reiter bringen, die jetzt mit dem Mond zurückkommen.«
»Der Mond lässt sich nicht fangen, Häuptling.«
»Warum?«
»Warum? Weil er wieder hinauf in den Himmel eilen muss, um das Land der Tehuels zu erleuchten.«
»Sehr gut! Doch jetzt hast du ausgeruht, nun musst du mit mir kommen.«
»Wohin führst du mich?«
»Du wirst es später erfahren.«
Der Häuptling stand auf und klatschte in die Hände. Sogleich hob sich die Decke beim Zelteingang und Señor Calderon erblickte ein prächtiges Pferd, welches in geringer Entfernung vom Zelt den Boden scharrte und das ein Krieger von riesiger Gestalt nur mit großer Mühe bei den Nüstern festhielt.
»Komm, o Sohn des Mondes«, sagte der Häuptling.
Señor Calderon stand auf und ging hinaus, obwohl ihm ein ruhiges Schläfchen lieber gewesen wäre. Er vergaß nicht, seine Pistolen mitzunehmen, auf die er im Moment der Gefahr all seine Hoffnungen setzte.
Freilich hatte sich der patagonische Häuptling ihm gegenüber voll Aufmerksamkeit gezeigt, doch jetzt fing der Regierungsagent an, unruhig zu werden, er wusste ja gar nicht, warum er jetzt einen so geheimnisvollen Ritt unternehmen solle, doch in der Erwägung, dass ein Widerstand vergeblich, ja sogar sehr gefährlich werden konnte, machte er gute Miene zum bösen Spiel.
Hauka betrachtete das Pferd mit Kennerblick, dann warf er eine araukanische Decke über dasselbe, darüber einen *Tusk*, einen hölzer-

[1] Dieser Satz fehlt bisher in der deutschen Übersetzung, sodass Rede und Gegenrede nicht mehr stimmten.

nen, mit Fell überzogenen Sattel, dann gab er dem Pferd ein hölzernes Gebiss ins Maul mit Kugeln von geflochtenen Hautriemen.

Er nahm hierauf Señor Calderon und hob ihn wie eine Feder in den Sattel, schnallte ihm dann zwei seltsame Sporen, *Watercu* genannt, an die Füße. Sie bestanden aus zwei Holzzylindern, die mit einem scharfen Nagel versehen waren.

An den Sattel band er die hölzernen, sauber gearbeiteten Steigbügel, dann schwang er sich auf ein anderes Pferd, welches schon fertig gesattelt bereitstand.

Auf einen Pfiff von ihm bestiegen alle Krieger des Lagers ihre Pferde und stellten sich hinter dem Sohn des Mondes auf, und zwar so, dass jede Aussicht auf eine Flucht vergebens war.

»Gehen wir!«, sagte der Häuptling.

»Wohin führst du mich denn eigentlich?«, fragte Señor Calderon noch einmal, dessen Unruhe zunahm.

»Du wirst es bald genug wissen.«

»Bedenke, dass ich der Sohn des Mondes bin, ein einziger Wink von mir und du bist eine Leiche.«

»Hauka ist gut«, begnügte sich der Häuptling einfach zu sagen. »Gehen wir, denn der Ritt ist lang.«

Sie spornten mächtig die Pferde, ritten im Flug davon und verschwanden in den großen südlichen Prärien.

18. Ein entsetzliches Todesurteil

Acht Stunden nachdem der Häuptling mit Señor Calderon und den Kriegern weggeritten waren, kam schreiend und lärmend ein Reitertrupp im Lager an, der schwimmend den Río Negro passiert hatte und jetzt von dem Gewieher der bei den Zelten angepflockten Pferde freudig begrüßt wurde.

Die Frauen, die Greise und die Kinder, durch dieses Höllenspektakel aufgescheucht, welches so arg war, dass man für sein Trommelfell fürchten musste, und im Glauben, es seien das vielleicht die wilden Pampas, deren Herumstreifen in den südlichen Prärien den Patagoniern ein Dorn im Auge war, stürzten in heilloser Verwirrung aus den *Toldos*, bewaffneten sich eiligst mit Lanzen und Bolas, bereit, auch in Abwesenheit ihrer Krieger das Lager zu verteidigen.

Ihr Irrtum dauerte nur ganz kurze Zeit. Obgleich die Nacht sehr finster war, erkannten sie doch in den Kriegern, welche in ihr Lager kamen, ihre Genossen, welche dem Mond nachgeritten waren und jetzt von dieser zehnstündigen wilden Jagd mit schaumbedeckten und abgehetzten Pferden zurückkehrten.

»Platz da! Platz da!«, donnerte der Anführer der Truppe, welcher an ihrer Spitze ritt.

»Wo ist denn der Mond?«, fragten die Frauen und die Greise, nachdem sie den Stern nicht sehen konnten.

»Der Mond ist wieder zum Himmel zurückgekehrt«, antwortete der Anführer.

»O Unglück über Unglück«, heulten die Frauen.

»Wir bringen aber etwas anderes mit«, sagte der Anführer.

»Einen anderen Sohn des Mondes?«

»Nein! Zwei verfluchte *Cristianos*, welche mehrere unserer tapferen Krieger getötet haben.«

Ein Ausbruch rasender Wut machte sich unter den Patagoniern des Lagers Luft.

»Tod den *Cristianos!*«, schrien alle, erhoben die Lanzen und ließen die Bolas kreisen.

»Ja, den Tod!«, riefen die Reiter.

»Sofort, sogleich!«

»Nein! Morgen bei Tagesanbruch«, sagte der Anführer. »Platz da für die *Cristianos.«*

Zwei Pferde wurden in die Mitte des Lagers gebracht. Auf den Rücken derselben waren zwei Menschen in halb liegender Stellung festgebunden, ein Mann und ein Jüngling. Beide gaben kein Lebenszeichen von sich. Einige Krieger machten die Fesseln derselben los und warfen sie roh auf den Boden hin, ohne sich zu kümmern, ob die beiden Unglücklichen dabei Rippen und Beine brachen oder nicht.

Der Ältere, der niemand anderer als unser Diego war, hatte seit dem Schlag, welchen ihm der Patagonier versetzt hatte, das Bewusstsein nicht wieder erlangt. Jetzt aber, als er so unsanft zu Boden geschleudert wurde, öffnete er die Augen und rief:

»*Caramba!* Ein bisschen mehr Rücksicht, liebe Wildlinge! Wollt ihr mir denn zum Überfluss alle Knochen brechen? Bei allen Haifischen und Seekälbern! Habe ich geschlafen oder haben diese Unholde mich halb erschlagen?«

Er machte eine Anstrengung, richtete sich in kniende Stellung auf und warf einen argwöhnischen Blick um sich.

»Huh«, murmelte er. »Mir scheint, ich bin in schlechter Gesellschaft. Was? Auch Frauen und Kinder? Bei allen Bramsegeln und Schiffsluken! Wie wird diese Geschichte enden? Und mein armer Cardozo?«

»Der ist hier«, antwortete der Junge und richtete sich nach und nach auf.

»Ah, mein Junge!«, rief der Master und drückte Cardozo innig an seine Brust. »Du bist in einem kritischen Augenblick wach geworden.«

»Wo sind wir denn, Matrose?«

»Das siehst du ja, in den Händen der Riesen von Patagonien.«

»Aber wie ist denn dieses alles gekommen? Und die Gauchos, warum sind sie nicht bei uns?«

»Während du geschlafen hast, mein armer Junge, sind arge Dinge vor sich gegangen. Die Patagonier haben auf uns Jagd gemacht, die Gauchos lenkten die Verfolgung auf sich, um uns zu retten, ich weiß nicht, wo sie jetzt sich befinden, nicht einmal, ob sie überhaupt noch leben oder bereits ausgelöscht sind. Wir wurden gefangen genommen und diesseits vom Río Negro gebracht.«

»Aber was haben denn diese Riesen und Gauner mit uns vor?«

Der Master betrachtete Cardozo mit feuchten Augen, aber er antwortete nicht.

»Matrose!«, sagte der mutige Junge. »Du weißt, dass ich niemals Furcht gehabt habe. Öffne deinen Schnabel und heraus damit, was du alles weißt.«

»Mein armer Cardozo! Ich fürchte, dass die Sache für uns sehr schlimm enden wird. Diese Heidenlümmel sind ganz wütend über mich, weil ich drei oder vier ihrer sauberen Kameraden getötet oder verwundet habe, und ich bin gewiss, dass sie uns das teuer heimzahlen werden.«

»Es ist ein bisschen hart, Matrose, durch die Hand von Wilden sterben zu müssen. Ha! Wenn wir nur auf irgendeine Hilfe zählen könnten!«

»Auf welche denn, mein Sohn? Die Gauchos sind vielleicht schon getötet, und lebten sie auch, so würden sie es kaum riskieren, sozusagen nur wegen unserer schönen Augen hierherzukommen.«

»Und Señor Calderon?«

»Wer weiß, wo dieser unausstehliche Regierungsagent geendet hat. Aber halt! … Wenn die Patagonier den Ballon verfolgten … Wo wird er denn niedergegangen sein? Hm! Wenn doch dieser schreckliche Mensch hier wäre! Doch …«

Er beendete seinen Satz nicht. Die ihn umgebenden Patagonier scheinen einen Befehl abgewartet zu haben, denn auf einmal warfen sie sich auf die zwei unglücklichen Matrosen und banden sie in wenigen Minuten mit Riemen fest.

»Ha, ihr Schurken!«, rief der Master und versetzte dem nächsten Wilden einen wohlgezielten Fußtritt. »Glaubt ihr, wir seien Salami, weil ihr uns so unverschämt zusammenschnürt? Dumme Heidenkerls! Hätte ich nur meinen Karabiner, ich würde euch schon beibringen, dass ihr Personen, die ruhig ihres Weges gehen, höflicher behandeln müsst.«

»Matrose, rege dich nicht unnütz auf«, sagte Cardozo.

»Lass mich nur alles sagen, was der Grimm mir eingibt, solange wenigstens, als sie meiner Zunge nichts anhaben, liebes Bürschchen … Was? Das auch noch? … Auch diese verfluchten Hexen wollen auf uns losgehen? Ist das ein Geschrei, ist das ein Tumult!«

Annähernd vierzig Frauen, groß wie Grenadiere, näherten sich den zwei unglücklichen Gefangenen und heulten, was sie aus der Kehle bringen konnten:

»Tod den *Christianos!*«

»Sind wir diese *Cristianos?*«, fragte Cardozo, der gar nicht besonders ängstlich zu sein schien, obwohl die Situation der beiden Gefangenen nichts weniger als gemütlich war.

»Ganz sicher, Cardozo. Diese Heidenlümmel bezeichnen mit diesem Namen alle Spanier, oder noch besser gesagt, alle Menschen weißer Rasse.«

»Aber was wollen denn diese abscheulichen Frauen?«

»Mit uns ihren Schabernack treiben; ich bin dessen sicher.«

Und der Master hatte sich nicht geirrt. Diese Furien verschafften sich Platz, indem sie die Wachen beiseite drängten, und dann tanzten sie in wirrem Wirbel um die gefesselten, unglücklichen Opfer herum, schrien ihnen in die Ohren, spien sie von allen Seiten an und schnitten ihnen gräuliche Fratzengesichter.

Diego, der weniger geduldig war als Cardozo, machte seinem Ärger in allen möglichen und unmöglichen Schimpfnamen Luft, und weil er seine Hände nicht brauchen konnte, teilte er kräftige Fußtritte aus, die nicht alle fehl gingen.

Die ohnmächtige Wut des guten Seemanns schien den Indianerhexen viel Spaß zu machen. Die kühnsten von ihnen umringten ihn, während die anderen den armen Jungen mit Füßen traten, und rissen ihn unter Höllengelächter bei den Haaren und am Barte.

»O ihr verdammten Höllenbraten!«, grölte der Master und schlug wie ein Besessener um sich. »Hätte ich nur eine Hand frei, ich möchte euch schon das Schreien versalzen. Holla! Cardozo, mein Sohn, teile nur kräftige Fußtritte gegen diese Furien aus. O weh, o weh! Meine ganzen Haare gehen drauf!«

Aber die Frauen, anstatt Mitleid zu empfinden, fuhren fort, ihm den Bart und die Haare unter beständigem Gelächter zu zerzausen. Kaum war diese Qual zu Ende, so schien eine neue zu beginnen. Einige Frauen nämlich stürzten herbei und brachten brennende Holzstücke mit sich.

»O ihr Heidenbagage!«, schrie der Master. »Lasst ihr uns denn von diesen Furien ohne Herz und Gefühl lebendig braten?«

Ein schriller Aufschrei ließ in ihm das Blut erstarren; Cardozo hatte ihn ausgestoßen.

»Mein Sohn!«, schrie der Master und machte eine gewaltige Anstrengung, um sich seiner Bande zu entledigen.

»He, Matrose!«, entgegnete der Junge. »Mir scheint, man will uns rösten.«

»Mut, Cardozo!«

»Sie probieren an mir ein brennendes Holzscheit. Diese Hexen sind wilder als die Männer. Wenn sie uns nur gleich erschlagen würden.«

Zum Glück bemerkten die Krieger, welche bisher dem tollen Treiben ruhig gewährend zugesehen hatten, die verzweifeltsten Anstrengungen, sich von den Fesseln zu befreien; sie trieben deshalb die Frauen, welche sich soeben anschickten, die Haut des Masters braun zu rösten, barsch hinweg und jagten sie von dannen.

»Ich danke euch, ihr Heidenlümmel!«, sagte der alte Seebär. »Ihr habt doch ein besseres Herz als diese Frauen.«

»Das werden wir morgen sehen«, meinte Cardozo. »Ich fürchte, sie sind besorgt, man könnte uns allzu sehr verunstalten.«

»Wer weiß es; hoffen wir, mein Junge!«

Auf einmal wurde er aber bleich und seine Haut, die durch Wind und Wetter zu Land und zur See gründlich gegerbt war, wurde aschfahl.

Ein Weib hat ihm beim Weggehen zugeschrien:

»Morgen werden wir dich unter den *Mondogueros*[1] wiedersehen!«

»Großer Gott!«, murmelte der Master, während ihm kalter Schweiß von der Stirn troff. »Wir sind verloren!«

»Was murmelst du, alter Seebär?«, fragte Cardozo, der sich in seine Nähe gewälzt hatte.

»Nichts, mein Sohn.«

»Du verbirgst mir etwas?«

»Ja, das ist richtig.«

»Also heraus damit. Meinst du, ich solle gewisse Dinge nicht erfahren, während wir beide vielleicht gemeinschaftlich in die andere Welt wandern müssen?«

»Cardozo, du bist ein mutiger Bursche«, sagte der Master und warf einen bewundernden Blick auf ihn. »Du scherzest mit dem Tode, als wäre er eine Flasche *Aguardiente*, aber bedenk doch, der Tod des Menschen ist ein ernstes Ding.«

»Einverstanden, alter Seebär«, sagte der Junge lächelnd, »aber vielleicht ist die Sache nicht so schlimm, als sie zu sein scheint.«

»Du täuschest dich, wenn du das Geringste hoffst. Morgen werden wir es mit den *Mondogueros* zu tun haben.«

»Was sind denn das für liebenswürdige Señores, die *Mondogueros?«*

»Die Eingeweidefresser.«

»Jetzt weiß ich gerade so viel wie früher.«

»Also es sind Fische; aber was für Fische, mein Junge! Die lassen an uns kein einziges Stückchen Fleisch, und wäre es nur so klein wie eine Karabinerkugel.«

»Du lässt mich ja erschaudern, alter Seebär. Was ist denn das für ein sonderbares Todesurteil?«

»Ich will dir's kurz erklären. In einigen Flüssen Südamerikas, auch im Río de la Plata, kommen, wenn auch nur stellenweise, Fische vor, sie sind oft nur zehn Zentimeter lang, oben azurblau, unten rötlich gefleckt, mit dreieckigen Zähnen bewaffnet und mit so starken Kinnladen ausgestattet, dass sie selbst ein Stück Eisen zermalmen könnten. Diese Fische sind von einer geradezu beispiellosen Gefräßigkeit. Gerät ein Pferd zum Beispiel in einen von ihnen bevölkerten Fluss, so stürzen sich diese Unholde in hellen Scharen auf das arme Geschöpf, zerfleischen ihm die Flanken und verschlingen seine Eingeweide, daher ihr Name *Mondogueros*, das heißt Eingeweidefresser.«

---

[1] Piranhas.

»Und fressen sie nur die Eingeweide?«

»O nein! Sie fressen auch das Fleisch, und zwar mit solch einer wilden Gier, dass in zehn Minuten von einem Menschen nichts als sein sauber abgenagtes Skelett übrig bleibt, an dem sich kein Stückchen Haut und nicht die kleinste Sehne mehr findet.«

»So werden wir lebendig aufgefressen?«, fragte Cardozo, nun doch einigermaßen ängstlich.

»Ja, wenn uns niemand zu Hilfe kommt.«

»Rechnest du auf jemanden?«

»Ich rechne höchstens noch auf ein Wunder.«

»Hm! Auf ein Wunder dürfen wir uns wohl nicht verlassen, Matrose!«

»Das weiß ich. Verfluchte Patagonier! Es ist rein zum wahnsinnig werden, an jene entsetzliche Hinrichtung zu denken, zu welcher uns die grausamen Wilden verurteilt haben. Von Fischen gefressen werden! Wenn's doch Meerfische wären, aber simple, gemeine Flussfische!«

Dann, als habe er jetzt all seinem Ärger Luft gemacht, ließ sich der gute Master der Länge nach auf den Boden fallen und sprach nicht mehr. Cardozo, obwohl nicht weniger in Sorge und Angst als sein Genosse, beobachtete aufmerksam das Lager und die sechs Krieger, welche bei ihnen Wache hielten. Der mutige Junge dachte ganz ernstlich über einen tollkühnen Fluchtversuch nach. Er stellte sich auf einmal so, als übermanne ihn tiefer Schlaf, und legte sich dabei auf den Rücken, und zwar so, dass ihm die dort festgeknoteten Hände, von seinem Körper bedeckt, unsichtbar wurden. Dann versuchte er langsam, aber mit zäher Ausdauer, die Lederriemen zu lösen und sich durch energisches Strecken schmächtiger zu machen.

Freilich hatte er, frei geworden, mit den sechs Kriegern zu kämpfen, aber er hoffte alles von der Schnelligkeit seiner Füße und vor allem von den Pferden, welche vollkommen gesattelt und ausgerüstet unweit des Lagers weideten.

Mithilfe der Nägel gelang es ihm endlich nach saurer Mühe, und ohne dass er dabei auch nur einmal sein Auge von den Wachposten abwendete, einen, dann einen zweiten und endlich einen dritten Knoten zu lösen. Soeben wollte er dem Master zuraunen, wie gut ihm sein Versuch gelinge, als er die Wilden in vollständiger Kriegsausrüstung aus den Zelten kommen sah.

Im Osten wurde es grau, die Sterne erbleichten, die Sonne war jeden Augenblick zu erwarten.

Cardozo stieß eine stille Verwünschung aus. Der Master erwachte aus dem dumpfen Brüten, dem er sich überlassen hatte, richtete sich halb auf und fragte:

»Was murmelst du, mein Junge?«

»Es wird Tag«, sagte Cardozo mit zusammengebissenen Zähnen.

»Ist alles für uns vorbei?«

»Es scheint so, Diego.«

»Aber …«

Er konnte nicht weitersprechen. Die sechs Krieger ergriffen ihn und schleppten ihn zu den Pferden, wo er mit Riemen und Stricken auf dem Sattel eines derselben festgebunden wurde.

»Elende!«, schimpfte der Master und versuchte vergebens, sich den kräftigen Armen der Wilden zu entwinden.

Andere Indianer schleppten dann Cardozo herbei und luden ihn auf ein anderes Pferd.

»Vorwärts!«, schrie der Wilde, welcher gestern die Jagd nach dem Ballon befehligt hatte.

»Und der Häuptling?«, fragte eine Stimme.

»Wird mit dem weißen Zauberer am Fluss zu uns kommen«, erwiderte der Krieger.

Diese Worte hatte der Master gehört, welcher die Tehuelsprache vollkommen verstand. Der weiße Zauberer! Wer konnte das sein?

Eine plötzliche Ahnung durchzitterte ihn, ein leiser Hoffnungsstrahl belebte seine Seele.

»Cardozo«, sagte er lebhaft. »Ich fange an zu hoffen, dass uns die *Mondogueros* nicht auffressen werden.«

»Auf was rechnest du?«, fragte der Junge und erhob seinen Kopf.

»Ich habe von einem weißen Zauberer sprechen gehört.«

»Nun und?«

»Wenn das …«

»Was denn?«

»Ist vielleicht doch Señor Calderon mitten unter die Wilden mit dem Ballon niedergegangen? Ein Mensch, der sozusagen vom Himmel fällt, muss ja für diese Indianer eine außerordentliche Sache sein.«

»Du hast recht, Matrose!«

»Ah! Die *Mondogueros* fressen uns doch nicht auf!«

Das Gespräch wurde durch ein betäubendes Geschrei unterbrochen. Das ganze Lager hatte sich hinter den Gefangenen in Bewegung gesetzt: Männer, Frauen und Kinder, teils zu Fuß, teils zu Pferde, alles lief dem Río zu, heulte, lärmte und tobte, dass einem die Sinne schwanden.

Soeben stieg flammend die Sonne über die unermesslichen Ebenen des Ostens auf, als die Patagonier den Río an einer Stelle erreichten, wo der Strom einen großen Bogen beschreibt.

Cardozo und der Master fingen trotz ihrer Hoffnung, gerettet zu werden, an, in große Unruhe zu geraten. Sie wurden ihrer Fesseln entledigt und auf den Boden hingeworfen.

»Hast du Mut, mein Bürschchen?«, fragte der Master, der sich von Minute zu Minute mehr verfärbte.

»Ich glaube, ja!«, erwiderte Cardozo ziemlich fest.

»Zeigen wir dieser Heidenbagage gegenüber keine Furcht. Übrigens wird unser Tod ein sehr schneller sein, wenn er uns wirklich bestimmt sein sollte.«

»Da, schau!«

Der Master erhob sich auf seine Knie und sah umher. Einige Patagonier waren auf den Felsen getreten, der senkrecht aus dem Strom emporstieg, und warfen von dort blutige Fleischstücke in das Wasser.

»Was machen die dort?«, fragte Cardozo.

»Sie locken und reizen die *Mondogueros*. Die kleinen Ungeheuer schwimmen zu Tausenden herbei und streiten und raufen sich um diese Fleischbrocken. Wenn sie dann wild geworden sind und sich untereinander auffressen, wie es immer geschieht, dann werfen uns die Patagonier ins Wasser.«

»O diese Bösewichte! Hätte ich nur meinen Karabiner!«

»Vergebliche Klagen, mein Junge! Befehlen wir unsere Seelen der Barmherzigkeit Gottes und sterben wir, wie es Männern geziemt.«

Einige Krieger näherten sich den beiden Unglücklichen, hoben sie auf und trugen sie auf den Felsen. Zwei lange Lassos wurden unter ihren Armen durchzogen, um sie daran zu hindern, durch Schwimmen das jenseitige Ufer zu erreichen, falls es ihnen gelingen sollte, sich von ihren Fesseln zu befreien, oder wenn dieselben durch die scharfen Zähne der *Mondogueros* durchbissen würden.

Cardozo und der Master waren bleich wie Linnen, ihre Augen waren verdreht, ihre Haare gesträubt, kalter klebriger Todesschweiß benetzte sie.

Da hoben die Wilden ihre Opfer in die Höhe und ließen sie an den straff gespannten Lassos so über den Rand des Felsens hängen,

Jetzt hatten sie die Oberfläche des Wassers erreicht und wurden langsam in dasselbe eingetaucht.

dass sie, bevor sie von ihren schrecklichen Henkern aufgefressen wurden, sehen konnten und sehen mussten, was tief drunten im Strom vor sich ging.

Wirklich, unten am Felsen waren Tausende gefräßiger Fische in der nassen Flut versammelt. Diese *Mondogueros*, auch Karaiben genannt, deren Appetit durch die hineingeworfenen Fleischstücke gereizt war, schienen die Beute einer schrecklichen Wut, eines geradezu teuflischen Hungers geworden zu sein. Sie verfolgten einander in jeglicher Weise, zeigten dabei ihre kleinen, mit den haarscharfen dreieckigen Zähnen bewehrten Rachen, fielen einander wütend an, zerfleischten sich und fraßen einander auf. Ganze Schwärme verschwanden in wenigen Minuten als Beute der stärkeren Zähne und Kinnladen ihrer Genossen.

Cardozo und der Master schlossen die Augen, um nichts zu sehen. Einen Moment später hörte man den Befehl des Häuptlings, sie in den Fluss zu werfen.

»Cardozo!«, schrie der Master in heller Verzweiflung.

»Matrose!«, rief der Junge laut und stark. »Keine Furcht!«

Die Lassos liefen aus der Hand der Wilden, aber langsam, Ruck für Ruck. Es schien, als hätten diese gottlosen Menschen eine dämonische Freude daran, die Todesangst der unglücklichen Hinterbliebenen des tapferen *Pilcomayo* möglichst zu verlängern.

Und jetzt hatten sie die Oberfläche des Wassers erreicht und wurden langsam in dasselbe eingetaucht. Cardozo stieß einen furchtbaren Schrei aus. Ein Schwarm von Karaiben hatte sich auf ihn geworfen, zerfetzte seine Kleider und schlug wild die Zähne in seinen Körper.

»Diego!«, heulte der Unglückliche und machte verzweifelte Anstrengungen, um sich von den Fesseln zu befreien.

Der Master antwortete mit einem Gebrüll, mit dem Gebrüll wildesten Schmerzes.

Auch er wurde angefasst und auch für ihn begann die entsetzliche Todesstrafe, bei lebendigem Leib Stück für Stück aufgefressen zu werden.

Plötzlich hörte man eine Donnerstimme:

»Haltet ein! Das sind Söhne des Mondes! Verflucht sei, wer ihnen etwas zuleide tut!«

Einen Augenblick später, und die Gefangenen wurden hastig emporgerissen und befanden sich, freilich mit zerfetzten Kleidern und mit Blut überronnen, am Felsen in Sicherheit.

19. Der Zauberer

Als sich die beiden Gefangenen nach den Aufregungen der letzten Stunde einigermaßen erholt hatten, befanden sie sich allein und frei; nur ein Mann saß wenige Schritte vor ihnen auf einem Felsenstück, den Kopf in die Hände gelegt und anscheinend in Gedanken versunken.

Die Wilden hatten sich ein gutes Stück zurückgezogen und bildeten um die drei Männer einen Halbkreis, aus dem es kein Entweichen gab. Schloss ihn ja der Fluss mit seinen fürchterlichen Karaiben, die sich noch immer gegenseitig zerfleischten, vollständig ab.

Cardozo und der Master betrachteten lange und genau jenen sonderbaren Mann, der gerade noch zur rechten Zeit gekommen war, um sie den Zähnen der *Mondogueros* zu entreißen, der sich aber jetzt nicht mehr viel um sie zu kümmern schien.

Er war groß, mager, und hatte er auch nicht die Statur der Patagonier, so konnte er doch ganz wohl für einen solchen gehalten werden. Ihm fehlte auch nicht der bei ihnen übliche Mantel; derselbe war sogar sehr schön und von innen und außen rot bemalt. Es fehlte auch nicht die *Wati*, der breite Gürtel, und auch nicht die *Chiripa*. An seinen Füßen trug er die übergroßen *Botas de pedro* von Guanakohaut und auf dem Kopf die *Kotchi*, eine breite weiße Binde mit einer herrlichen Krone von Rheafedern, die von großen Silbernadeln und Carrubadornen festgehalten wurden.

Sein Körper war fast vollständig mit roter Ockerfarbe bemalt und mit schwarzen Flecken besät. Seine Arme zeigten blaue Linien, jedenfalls infolge einer frischen Tätowierung. Auch sein Gesicht war gräulich mit Weiß und Schwarz bekleckst.

Halsketten aus Knochenstücken, wahrscheinlich aus Schlangenwirbeln, vervollständigten den abenteuerlichen Anzug des Mannes.

»Cardozo«, sagte der Master, der seine Augen angelweit aufriss, »wer ist denn dieser Mensch dort?«

»Ich denke, unser Retter ist's«, sagte der Junge und rieb sich die von den Zähnen der *Mondogueros* zerschundenen Seiten.

»Ist das vielleicht der weiße Zauberer?«

»Señor Calderon?«

»Er oder ein anderer, das ist ja gleich.«

»Wenn er nicht so über und über mit Farbe bekleckst wäre, würde ich darauf schwören, er sei unser Regierungsagent, Matrose!«

»Heda! Señor Calderon!«, rief der Master. »Wenn Sie es wirklich sind, so geruhen Sie doch freundlichst, einen Blick auf Ihre unglücklichen Kameraden zu werfen.«

Der Mann erhob langsam sein Haupt und sagte ruhig und gelassen:

»Seid Ihr es? Ich freue mich dessen.«

Die beiden Matrosen sprangen auf, stießen einen Freudenruf aus und eilten dem sonderbaren Genossen mit offenen Armen entgegen, allein ein Wink seinerseits gebot ihnen Halt.

»Macht keine Dummheiten«, sagte er.

»Aber Señor Calderon«, sagte der Master, »kennen Sie denn Ihre Genossen nicht mehr? Ha, bei allen Haifischen und Seekälbern! Müsste doch sonderbar zugehen, wenn ich mich täuschen sollte: Sie sind es ja in einer Person, freilich wie ein Heide gekleidet und mit Fett und Ocker beschmiert.«

»Ja! Ich bin es«, erwiderte der Regierungsagent und ein höchst gezwungenes Lächeln spielte um seine Mundwinkel. »Seid nur dankbar, denn diesen Farbenkleckseseien und meinem abenteuerlichen Anzug verdankt ihr euer Leben.«

»Nun, die Aufnahme ist ein bisschen unwirsch, Señor Calderon. Mir scheint, Sie sind nicht gut aufgelegt«, sagte Cardozo. »Glauben Sie es uns, wir wurden gefangen, als wir Sie und den Ballon suchten.«

Der Regierungsagent zuckte die Achseln und antwortete nichts.

»Gute oder schlechte Aufnahme – wir müssen Ihnen, Señor Agent, für Ihr Dazwischentreten danken. Ohne Sie könnte mein Körper jetzt in einem anatomischen Museum als Skelett vorbeimarschieren, womit der Besitzer wenig zufrieden wäre. Aber wer hat Ihnen denn dieses Teufelskostüm angezogen?«

»Die Tehuels.«

»Sind Sie von ihnen adoptiert worden?«, fragte Cardozo.

»Nein.«

»Was sind Sie also?«

»Ein Zauberer«, sagte der Agent und biss die Zähne zusammen.

Die beiden Matrosen brachen in ein helles Gelächter aus.

»Ah! Mir scheint, ihr spottet meiner«, sagte der Zauberer und warf ihnen einen seiner bösen Blicke zu.

»Verzeihen Sie, Señor Calderon, aber Sie in diesem Anzug zu finden reizt unwillkürlich zum Lachen«, sagte der Master. »Aber sagen Sie mir, wann sind Sie mit dem Ballon niedergegangen?«

»Gestern.«

»Aber warum haben wir Sie im Lager nicht gesehen, als wir von dieser verfluchten Heidenbagage gefangen und wie Salami gebunden und geschnürt dort eingeliefert wurden? Wo waren Sie denn?«

»Im heiligen Hain.«

»Sind Sie dort in das hohe Amt, das Sie übernommen haben, eingeführt worden?«

Der Agent machte eine bejahende Gebärde, dann erhob er sich plötzlich und sagte:

»Folgt mir.«

»Wohin denn?«

»Ins Lager.«

»Ich würde es vorziehen, uns auf die Socken zu machen«, sagte Cardozo.

»Folgt mir«, wiederholte der Agent ärgerlich, »und vergesset nie, dass ihr Söhne des Mondes seid.«

»Ganz gut«, rief der Master heiter aus. »Wenigstens werden diese Heiden es nicht wagen, Menschen zu martern, denen das beneidenswerte Los zuteilgeworden ist, vom Himmel herabzupurzeln. Marsch!«

Anstatt aber zu gehen, hielt Señor Calderon inne, als falle ihm ein wichtiger Gedanke ein. Dann wandte er sich plötzlich an die beiden Matrosen und fragte, dicht an sie herantretend:

»Und die Diamanten?«

»Die haben wir bei uns«, antworteten die beiden Matrosen.

»Dass sie ja niemand sieht.«

»O seien Sie nur ganz beruhigt, die nimmt niemand«, sagte Diego. »Man müsste mich eher in hunderttausend Stücke zerreißen, bevor man sie mir entwindet.«

»Das genügt, folgt mir!«

Sie machten sich auf den Weg und gingen den Patagoniern entgegen, welche auf ihren Pferden aufmerksam allen Bewegungen der drei Söhne des Mondes folgten.

Die Wilden hegten gewiss Verehrung gegen diese wunderbaren Menschen, die vom Himmel fielen, aber ihren Händen sollten sie nicht mehr entkommen.

Hauka, der Häuptling, der sich mitten unter seinen Kriegern, die Lanze in der Rechten, befand, ritt dem Zauberer entgegen. Zwölf seiner tapfersten Krieger, das ließ sich aus der größeren Anzahl ihrer Tätowierungen schließen, folgten ihm. Wenige Schritte vor dem Zauberer sprang er behänd aus dem Sattel.

»Sind das deine Brüder?«, fragte er den Agenten.

»Ja«, erwiderte der Angesprochene.

»Sie sind also willkommen in unserem Lager und haben von Hauka und seinen Kriegern nichts zu fürchten.«

»He, Matrose!«, rief Cardozo. »Die Dinge scheinen sich trefflich gestalten zu wollen.«

»Ja, das verdanken wir diesem abscheulichen Teufelskostüm, das der Regierungsagent angezogen hat.«

»Jetzt fehlt uns nur noch das einzige, dass die Wilden uns unsere Gewehre zurückgeben, dann könnten wir vollauf zufrieden sein.«

»Hm! Da werden sie hübsch schwerhörig bleiben, mein Junge!«

»Was sagen sie?«, fragte Hauka den Zauberer und deutete auf die beiden Matrosen.

»Sie möchten gerne ihre Gewehre haben.«

Der Häuptling schnitt eine Grimasse.

»Die *Gilwum* speien Kugeln und Feuer«, sagte er. »Die Söhne des Mondes brauchen in meinem Lager keine *Gilwum*.«

»Hol dich der Henker«, brummte der Master, der ihn verstanden hatte. »Könnte ich unsere *Gilwum*, wie du in deiner barbarischen Sprache sagst, ergreifen, ich würde dir schon zeigen, wie die Söhne des Mordes sie gebrauchen.«

»Gehen wir«, sagte der Häuptling.

Der Reitertrupp setzte sich sofort in Bewegung, gefolgt von allen Frauen und Kindern, welche mitgelaufen waren, um zu sehen, wie die zwei Matrosen bei lebendigem Leibe aufgefressen werden würden. Jetzt hatten sie vor beiden eine tiefe, mit abergläubischem Schreck gemischte Ehrfurcht.

Die Söhne des Mondes marschierten frei in genügend großer Entfernung von den Reitern, um von den Hufen ihrer Pferde nicht niedergetreten zu werden, aber sie waren von allen Seiten vollständig umzingelt, und zwar so, dass man an eine Flucht nicht denken konnte. Im Übrigen wäre in diesem Augenblick auch jede Flucht unmöglich gewesen.

Als sie im Lager angekommen waren, bildeten die Patagonier um die Gefangenen einen weiten Kreis und der Häuptling näherte sich ihnen ganz allein, was sie wieder mit einiger Unruhe erfüllte.

»Legt euch auf den Boden nieder, ihr mächtigen Söhne des Mondes«, sprach er und zeigte auf Cardozo und den Master.

»Und warum das, Häuptling?«, fragte der alte Seebär.

»Weil ihr den Häuptling Hauka und seine Leute niemals mehr verlassen dürft.«

»Was will denn dieser schäbige Fuchs?«, fragte Cardozo.

»Weiß es nicht, mein Bürschchen«, antwortete Diego. »Meint er vielleicht, wir sollen zeitlebens am Boden liegen? Dazu müsstest du Gewalt brauchen, alter Graukopf.«

»Haben mich die Söhne des Mondes verstanden?«, fragte der Häuptling etwas ungeduldig.

»Gehorchen wir und passen wir auf, was da kommt«, sagte Diego. »Ich sehe, dass Señor Calderon seine Ruhe bewahrt, folglich scheint uns keine Gefahr zu drohen.«

Die zwei Matrosen legten sich auf den Boden hin. Plötzlich stürzten sechs kräftige Krieger auf sie und hielten ihnen Arme und Beine so fest, dass sie keiner Bewegung fähig waren.

»Señor Calderon«, sagte der Master, »was wollen denn diese Heidenlümmel mit uns?«

Der Regierungsagent, der in geringer Entfernung ruhig saß, begnügte sich, mit den Achseln zu zucken und eine verächtliche Gebärde zu machen.

»Immer schlecht aufgelegt ist dieser Teufelsbraten«, brummte Cardozo. »Mir scheint, der ist besorgt, dass seine Zähne vom Reden Schaden erleiden.«

»Gleich soll mich ein Haifisch auf einen Bissen fressen, wenn ich das verstehe«, sagte der Master. »Handelt es sich um eine bloße Zeremonie?«

»Es scheint so«, erwiderte Cardozo. »Da schau! Ein zweiter Zauberer?«

Ein Patagonier, der um den Hals Ketten von Raubtierzähnen und Schlangenwirbeln und auf dem Kopf eine große Krone von buntfarbigen Federn trug, näherte sich ihnen. In seinen Händen hielt er ein sonderbares Instrument, das einem stumpfen Messer glich, das an der Spitze breiter war als am anderen Ende.

Auf seinen Wink zogen die Krieger den beiden Matrosen Stiefel und Strümpfe aus, sodass ihre Füße bloß waren. Der Master heulte wütend und suchte sich mit Gewalt aus den Händen derer, die ihn am Boden festhielten, zu befreien.

»Raubgesindel!«, schrie er.

»Was geschieht uns denn, Diego?«, fragte Cardozo und erbleichte. »Schneiden sie uns vielleicht die Füße ab?«

»Nein, aber ich denke, sie werden uns an jeder Flucht hindern, als wenn wir keine Füße hätten. Ha! Dass uns diese Heidenbagage einen solchen Streich spielen muss!«

»Señor Calderon«, sagte Cardozo bittend, »kommen Sie uns doch zu Hilfe.«

Der Regierungsagent antwortete nichts, sondern zeigte auf seine eigenen Füße, dann zog er die Schultern empor, als wollte er sagen, er könne hier durchaus nichts tun.

Unterdessen wetzte der neue Zauberer sein sonderbares Messer auf einem Stück Sandstein und prüfte von Zeit zu Zeit sorgfältig seine Schneide.

»Nun geht es gut«, sagte er. »Gebt den Fuß.«

»Ja, der Schlag soll dich treffen!«, schrie der Master, und weil er sich nicht rühren konnte, spuckte er den Patagonier an.

Zwei Krieger erfassten das rechte Bein Cardozos und hoben es in die Höhe. Der Unglückliche, der nicht wusste, was man mit ihm vorhabe, wurde trotz seines Mutes aschfahl und stieß einen Schrei aus.

»Sei ruhig, mein Junge!«, sagte der Master, der seine Bewegung auch nicht verbergen konnte. »Es scheint sich nur um einen einfachen Einschnitt zu handeln.«

Der Zauberer erfasste das Bein Cardozos und machte ihm in die Muskeln der Sohle einen Einschnitt, der vom großen Zeh bis zur Ferse reichte. Der Schmerz war so geringfügig, dass Cardozo nicht einmal einen Seufzer ausstieß.

»Nun sieh, jetzt ist's geschehen«, sagte der Master, welcher der sonderbaren Operation ängstlich gefolgt war. »Hat es dir wehgetan, Bürschchen?«

»Nein«, erwiderte Cardozo. »Ein leises Brennen verspürte ich, weiter nichts.«

»Jetzt kommt die Reihe an mich.«

Er streckte freiwillig seinen Fuß hin und der Zauberer machte ihm einen ähnlichen Einschnitt. Dann ließ man die beiden Gefangenen sofort frei.

»Aber, warum hat man uns denn dieses Zeichen gemacht?«, fragte Cardozo und betrachtete dabei seinen Fuß.

»Um uns an der Flucht zu hindern«, antwortete der Master und erhob sich.

»Ja, wie denn? Ich kann ja, wie es scheint, doch meine Füße ganz gut gebrauchen, Matrose.«

»Allerdings, aber ein längerer Marsch ist mit einem solchen Fuß ein Ding der Unmöglichkeit. Der Fuß würde anschwellen und dir solche Schmerzen verursachen, dass du nicht mehr weiter zu gehen imstande wärest.«

»Aber die Wunde heilt ja wieder zu.«

»Freilich, – jedoch wird dieser verwünschte Zauberer schon Sorge tragen, dass sie immer offen bleibt. Jeden Morgen wird er uns eine

Visite abstatten, unsere Füße untersuchen und die Wunde, wenn sie sich geschlossen hätte, mit seinem Messer wieder öffnen.«

»Und Señor Calderon? Hat er diese Operation auch über sich ergehen lassen müssen?«

»Wahrscheinlich, denn ich bemerkte, dass er beim Gehen hinkt.«

»So wird also keiner von uns Dreien jemals entwischen können?«

»Pah! Wir werden es, mein Junge, und wenn uns unsere Füße den Dienst versagen, werden die Pferde herhalten müssen. Zum Teufel! Gibt's doch Pferde hier im Überfluss! Ich habe eine Idee, lass sie reif werden, Bürschchen, und du wirst deine blauen Wunder sehen.«

Ein Krieger kam auf sie zu und bedeutete ihnen, ihm zu folgen. Der Seemann und Cardozo gingen ihm hinkend nach, bis er bei einem der größeren und besseren Zelte hielt.

»Da, geht hinein«, sagte der Krieger. »Das schenkt euch unser Häuptling.«

»Nun haben wir doch endlich einmal ein Haus!«, rief der Master fröhlich.

»Jetzt mangelt uns nichts mehr als eine gute Suppe«, sagte Cardozo.

»Die wird auch noch kommen, Bürschchen!«

Und sie kam wirklich. Freilich war es keine Suppe, sondern etwas weit besseres. Man brachte ihnen nämlich ein ungeheures Stück gebratenes Pferdefleisch, das appetitlich duftete, und als Beigabe *Gomma bolax* und Knochenmark.

Die beiden Matrosen, die vor Hunger der Erschöpfung nahe waren, ließen sich die kräftigen Speisen trefflich munden, dann wickelten sie sich in die Decken, welche sie in den Zelten gefunden hatten, und schliefen ein, ohne mehr an Señor Calderon oder die Patagonier zu denken.

20. Die Jaguare der Pampas

Sie hatten unter lautem Schnarchen einige Stunden geschlafen, da weckte sie auf einmal wildes Geschrei: Die Männer brüllten, Frauen und Kinder schrien gellend und mitten hinein wieherten und stampften die Pferde wie toll. Das ganze Lager schien im Aufruhr zu sein.

Diego und Cardozo vermuteten, es sei irgendein großes Unglück geschehen, stürzten schnell aus ihren Zelten und rieben sich energisch die schlaftrunkenen Augen, bereit, aus der allgemeinen Verwirrung Nutzen zu ziehen und sich der nächstbesten Pferde zu bemächtigen.

Das Nachtdunkel ließ sie aber nicht erkennen, was denn eigentlich im Lager vorgefallen sei. Es schien kein Mond, es leuchteten keine Sterne; sie waren von Dunst und Nebel ganz bedeckt. Nur undeutlich erblickten sie wirr durcheinander laufende Männer und Frauen, welche Schreie der Wut und der Verzweiflung ausstießen.

Einige, welche wenige Schritte vom Zelt entfernt vorüberliefen, trugen Waffen, Lanzen, Lassos und Bolas, während andere das Dunkel der Nacht mit Feuerbränden zu erhellen suchten. Sie liefen mit ihnen durch die Zeilen der Zelte und brachten diese in große Gefahr, in Brand zu geraten.

»Ist denn das Lager angegriffen worden?«, fragte Cardozo.

»Ich weiß es nicht«, antwortete Diego, »aber ich meine, wir sollten aus dieser Verwirrung Kapital schlagen und trachten, die hohe See zu gewinnen.«

»Und du willst Señor Calderon hier zurücklassen?«

»Hast recht, mein Junge. Ha! Wüsste ich nur, wo dieser schreckliche Mensch stecken mag! Hab es immer gesagt, dieser Krebs ist uns mehr von Schaden als von Nutzen.«

»Suchen wir ihn, und haben wir ihn gefunden, dann nehmen wir unsere Beine über die Achsel.«

»O nein, wir müssen zu Pferde davon, denn mit unseren Beinen läuft man nicht weit.«

Sie bemerkten niemanden in der Nähe des Zeltes und schlichen vorsichtig der Mitte des Lagers zu, und zwar so, dass sie unbeachtet blieben. Doch kaum hatten sie zwanzig Schritte gemacht, so sahen sie die Patagonier wieder zu ihren Zelten zurückkehren. Sie schienen noch heftig erregt zu sein und stießen wildes Wutgeschrei aus.

»Viel zu spät«, sagte Cardozo und machte Halt.

»Donnerwetter!«, rief Master Diego, fletschte grimmig die Zähne und schlug sich heftig an den Kopf. »Haben sie den Feind zurückgewiesen?«

»Ja, welchen denn? Es muss ein falscher Alarm gewesen sein, denn es kehrt ja alles zurück.«

»Aber sie scheinen mir voll Wut zu sein.«

»Ei was, sie sollen bersten, ganz bersten sollen sie!«

»He! Matrose, du bist ja ganz toll«, sagte Cardozo und lachte laut auf.

»Man muss es unter solchen Umständen werden. Wieder eine herrliche Gelegenheit verloren, und das alles durch die Schuld dieses entsetzlichen Regierungsagenten. Ohne ihn wären wir jetzt in diesem Augenblick weit weg von hier.«

»Wohin gehen die Söhne des Mondes?«, fragte plötzlich eine Stimme hinter ihnen.

Sie wandten sich um und standen Aug in Aug dem Häuptling und Señor Calderon gegenüber.

Der Master wollte antworten, doch rasch fiel ihm der Häuptling ins Wort, indem er ganz gereizt hervorstieß;

»Kurz zuvor ist ein Jaguar vom Río Negro in mein Lager eingebrochen und hat ein Kind, einen Sohn der Tehuels geraubt! Warum haben die Söhne des Mondes, wenn sie wirklich so mächtig sind, ihn nicht getötet, bevor er ins Lager kam?«

»Zum Teufel!«, rief der Master. »Schau Junge, dieser Präriehaifisch will mit uns durchaus anbinden.«

»Wenn morgen die Söhne des Mondes den Sohn der Tehuels nicht gerächt haben, müssen sie sterben!«

»Hollahoh, Häuptling! Hast du vielleicht zu viel *Aguardiente* getrunken?«

»Ich habe es gesagt.«

Dann drehte sich der Häuptling, ohne etwas Weiteres hinzuzufügen, um und ging von dannen. Cardozo und der Master, ganz verblüfft über die unvermutete Drohung und gleichsam traumbefangen, schauten sich gegenseitig an.

»Ist der Häuptling närrisch geworden?«, fragte Cardozo. »Was geht denn uns die Geschichte mit dem Jaguar und dem gefressenen Kinde an?«

»Ihr seid eben Söhne des Mondes«, bemerkte der Regierungsagent, der sich nicht entfernt hatte.

»Und warum haben denn Sie, Herr Zauberer, diesen hochwohlgeboren Señor Jaguar nicht früher in den Fluss befördert?«, fragte der Master heftig. »Der Teufel hole den Mond und die ganze Heidenbagage, die uns für vom Himmel gefallene Wesen hält.«

»Seid auf der Hut«, sagte der Agent. »Hauka ist ein Mensch, der nicht mit sich scherzen lässt.«

»So müssen wir also den Jaguar aufstöbern gehen?«

»Ja, Hauka hat es gesagt.«

»Und mit welchen Waffen?«

»Ihr werdet eure Gewehre erhalten.«

So sprach er und ging, ohne etwas hinzuzufügen, von dannen.

Cardozo und der Master blieben ganz verblüfft über das seltsame Abenteuer, das sie das Leben kosten konnte, noch eine Weile stehen.

»Was sagst du zu all diesen Dingen, mein Bürschchen?«, fragte endlich der Master.

»Ich sage, dass uns dieser geriebene Fuchs von einem Calderon in rechte Verlegenheiten zu verwickeln sucht.«

»Das argwöhne ich auch, Cardozo. Ich weiß nicht warum, aber ich misstraue diesem Menschen immer mehr und möchte nicht, dass … Doch das genügt! Ich werde ihn im Auge behalten, diesen blassen Señor Agenten.«

Dann heftete er einen langen Blick auf Cardozo und sagte:

»Hast du Furcht vor Jaguaren?«

»Nicht einmal vor einem Elefanten, wenn ich mit dir zusammen bin«, erwiderte der brave Junge ohne Zaudern.

»Nun, wir werden uns schon durchschlagen; zum größten Verdruss für den Agenten. Doch nun, mein Junge, gehen wir schlafen.«

Sie kehrten in ihr Zelt zurück, wickelten sich aufs Neue in ihre Decken und schliefen wieder ruhig ein, als wäre ihnen nicht das Mindeste widerfahren.

Ihr Schlaf war jedoch nur von kurzer Dauer, denn sie wurden durch derbe Stöße aufgeweckt. Ein Patagonier war in das Zelt getreten und brachte die beiden vom Regierungsagenten in Aussicht gestellten Gewehre.

Diego und Cardozo empfingen ihre getreuen Karabiner, die sie schon verloren geglaubt hatten, mit wahrer Herzensfreude. Sie erhielten außerdem auch einige Pakete mit Patronen, welche die Patagonier augenscheinlich mit großer Sorgfalt aufbewahrt hatten.

»Folgt mir«, sagte der Patagonier. »Der Morgen bricht an.«

»Gehen wir«, sagte Cardozo. »Ich bin schon ganz ungeduldig, diesen Señor Jaguar, der unsere Haut in seinen Tatzen hält, aufzujagen.«

»Wir töten ihn, Junge! Sei dessen versichert«, erwiderte der Master und lud sorgfältig seinen Karabiner. »Ich verstehe mich auf diese Jagd.«

Sie verließen das Zelt und folgten ihrem Führer, welcher sie ans äußerste Ende des dem Fluss zugekehrten Lagers hingeleitete. Obwohl die Sonne noch nicht aufgegangen war, waren schon einige Frauen auf den Füßen und kämmten ihre Haare mit groben Bürsten. Sie schienen diese Verrichtung mit großer Sorgfalt auszuführen und warfen die ausgehenden Haare sofort ins Feuer, damit sich derselben niemand ihnen feindlich Gesinnter zu Verhexungen bedienen könne. Auch einige Männer wachten da und dort in einer Ecke des Lagers und vertrieben sich die Zeit mit Kartenspiel und Würfel. Die Karten sind sonderbarerweise aus Leder gefertigt und heißen *Bersen*. Diese Spiele haben die Indianer von den Spaniern gelernt.

Als sie außerhalb des Lagers angekommen waren, deutete der Patagonier auf ein dichtes Gebüsch, das man einen Wald nennen konnte und welches sich weit längs des Río Negro hinzog.

»Dort ist der Jaguar«, sagte er. »Möge euch Vitamentru beschützen und möge Gualisliu euch fernbleiben«.

»Und dich soll der Teufel holen«, schloss der Master.

Gerade wollte er seinen Weg fortsetzen, als er eines Reiters gewahr wurde, der ihnen in einiger Entfernung folgte. Wohl strengte Diego seine Augen an, aber in der Dämmerung konnte er ihn nicht deutlich genug ausmachen.

»Es wird der Häuptling sein, der unserem Weggang beiwohnen wollte«, sagte er. »Nun voran mein Junge, hab keine Furcht: Jaguare binden mit zwei Männern, die gute Karabiner haben, nicht so mir und dir nichts an.«

»Sei unbesorgt, Matrose! Ich habe einen ruhigen Puls und ein festes Auge.«

Sie kehrten dem Lager den Rücken zu, nahmen ihre Karabiner unter den Arm und wendeten sich dem erwähnten Buschwald mit derselben Gemütsruhe zu, als handle es sich um einen einfachen Spaziergang und nicht um die Jagd auf eine der gefährlichsten Katzen Südamerikas. –

Auf der Pampa herrschte vollkommene Stille. Nur hier und da zwitscherte ein azurblauer Tanagra in der Morgenluft oder man hörte den *Tuco-tuco*, ein Tier, von dem die Pampas wimmeln und von dessen unterirdischer Tätigkeit lange Gänge, ja ganze Galerien Zeugnis geben.

Dort und da, mitten aus den Disteln glänzten, als wären es vom Himmel gefallene Sterne, *Luriolen*, große, bei Nacht leuchtende Würmer, und man sah flüchtige *Chaunas*, große Laufvögel mit Flügeln, die mit Sporen bewehrt sind, deren Stimme stark und rau ist wie die der Pfauenarten.

Die beiden Jäger durchschritten die Pampa und drangen in den Wald ein, der aus einem dichten, wirren Gemisch von *Boyghe*, *Carrubi*, *Guegued* und *Luma* bestand, aus dem manchmal eine *Ombu* majestätisch emporragte. Der Master hielt einen Augenblick inne und horchte, dann nahm er den Karabiner von der linken in die rechte Hand und sagte:

»Halten wir uns in der Nähe des Flusses, Cardozo. Die Jaguare lieben die Nähe der Wasserläufe.«

»Und werden wir den Jaguar dort antreffen?«, fragte der Junge.

»Ich weiß es nicht, aber das weiß ich, dass die patagonischen Pampas sehr viele solcher Raubtiere beherbergen, darum die Augen offen gehalten und den Finger am Drücker; es handelt sich, mein Junge, um ein Viehzeug, das sehr wild werden kann.«

»Ich habe keine Furcht, Matrose, vorwärts!«

Indem sie vorsichtig die Zweige des Gebüsches, die sie hinderten, beiseite bogen, pirschten sich die beiden Matrosen unerschrocken in den Wald hinein, die Ohren gespannt, um auch das kleinste Geräusch nicht zu überhören. Aufmerksam blickten sie rechts und blickten sie links, um nicht von der Riesenkatze, die sie suchten, überrumpelt zu werden; sie konnte ja jeden Augenblick erscheinen und sich auf sie stürzen.

Wegen der vielen Hindernisse kamen sie nur sehr langsam vorwärts und erreichten erst bei Sonnenaufgang das Ufer des Río Negro, ohne bis dahin eine Spur des Raubtieres angetroffen zu haben. Cardozo empfand heftigen Durst, wollte einen Schluck Wasser nehmen und stieg deshalb die Uferböschung zum Río hinab. Das Schauspiel, das sich ihm dort darbot, ließ ihn erschaudern.

Der Strom, welcher an dieser Stelle wegen der großen Kurve, die er machte, sehr ruhig dahin schlich, war, soweit das Auge reichte, mit bläulich beschuppten, an der Unterseite rot gefleckten Fischen bedeckt, alle schienen tot zu sein.

Cardozo erkannte sie schnell und obgleich ihm keine Gefahr drohte, wurde er leichenblass.

»Die *Mondogueros!«*, rief er aus.

»Bei allen Haifischen und Seekälbern!«, rief seinerseits der Master, der auch herniedergestiegen war. »Da schau, welch eine Verheerung!«

»Sind sie tot?«

»Das siehst du ja!«, erwiderte der Master.

»Was hat sie getötet?«

»Mir ist bekannt, dass unter diesen Ungeheuern öfters Krankheiten ausbrechen, die entsetzliche Verheerungen anrichten. Besonders in der heißen Jahreszeit sieht man häufig tote Karaiben in großen Mengen die Flüsse hinabtreiben.«

»Also ist auch bei diesen hier eine Epidemie ausgebrochen?«

»Ja, und wir sind gerächt, Cardozo. Wären diese *Mondogueros* nicht einer Seuche zum Opfer gefallen und hätten wir ein Netz …«

»Was möchtest du da tun?«

»Die Karaiben haben ja ausgezeichnetes Fleisch und sind besser als Forellen, die doch auch so herrlich schmecken.«

»Wer wird diese Fische da verspeisen?«

»Die Raubtiere, die gehen mit Begierde auf sie. Übrigens trägt der Strom die toten Fische an die Ufer und dort peinigen diese Ungeheuer noch nach ihrem Tod den Menschen, denn ihre spitzen Zähne, die du so gut kennst, machen das Gehen am Ufer sehr gefährlich.«

»Und du wolltest …«

»Pst!«

»Was gibt's?«

»Still und aufgeschaut!«

Cardozo schaute in der vom Master angedeuteten Richtung und unwillkürlich lief ein Zittern durch seine Glieder. In einer Entfernung von sechs Schritten lag ein Tier, das mit seinem rötlich gelben, schwarz getupften Fell einem Leoparden glich, lang gestreckt auf einem über das Wasser hängenden Baumast.

Es schien auf irgendeine Beute zu lauern, denn seine Blicke waren starr auf den Strom gerichtet, die Vorderpranken mit den scharfen Krallen hielt es ausgestreckt, während sein Schwanz ins Wasser getaucht sich sanft hin- und herbewegte.

»Ist das unser Jaguar?«, fragte leise Cardozo und duckte sich hinter ein Gebüsch.

»Ja, er oder ein zweiter«, antwortete der Master.

»Was tut er denn?«

»Er fischt.«

»Was? … Ein Jaguar fischt?«

»Oh, das sieht man oft an den Flüssen Brasiliens und Zentralamerikas. Diese Raubtiere gehen, wenn sie Hunger haben, an ein abgelegenes Flussufer tauchen da ihren Schwanz als Lockspeise ins Wasser. Wird nun ein großer Fisch irregeführt und will zubeißen, fahren sie mit ihren Pranken schnell in die Flut und packen ihn.«

Sie verließen den Strom und drangen mit Vorsicht und in größter Stille in den Buschwald. Sie wollten einen Bogen schlagen, um den Jaguar im Rücken zu fassen.

Diego, der die Kühnheit dieser Raubtiere, wie nicht minder ihre Verschmitztheit und Behändigkeit wohl kannte, stand von Zeit zu Zeit still, um zu horchen und aufmerksam die Gebüsche und Bäume zu mustern.

In einer guten Viertelstunde langten die beiden Jäger dort an, wo sie das Raubtier zu finden hofften. Sachte bogen sie Zweig um Zweig auseinander, um einen freien Ausblick auf den Fluss zu bekommen, doch siehe da! – Der Jaguar war zu ihrer großen Überraschung und zu ihrem nicht geringen Schrecken verschwunden.

Hatte er ihre Annäherung gewittert oder hatte er sich, nachdem er seine Fischmahlzeit gehalten, vom Fluss entfernt? Befand er sich in der Nähe oder war er geflohen?

»Bürschchen! Jetzt heißt es achtgeben«, murmelte der Master und warf einen raschen Blick in die Gebüsche und auf die Zweige der Bäume. Vielleicht hatte er sie schon gehört und lag im Hinterhalt, um plötzlich auf sie loszustürzen.

»Aber ich höre nichts.«

»Sie sind geschmeidig und leicht und … Still!«

Zu seiner Rechten hatte er ein leichtes Rauschen vernommen und es hatte ihm geschienen, als bewegte sich ein Gebüsch. Schnell machte er seinen Karabiner schussfertig, während Cardozo ein Gleiches tat und die Gebüsche links nicht aus den Augen verlor.

Einige Zweige schwankten leise und man hörte ein Brummen, das sich nach und nach verlor.

»Er ist da«, sagte Diego. »Er hat uns bemerkt und liegt hier auf der Lauer.«

»Wird er uns angreifen?«

»Ohne Weiteres, wenn er ausgehungert ist.«

»Was machen wir?«

»Glaubst du deines Schusses sicher zu sein?«

»Ich habe ein leises Zittern hier im Arm, aber Furcht empfinde ich keine«, antwortete der mutige Junge.

»Dann folge mir!«[1]

Der Master drang, gefolgt von dem jungen Matrosen, entschlos-

[1] Dieser Satz fehlte bisher in der deutschen Übersetzung.

sen in das Gebüsch. Cardozo blickte oft nach rückwärts, weil er besorgt war, das Raubtier könnte sie von hinten anfallen.

Sie mochten vielleicht fünfzehn Schritte gemacht haben. Da kamen sie plötzlich zu einer Waldlichtung, die von Huignalaebüschen umgeben war. Man hörte kein Geräusch mehr, noch sah man die Zweige sich bewegen. Doch konnte der Jaguar nicht weit entfernt sein, denn die ganze Luft war von dem eigentümlichen Wildgeruch des Raubtiers verpestet.

»Bleib da stehen, mein Kind!«, sagte der Master. »Ich werde den Jaguar in dem Gebüsch aufstöbern, werde dich aber immer im Auge behalten.«

»Sehr wohl, Matrose!«, antwortete Cardozo, der sich alle Mühe gab, ruhig zu erscheinen.

Er spreizte seine Beine auseinander, hob den Karabiner, um ihn im geeigneten Augenblick sofort an die Backe zu bringen, und erwartete ziemlich kaltblütig das Hervorbrechen des Raubtieres.

Diego drang in das Gebüsch, ohne sich jedoch zu weit von der Lichtung zu entfernen. Der Jaguar musste ja in unmittelbarster Nähe sein.

Da vergingen zwei Minuten für Cardozo so lange wie zwei Jahrhunderte. Zum ersten Mal in seinem Leben erfasste ihn banger Schreck.

Auf einmal teilten sich langsam die Zweige des Gebüsches und ein herrliches Tier, gelbbraun gefärbt, mit schwarzen, geäugten Flecken, trat daraus hervor und stieß ein kurzes dumpfes Brüllen aus.

Die Augen des Tieres waren scharf auf den Jungen gerichtet, die Pupillen bis auf eine Spalte zusammengezogen. Der Jaguar schien überrascht zu sein, einem so kleinen Jäger gegenüberzustehen, und statt, wie es sonst die Gewohnheit solcher Bestien ist, sofort loszuspringen, hielt er einen Augenblick inne und krallte die mächtigen Pranken in die Erde.

»Ruhig und ein sicheres Auge«, murmelte der Junge.

Er schlug seinen Karabiner an, während kalter Schweiß seine Stirn netzte. Dann zielte er aufmerksam und feuerte.

Der Jaguar stieß ein Schmerzgebrüll aus, aber er stürzte nicht, die Kugel hatte ihm bloß die Schulter zerschmettert. Er wich zwei Schritte zurück, als wolle er zu dem entscheidenden Sprung weiter ausholen, dann duckte er sich auf den Boden hin und schnellte plötzlich in ganzer Länge auf und durchflog in kühnem Sprung die Lichtung.

Cardozo, bleich, voll Angst, ohne ein Mittel, sich zu verteidigen, stieß einen halb unterdrückten Schrei des Entsetzens aus:

»Hilfe! Diego!«

Der Knall eines Karabiners war die Antwort auf diesen Ruf der Verzweiflung. Der Jaguar, im Sprung getroffen, stürzte kopfüber hin, streckte die Tatzen aus, dann blieb er unbeweglich liegen.

Fast gleichzeitig hörte man eine ruhige Stimme, die da rief:

»Das war ein schöner Schuss!«

Und der alte Seebär trat heraus auf die Lichtung, den noch immer rauchenden Karabiner in seinen Händen.

21. Ein geheimnisvoller Schuss

Die Jaguare *(Felix onca)* sind zwar nicht die größten Tiere des amerikanischen Kontinentes, aber sie sind ohne Weiteres die schrecklichsten und blutdürstigsten und geben hierin in nichts den Grizzlybären der Rocky Mountains nach, deren Wildheit und unwiderstehliche Kraft nur zu bekannt ist.

Asien hat seine Tiger, Amerika seine Jaguare, zwei Katzenarten, welche in Bezug auf Bau, Instinkt, Behändigkeit und wilde Kraft viele Ähnlichkeit haben, ja in gewisser Beziehung selbst den Löwen übertreffen. Im Fell unterscheiden sie sich. Die Tiger haben ein gelb und schwarz gestreiftes Fell, während die Jaguare rötliche Flecken, schwarze geäugt, auf prächtig blassgelbem Fell tragen, sie sind auch kleiner als erstere; selten übersteigt ihre Länge zwei Meter von der Schnauze bis zur Wurzel des Schwanzes gerechnet.

Den Jaguar trifft man in ganz Südamerika, aber sie sind auch in Mexiko, in Kalifornien und im Indianergebiete der Felsenberge nicht selten. Aber wie gesagt, ihre wahre Heimat ist Südamerika und besonders die dichten Wälder Brasiliens, der südlichen Republiken und der großen Prärien Patagoniens. Ihr Bedarf an Fleisch ist unglaublich, weil sie eine außerordentliche Gefräßigkeit entwickeln. Sie dezimieren den Wildstand in entsetzlicher Weise und sind für die Herden der Pampas, seien es Schafe, Rinder oder Pferde, eine furchtbare Geißel. Ihre Kraft ist so groß, dass sie mit einem einzigen Schlag ihrer Pranken das Rückgrat eines Pferdes oder Rindes zerschmettern, und oft hat man sie über Umzäumungen setzen gesehen, ein großes Stück Wild oder einen Widder im Rachen.

Ihre Kühnheit stellt oft die des Tigers in den Schatten, denn der Jaguar fürchtet keinen Menschen, und wäre er noch so wohl bewaffnet. Er fällt alles Lebende ohne Unterschied an, nähert sich den Gehöften, um Frauen und Kinder zu rauben, ja, man erzählt, ein Jaguar sei einmal in eine Kirche gekommen und habe, bevor es gelang ihn zu töten, drei Priester und den Sakristan[1] zerrissen.

Die Katze, welche die beiden Matrosen erlegt hatten, war ein Prachtexemplar, denn sie maß gute zwei Meter. Durch die beiden Kugeln war das Fell sehr beschädigt, denn die eine hatte eine Schulter, die andere den Kopf zerschmettert, ein Teil der Schädeldecke hing herab. Der zweite Schuss, den der Master abgegeben hatte, musste das Tier augenblicklich getötet haben.

»Bei allen Seekälbern und Haifischen«, rief der alte Seebär und ging immer wieder um den Kadaver herum. »Das war wirklich ein schöner und rechtzeitig angebrachter Schuss. Einen Moment später, und mein armes Bürschchen wäre zerrissen worden.«

»Ich versichere dir, Diego, mir schwand alles Augenlicht, Matrose«, sagte Cardozo, der sich noch immer nicht von seiner Aufgeregtheit erholt hatte. »Ja, das ist leicht gesagt, eine Kugel tötet auch einen Elefanten; ich bekenne dir unumwunden, dass ich mich sehr gefürchtet habe.«

»Pah! Du bist auch sehr tapfer gewesen, mein Junge. Ich habe Männer gekannt, mutiger und tapferer als du – und dennoch, vor einem Jaguar zitterten sie so sehr, dass sie nicht imstande waren, das Gewehr in Anschlag zu bringen.«

»Sag mir, Matrose, ist das jener Jaguar, der den kleinen Patagonier gefressen hat?«

»Das weiß ich nicht, doch ob es dieser ist oder ein anderer, bleibt für uns ganz gleichgültig. Wir schaffen ihn ins Lager und sagen dem Häuptling, wir hätten ihn erlegt, gerade als er sein Opfer verzehrte.«

»Kehren wir zurück?«

»Warte noch einen Augenblick.«

Er löste einen Riemen von geflochtener Tierhaut, eine Art Lasso, schlang denselben dem Tier um den Hals und versuchte zu ziehen.

»Ist ein bisschen schwer, wird aber gehen«, sagte er. »Gehen wir, Bürschchen, denn ich habe einen geradezu höllischen Hunger.«

Sie ergriffen beide den Riemen und mit vereinter Kraft gelang es

[1] Kirchendiener.

ihnen, das Raubtier aus dem Wald zu schaffen. Mehrmals hatten sie rasten müssen (ihre vom Zauberer eingeschnittenen Füße schwollen an und es sickerte Blut aus ihnen), endlich erreichten sie die Prärie, aber da blieben sie wie festgebannt unwillkürlich stehen, denn das, was sie sahen, versetzte sie in lebhafte Unruhe.

Hundert Schritte vom Waldrand entfernt schien eine Schar von beiläufig fünfzig Reitern auf sie zu warten. Sie waren sämtlich mit Lanzen, Bolas und Lassos bewaffnet und trugen Messer von allen Formen und Größen. Von der Mitte des Leibes bis zum Halse waren sie weiß bemalt.

In kurzer Entfernung von ihnen stand der Häuptling Hauka, ebenfalls weiß bemalt und eine große Feder in dem weißen Fetzen, den er um den Kopf gewunden hatte.

»Potz Blitz!«, rief der Master. »Unsere Heidenlümmel mit Kriegsfarben! Was soll denn das bedeuten?«

»He, Matrose!«, rief Cardozo. »Haben die vielleicht die Absicht, uns einen üblen Streich zu spielen?«

»Ich weiß es nicht. Siehst du Señor Calderon?«

»Ja, dort in ihrer Mitte. Mir scheint, der arme Teufel ist auch weiß angestrichen.«

»Ist dein Karabiner geladen?«

»Jawohl, mit doppelter Kugel.«

»Halte dich bereit Junge! Und wenn ich kommandiere, dann Feuer auf den Häuptling.«

Hauka hatte die beiden Jäger erblickt und kam in großer Eile herangesprengt, indem er sein herrliches Pferd spornte. Wenige Schritte vor ihnen riss er es zurück und sagte zum Master:

»Du bist ein tapferer Mann.«

»Nun, das will ich meinen, Häuptling«, antwortete der Master.

»Kennst du unsere Bemalung?«

»Ja.«

»Wir gehen in den Krieg, wie du siehst.«

»Gegen wen denn?«

»Das wirst du schon erfahren, lass jetzt den Jaguar und komme.«

»Aber wir sind müde.«

»Die Söhne des Mondes sind stark und kräftig.«

»Aber ich sterbe vor Hunger.«

»Wir gehen«, sagte der Häuptling rau.

Er nahm eine beinerne Pfeife, die von seinem Hals hing, und stieß einen schrillen Pfiff aus. Sofort traten zwei Krieger hervor, welche zwei herrliche Mustangs am Zügel führten. Die Pferde hatten zierlichen Köpfe, waren schlank gebaut und hatten sehnige Beine, als wären sie Hirsche.

»In den Sattel«, kommandierte der Häuptling.

Cardozo und der Master, welche wussten, dass jeder Widerstand gefährlich sein konnte, schwangen sich in den Sattel. Die Krieger, welche bisher abseits gestanden hatten, umringten ihren Häuptling. In ihrer Mitte befand sich auf einem Schimmel-Mustang, der mit Amuletten ringsum behangen war, Señor Calderon.

Zwei Männer saßen auf Befehl des Häuptlings ab, beluden sich mit dem Jaguar und trugen ihn zum Lager, dessen Zelte eiligst abgebrochen wurden. Die anderen sprengten zum Río Negro, wo sie eine aus annähernd fünfzig Mann bestehende, wahrscheinlich einem anderen Stamm angehörige Reiterschar erwartete.

»Aber wohin gehen wir denn eigentlich?«, fragte Cardozo, der sich von seiner Verblüffung über die plötzliche Abreise gar nicht erholen konnte.

»Ich weiß es nicht, mein Bürschchen«, erwiderte der Master, der in seiner Nähe ritt. »Es scheint etwas sehr Wichtiges vorgefallen zu sein, denn wie die Bemalungen unserer Leute verraten, geht's in den Krieg.«

»Aber gegen wen denn?«

»Gegen die Männer des Nordens«, sagte eine Stimme hinter ihnen.

Sie wandten sich um und erblickten den Regierungsagenten, der sonderbarerweise gut aufgelegt zu sein schien.

»Gegen die Argentinier etwa?«, fragte der Master.

»Reiter haben die Nachricht gebracht, dass die Argentinier einen Krieg führen, und nun eilen die Patagonier herbei, um im Verein mit den Pampas das Grenzgebiet zu plündern.«

»Es scheint, unsere Señores Wildlinge sind in Betreff ihrer Nachrichten ein wenig im Rückstand«, sagte Cardozo. »Sind es doch jetzt schon Monate, seitdem der Krieg zwischen den Südstaaten wieder entbrannt ist.«

»O, die kommen immer noch zu rechter Zeit.«

»Ich bin sehr erfreut über diese Expedition«, sagte der Master. »Wir kommen da in die Nähe zivilisierter Länder und es wird leichter gehen, uns auf die Socken zu machen.«

»Ich hoffe es auch«, sagte Señor Calderon.

Der Trupp war jetzt am Ufer des Río Negro angekommen. Zwei

Reiter sprengten vor und stießen ihre Lanzen in den Fluss, um seine Tiefe zu prüfen, dann ritten sie ohne zu Zaudern in das Wasser.

»Versuche zurückzubleiben, Cardozo«, sagte der Master. »Es können jeden Augenblick diese verdammten *Mondogueros* kommen und eine heillose Verwirrung anrichten.«

»Ich werde einer der Letzten sein«, sagte der Junge.

Die Reiter ritten zu dritt und viert ohne Ordnung in den Fluss und spornten ihre Pferde, die eine Gefahr zu wittern schienen, denn sie wurden störrig und schlugen aus. In wenigen Augenblicken waren die Reiter bis an die Hüften im Wasser. Schon waren sie beinahe bis zur Strommitte gekommen, als man plötzlich von der Spitze des Trupps gellende Schreckensrufe vernahm. Zugleich bäumten sich die Pferde und stiegen kerzengerade aus den Wasserwirbeln empor.

»Die *Mondogueros?«*, fragte Cardozo den Master.

»Ich fürchte etwas viel Ärgeres«, antwortete Diego und schaute ängstlich in das Wasser des Stromes.

Auf einmal entstand unter allen Pferden, welche den beiden vordersten folgten, eine große Verwirrung. Sie wieherten laut auf in tollem Schmerz, warfen sich nach rechts, dann nach links, bissen einander, zerrten wütend an den Zügeln und suchten die Reiter abzuwerfen, welche nicht minder entsetzt schienen und wahre Verzweiflungsschreie ausstießen.

Inmitten der Wasserwirbel, welche die tollen Pferde verursachten, tauchten lange, schwärzliche Wesen auf und verschwanden wieder. Sie waren großen Aalen ähnlich und schienen gegen die verwegenen Störer ihrer nassen Ruhe erzürnt zu sein.

»Potz Blitz!«, rief der Master und wurde bleich.

»Was gibt's?«, fragte Cardozo, der sein Pferd heftig spornte und die Schenkel kräftig schloss, um nicht abgeworfen zu werden.

»Gymnoten sind's! Die Sporen, Cardozo, die Sporen!«

Der Junge wollte gehorchen, da erhielt er einen furchtbaren Schlag, der einer elektrischen Entladung glich. Sein Pferd stieß ein Schmerzgewieher aus, stieg zuerst wild auf, brach dann aber in die Knie, als wäre es aller Kraft beraubt.

»Cardozo!«, schrie der Master.

Der arme Junge, der von dem Schlag ganz niedergedonnert war, von dem er nicht wusste, woher er kam, verlor das Gleichgewicht und stürzte aus dem Sattel, doch der Master, der in seiner Nähe ritt, fasste ihn blitzschnell am Gürtel und zog ihn auf sein eigenes Pferd.

Zugleich bäumten sich die Pferde und stiegen kerzengerade aus den Wasserwirbeln empor.

»Cardozo, mein Junge«, rief er aus.

»Fürchte nichts, Matrose«, erwiderte der Junge, der sich zu einem Lächeln zwang. »Ich wurde etwas schwach, das ist alles.«

»Versuche dich an mir festzuhalten.«

Dann spornte der Master sein Pferd und trieb es vorwärts, indem er schief den Strom durchquerte. Der brave Seemann vermied die Pferde der Patagonier, welche sich im wirren Knäuel in der Mitte des Stromes befanden, ihre Reiter abgeworfen hatten, hin- und herstürmten, bald aufstiegen und bald in die Knie sanken, und mit Zügel, Sporn und ermutigenden Zurufen gelang es ihm, auf seinem Tier unbeschädigt das jenseitige Ufer zu erreichen.

Cardozo, erschöpft durch den erhaltenen Schlag, ließ sich zur Erde gleiten. Einige Pferde trafen nach und nach ein, aber meistens ohne ihre Reiter. Kaum hatten sie festen Boden gefasst, da stürzten sie auch wie ohnmächtig ins hohe Gras, unfähig, sich weiter zu bewegen.

Sie zitterten am ganzen Leibe, wieherten vor Schmerz, ihre Augen glänzten unheimlich und waren außerordentlich erweitert und aus ihren Mäulern troff blutiger Schaum.

Die Patagonier, welche nach ihnen das Ufer erreichten, waren in keinem besseren Zustand und rieben sich immer wieder die schmerzenden Glieder.

»Aber mit was für Feinden hatten wir es denn zu tun?«, fragte Cardozo, der mit Staunen das Gebaren der Pferde in der Strommitte betrachtete.

»Ich habe es dir ja schon gesagt, mit Gymnoten«, antwortete Diego.

»Was sind das für Wesen?«

»Es sind die sogenannten Zitteraale[1], welche sich in unseren südamerikanischen Flüssen finden und die eine wahre elektrische Batterie zu besitzen scheinen, denn sie teilen so kräftige Schläge aus, dass schwächere Wesen daran sterben. Sie halten sich zwar im Schlamm und Morast auf, aber wenn sie in ihrer Ruhe gestört werden, brechen sie hervor und werfen sich wütend auf ihre Angreifer. Zum Glück verlieren die Zitteraale nach den ersten elektrischen Schlägen ihre Kraft und werden ganz ungefährlich. Sie brauchen dann wieder eine Zeit träger Ruhe, um das elektrische Fluidum in ihrem Körper anzusammeln. Da schau! Siehst du sie nicht in großer Zahl matt auf der Oberfläche schwimmen?«

»Wirklich, ich sehe einige.«

»Der Kampf ist vorbei«, sagte der Master. »Sieh da, die Pferde werden schon ruhiger und beeilen sich, das Ufer zu erreichen.«

In der Tat, alle Pferde, die sich noch im Strom befanden, näherten sich eiligst dem Ufer. Sie waren sozusagen mit Patagoniern bedeckt, denn diese saßen und hockten auf ihnen, andere hielten sich an ihren Mähnen, wieder andere an ihren Schweifen fest. Pferde wie Reiter ließen sich, kaum dass sie Boden gefasst hatten, ohnmächtig und vor Schmerz ins Gesträuch gleiten.

---

[1] *Gymnotus electricus, L. (Anm. d. Übers.)*

»Wo ist denn Señor Calderon?«, fragte Cardozo, der den Ankömmlingen entgegenging.

»Dort auf seinem Pferd«, erwiderte der Master, der ihm gefolgt war. »Mir scheint, dem geht es nicht schlecht, denn sein Gesicht ist unverändert.«

»Señor Agent, wie geht's, wie geht's? Sind Sie auch geblitzt worden?«

»Nein«, erwiderte Calderon trocken.

»O diese glücklichen Zauberer!«, rief der Master ironisch. »Sie können selbst die Schläge der Zitteraale für sich unschädlich machen.«

Der Agent warf dem Master einen schiefen Blick zu, aber er sagte nichts, sondern näherte sich dem Häuptling Hauka, der mit mehreren seiner Krieger eine lebhafte Unterredung hatte.

»Was für ein dummer Blick!«, rief der Master lachend. »Mir scheint, der ist mit der hohen Würde, die ihm vom Häuptling verliehen wurde, ganz und gar nicht zufrieden.«

»Hüte dich, dass er dir keinen bösen Streich spielt, Matrose.«

»Pah! Solange wir die Millionen haben, wird er sich hüten, auch nur einen Finger gegen uns zu erheben, und dann weiß er ja, dass er ohne unsere Hilfe den Krallen des Häuptlings niemals mehr entkommt.«

»Aber glaubst du …«

Cardozo wurde plötzlich unterbrochen. Unvermutet fiel im Norden ein Schuss, er schien aus einem großen Karrubenwald zu kommen, der sich lang gestreckt am linken Flussufer hinzog.

Hauka und seine Krieger sprangen wie ein Mann auf, ergriffen ihre Lanzen und warfen unruhige Blicke auf den Wald, der die große Prärie verdeckte.

22. Ein nächtlicher Überfall

Wer konnte wohl den Gewehrschuss in dieser öden Gegend abgefeuert haben, einige hundert Meilen von der argentinischen Grenze entfernt? Wer konnte der Kühne sein, der sich so weit in die patagonischen Prärien vorwagte, die im Norden von den kriegerischen Pampas, diesen geschworenen Feinden der weißen Rasse, unsicher gemacht werden? War es ein Indianer, der ein Feuergewehr besaß? Das war schwer anzunehmen, da die Indianer von solchen Dingen eine sehr mangelhafte Kenntnis haben. Oder war es ein Weißer, der durch außerordentliche Umstände bis hierher gelangt war?

Hauka hatte einige Minuten gehorcht, dann fasste er einen raschen Entschluss. Er bestieg sein Pferd, das nichts von den Zitteraalen gelitten zu haben schien, ergriff mit der Linken die Lanze, mit der Rechten die Bola mit der weißen Metallkugel und schrie:

»Zu Pferde, Tehuels!«

Etwa vierzig Krieger, die wenig oder gar nicht von den Zitteraalen getroffen worden waren, folgten diesem Ruf und sprengten ihrem Häuptling nach, der mutig in den Wald eingedrungen war. Cardozo, Diego, selbst der phlegmatische Regierungsagent, machten den Ritt mit.

Im Galopp wurde der Wald, der bald dort, bald da breite Durchlässe besaß, genommen, und bald stand der Reitertrupp auf der Prärie, die sich, soweit das Auge reichte, nach Norden hin ausdehnte.

Eine unbestimmbare Gestalt, die einem Reiter auf einem rasend schnellen Pferde glich, entfernte sich halb verdeckt von großen Disteln nach Norden. Er war schon so weit, dass der Master und Cardozo, obwohl sie, was Schärfe anbelangt, ein Adlerauge besaßen, ihn nicht mehr unterscheiden konnten.

Hauka war viel zu spät gekommen um ihn zu erreichen; noch dazu hatte er Pferde, die mehr oder weniger erschöpft und hinfällig schienen. Dessen ungeachtet gab er zehn seiner Krieger, die besser beritten waren, den Auftrag, den Flüchtling zu verfolgen. Dieser aber zeigte sich nur mehr wie ein schwarzer, kaum sichtbarer Punkt auf der grünen Fläche der Prärie.

»Zeitverschwendung, meine Teuren!«, sagte der Master, der beim Häuptling geblieben war, welcher jetzt wieder den Weg zum Flusse nahm.

»Ist der Flüchtling ein Indianer?«, fragte Cardozo.

»Ich bezweifle es sehr. Ein solcher wäre nicht so schnell auf und davon, als er der Patagonier ansichtig wurde.«

»Glaubst du, es ist ein Weißer gewesen?«

»Ich bin fast davon überzeugt.«

»Aber wir sind doch auf Indianergebiet und sehr weit von der Grenze entfernt.«

»Es kann ein Gaucho sein, den die Plünderungszüge der Pampas nach Süden verschlagen haben. Ha! …«

»Was hast du, Matrose?«

»Wenn er es wäre …«

»Wer denn?«

»Einer unserer Gauchos? Und warum nicht? Es waren beide gut beritten und gut bewaffnet und einer, wenn nicht beide, kann den verfolgenden Patagoniern entronnen sein.«

»Aber dann müssten sie uns gefolgt sein und uns ausgeforscht haben.«

»Sie können ja in einem Wald versteckt gewesen sein, zum Beispiele in diesem da.«

»Aber warum dann der Schuss?«

»Um uns von ihrer Gegenwart zu benachrichtigen.«

»Matrose!«, rief Cardozo, von der Richtigkeit dieser Gründe tief ergriffen.

»Mein Sohn, ich bin überzeugt, unsere treuen Freunde wachen und denken an unsere Befreiung.«

»Ha! Wenn das der Fall wäre! Könnten wir uns nicht vergewissern, dass sie nicht getötet worden sind?«

»Ja, indem wir die Patagonier fragen.«

»Aber die könnten Verdacht schöpfen.«

»Du hast recht, mein Junge; aber vielleicht weiß Señor Calderon uns Aufschluss zu geben, er ist ja so vertraut mit dem Häuptling Hauka.«

Er lenkte sein Pferd zu jenem von Señor Calderon, der nur wenige Schritte hinter dem Häuptling ritt, und zupfte den Agenten an seinem langen Mantel, sodass dieser sich umwendete.

»Auf ein Wort, Señor Calderon«, sagte der alte Seebär.

»Nun ja«, erwiderte der Agent in seiner trockenen Weise.

»Ich bemerke Ihnen, dass es sich um unsere wahrscheinlich nahe Rettung handelt.«

»Daran zweifle ich für jetzt.«

»Macht nichts, Señor Regierungsagent. Wissen Sie nichts über die zwei Gauchos, welche mich und Cardozo begleiteten und dann von den Tehuels verfolgt wurden?«

»Man sagte mir, der eine sei durch eine Bola getötet worden.«

»Und der andere?«, fragte der Matrose in lebhafter Angst.

»Ich glaube, der ist den verfolgenden Patagoniern entkommen, denn sie haben keine Beute von ihm ins Lager gebracht.«

»Dann sind wir gerettet!«

Der Regierungsagent sah ihn an, so wie man einen Menschen anblickt, der den Kopf verloren hat, und lächelte ironisch.

»Ich wiederhole Ihnen, unsere Rettung ist nahe«, sagte der Master.

»Der Mensch, der vorhin den Schuss abgefeuert hat, ist einer unserer Gauchos.«

»Der wird es nicht wagen, zurückzukehren.«

»Er wird wieder kommen, Señor Calderon.«

»Umso besser für euch«, antwortete der Agent, zog die Schultern empor und spornte sein Pferd, um an die Seite Haukas zu kommen.

»Ich verstehe diesen Menschen nicht«, brummte der Master, indem er sich an Cardozo wandte. »Tut nichts zur Sache, mir genügt zu wissen, dass einer unserer Freunde noch am Leben ist und uns folgt.«

»Was machen wir inzwischen?«, fragte der Junge.

»Wachsam sein und bei der ersten Gelegenheit den Heidenlümmeln und ihren sauberen Bundesgenossen durchbrennen. Eine innere Stimme sagt mir, unser Gaucho werde sehr bald wieder Neues von sich hören lassen, und ich halte etwas auf solche Ahnungen, mein Zuckerbürschchen!«

Mittlerweile waren sie an das Ufer des Río Negro gelangt, wo es von Menschen wimmelte, die aus dem Lager gekommen waren. Man sah Greise, Frauen und Kinder, die eine große Anzahl Pferde mit sich führten, alle mit den zusammengewickelten Zelten, mit Decken, Geräten aller Art und einer großen Menge getrockneten Fleisches, *Scharki* genannt, bepackt.

Der Häuptling Hauka hielt eine schnelle Musterung über seine Leute, die nur das Signal zum Aufbruch erwarteten, bildete eine Vorhut von dreißig auserlesenen Kriegern, die mit großen *Corconillas* als Ersatz für die Zelte zur Nachtzeit versehen waren, stellte sich an die Spitze derselben und ritt mit ihnen im scharfen Trab nach Norden. Die anderen, einschließlich der Frauen, folgten in kurzen Zwischenräumen, und zwar so, dass sie stets im Bedarfsfall schnell mit der Vorhut Fühlung nehmen konnten.

Cardozo, Diego und der Regierungsagent, welche mit ihren Feuerwaffen treffliche Bundesgenossen waren, befanden sich bei der Vorhut.

Die kleine Truppe sprengte, nachdem sie den Wald passiert hatte, hinaus in die weite, mit Tussakgras bewachsene Prärie. Nirgends war ein Hindernis zu erblicken.

Wenige Meilen vom Fluss entfernt trafen die Patagonier mit ihren Genossen zusammen, welche den Fährten des Mannes gefolgt waren, der den Schuss abgefeuert hatte. Ihre Pferde waren halb steif vom langen Ritt. Es war ihnen nicht gelungen, den Flüchtling zu erreichen. Derselbe war gegen Norden in der Richtung des Río Colorado verschwunden.

Diego und Cardozo beeilten sich, bei ihnen Erkundigungen einzuziehen, aber sie erfuhren nichts. Die Patagonier waren nicht imstande gewesen, den Flüchtling zu unterscheiden. Er hatte eben schon am Anfang der Jagd auf ihn einen ungeheuren Vorsprung gehabt.

»Macht nichts«, sagte der Master. »Es ist und bleibt unser Gaucho. Mein Herz sagt es mir.«

Hauka, dem es ohnehin darum zu tun war, seine Nachhut zu verstärken, schickte die Krieger, welche an der Verfolgung teilgenommen hatten, zu dieser zurück und setzte seinen Ritt nach Norden fort, ohne Zweifel in der Absicht, möglichst bald den Río Colorado zu erreichen, in das Gebiet der Pampas zu kommen und in denselben gute Bundesgenossen zu finden, vielleicht auch, um bald nähere Nachrichten über den Argentinischen Krieg in Erfahrung zu bringen.

Um sieben Uhr abends, nach einem Ritt von mehr als sechzig Kilometern, lagerte die Vorhut am Ufer eines großen Salzsees, der ganz verlassen schien. Er war mit kleinen Wäldchen eingesäumt, aus denen beim Eindringen der Indianer eine Menge von Rindern und Pferden hervorgaloppierten, offenbar Wilde oder Flüchtlinge von den großen Estanzias[1] Argentiniens.

Man zündete große Feuer an, um Raubtiere, die sich möglicherweise in der Nähe aufhalten konnten, zu verscheuchen. Die Pferde wurden im Kreis angepflockt und das Nachtmahl zubereitet, das aus gesottenem Fleisch und einigen Wurzelarten bestand, welche die Stelle des Brotes recht und schlecht vertreten mussten.

Nachdem an den Enden des Lagers einige Wachen aufgestellt worden waren, beeilte sich ein jeder, sich eine Lagerstätte in höchst einfacher Weise zu bereiten. Wer es nicht gewohnt war, würde eine solche sehr unbequem finden. Eine *Corconilla* auf den Boden ausgebreitet, darüber, um das Lager weicher zu machen, ein *Pellon* und ein *Sobre Pellon* (sonst als Decken für die Pferde verwendet), endlich als Kopfkissen der große Sattel.

Cardozo und Diego hatten ihre Schlafstelle in der Mitte des Lagerplatzes zwischen einer Doppelreihe von Patagoniern. Der Gedanke an eine Flucht lag ihnen heute fern, umso mehr, da sie noch den

[1] Rinderfarmen in Südamerika.

Besuch des Zauberers erhielten, welcher ihre Füße untersuchte und die Einschnitte auffrischte. Sie schliefen sehr bald ein, in ihrer Nähe lagen ihre Karabiner, die sie zur Vorsicht frisch geladen hatten.

Der Schlaf des Masters war von kurzer Dauer. Er war unruhig und drehte sich bald auf die eine, bald auf die andere Seite. Von Zeit zu Zeit erhob er sich und sah forschend über das Lager und in den kleinen Wald und lauschte auf jedes Rauschen der Blätter. Ohne Zweifel hoffte der gute Matrose wieder jenen Reiter zu sehen, den er für einen der beiden Gauchos hielt und den er in unmittelbarer Nähe ahnte.

Es mochte etwa zwei Uhr morgens geworden sein, als sein Ohr ein dumpfes, noch sehr weit entferntes Geräusch vernahm, das sich mit außerordentlicher Schnelligkeit näherte. Es kam von der Seite des kleinen Buschwaldes und schien durch eine große Anzahl schwer beladener Tiere hervorgebracht zu werden, die galoppierend über die Prärie herangestürmt kamen.

Er schaute in die Ecken des Lagers. Dort waren die Wachen bei den Feuern, die Lanzen in der Hand, die bepackten Pferde zu ihren Füßen schlaftrunken eingenickt, und keine schien das sonderbare Getümmel zu hören, welches immer näher und näher heranbrauste.

Die Unruhe Diegos vermehrte sich. Er bog sich deshalb zu dem Jungen nieder, der sanft schlief, und stieß ihn heftig an.

»Was gibt's, Matrose?«, fragte Cardozo, richtete sich auf und rieb sich die Augen.

»Hörst du nichts?«

»Ja … freilich, Himmel! Das klingt ja wie der Galopp vieler Tiere, dazwischen …«

»Gebrüll, willst du sagen.«

»Ja, Matrose. Was wird das sein?«

»Ich weiß es selber nicht, es kommt aber immer näher.«

»Sollte es unsere Nachhut sein, die uns einholt?«

»Um diese Stunde, so spät?«

»Sie kann ja angegriffen worden sein.«

Der Master schüttelte den Kopf, als glaube er wenig an eine solche Möglichkeit.

»Und die Patagonier?«, fragte Cardozo, nachdem er nochmals aufgehorcht hatte. »Bemerken die gar nichts?«

»Nein, wie es scheint. Da schau! …«

»Lichter«, rief der Junge und sprang auf.

In diesem Augenblick schrien die Wachen:

»Auf, Tehuels, auf!«

Über die dunkle Fläche der Prärie sah man finstere Massen in Unordnung daherstürmen, welche Feuerbrände wie Fackeln mit sich führten, und in der Stille der Nacht hörte man ein entsetzliches Gebrüll wie von einer Herde wilder und wütender Rinder. Hinter diesen Schatten entdeckte der Master mit seinem scharfen Seemannsauge einen Reiter, der von Zeit zu Zeit in diese Herde hineinfeuerte. Der Knall hallte geradezu schauerlich über die Ebene.

Die Patagonier, aufgeschreckt durch die Alarmrufe der Wachen, durch das Gebrüll und die Schüsse, welche mehr auf eine Muskete als auf einen Karabiner schließen ließen, sprangen hurtig auf und ergriffen die Waffen. Heilloser Schrecken hatte sie erfasst, den selbst die Stimme ihres Häuptlings nicht zu bannen vermochte.

Einige der mutigsten stürzten hinaus vor das Lager, um es vor dem unheimlichen Angriff zu schützen, die meisten liefen aber zu ihren Pferden, welche wild wieherten und an den Pflöcken zerrten, um sich loszureißen. Doch es fehlte an der nötigen Zeit.

Gewiss an hundert Rinder, wütend gemacht durch brennende Reisigbündel, die zwischen ihre Hörner gesteckt waren, brachen in wilde Raserei mit furchtbarem Gebrüll ins Lager und stürzten mit tief gesenkten Köpfen blindlings auf Menschen und Pferde.

Die Patagonier, welche ihr Lager verteidigten wollten, wurden über den Haufen gerannt, niedergetreten, mehrere mit zerfleischtem Leibe in die Luft geschleudert, dann wandten sich die wütend tollen Tiere zu jenen, welche bei den Pferden waren.

Eine unbeschreibliche Verwirrung folgte. Die Patagonier, entsetzt und unfähig, dem wilden unwiderstehlichen Angriff die Stirn zu bieten, drängten sich auf die Pferde, um ihr Heil in der Flucht zu suchen.

Hauka, der selbst in diesem fürchterlichen Augenblick den Kopf nicht verlor, verschanzte sich mit einigen der Seinigen hinter den armen Tieren, welche durch den Anprall der wütenden Rinderherde zerfleischt und mit heraushängenden Eingeweiden am Boden lagen, und teilte nach allen Richtungen Lanzenstöße aus, wieder andere hatten, um frei zu sein, die Waffen weggeworfen, stürzten hin zum See und durchwateten sein Wasser, um auf ein paar Inseln, die etwa hundert Schritte von seinem Ufer entfernt emporragten, Zuflucht zu finden.

Auch Diego und Cardozo waren unter diesen letzten, beide gesund und wohlbehalten. Calderon war bei Hauka geblieben, man hörte ab und zu den Knall seiner Pistolen.

Der Angriff war von kurzer Dauer. Nachdem sich die Herde auf die Pferde geworfen hatte, welche ihrem Ansturm ein Hindernis entgegengesetzt, und mehrere derselben getötet worden waren, teilte sie sich und floh mit derselben Schnelligkeit, mit der sie gekommen war, nach Osten.

Einen Augenblick später erschien im Lager in voller Karriere wie der Blitz ein Reiter, feuerte einen Musketenschuss in die Luft und verschwand nach Osten.

Cardozo und Diego hatten während des Angriffes stets diesen einen gesucht, denn eine innere Stimme sagte es ihnen, er sei der Urheber des nächtlichen Überfalles. Jetzt erkannten sie ihn beim Aufblitzen des Pulvers.

»Ramon«, riefen sie beide wie aus einem Mund.

Doch der Gaucho, er war es wirklich, war mit seinem Renner bereits wieder in der Finsternis verschwunden.

»Ramon!«, wiederholte Cardozo in überquellender Rührung. »Ach! Unser mutiger und so treuer Genosse! …«

»Antworten wir auf sein Signal«, rief der Master, »vielleicht hört er es und antwortet.«

Sie schossen ihre Karabiner in die Luft ab. Wenige Augenblicke darnach blitzte es schwach im Osten und ein Knall hallte herüber.

»Er hat geantwortet«, rief Cardozo, der aus Freude von Sinnen schien.

»Schweig, oder du verdirbst uns alles, mein Junge!«, sagte der Master, der nicht weniger bewegt war. »Wenn diese Heidenlümmel irgendetwas ahnen, reißen sie uns in Stücke.«

»Hast du seinen Bruder auch gesehen?«

»Nein, er war allein.«

»Wird er getötet worden sein?«

»Höchstwahrscheinlich.«

»Meinst du, dass es Ramon war, der diese wütenden Rinder auf uns hetzte?«

»Ohne Zweifel, mein Junge. Er sucht die Indianer aufzureiben oder doch zu schwächen, um uns zu befreien.«

»Aber wie ist es ihm denn gelungen, uns so viele Tiere auf den Hals zu hetzen?«

»Du weißt ja, dass die Gauchos unübertrefflich das Lasso handhaben. Wahrscheinlich ist es Ramon gelungen, all diese Tiere, welche jedenfalls aus großen Estanzias des Nordens entflohen sind, zu sammeln und sie durch Feuerbrände toll zu machen. Vielleicht hat er auch *Guegued* angewendet, eine Pflanze, deren Saft beim Vieh Raserei hervorruft.«

»Und wird er wiederkommen?«

»Ich bin dessen gewiss.«

»Dann müssen wir nur mit einem Auge schlafen, mit dem anderen heißt es wachsam bleiben.«

»Gar nicht schlafen, sondern abwechselnd wachen.«

»Wird er einen anderen Streich versuchen?«

»Gewiss, Cardozo. Doch gehen wir jetzt, um zu sehen, wie viele Männer unserer Vorhut unverletzt geblieben sind.«

»Hauka lebt, denn ich höre ihn brüllen, er muss geradezu wütend sein.«

»Hol ihn der Kuckuck!«

»Und Señor Calderon?«

»Der Mensch fängt an, mir ebenso lästig wie rätselhaft zu sein. Ins Wasser, Cardozo!«

Sie verließen die Insel, durchwateten den kleinen Wasserarm und schritten wenige Schritte vom Lager entfernt ans Land.

23. Der nächtliche Reiter

Der unvermutete und unwiderstehliche Angriff der wütenden Rinderherde hatte den Patagoniern ganz erhebliche Verluste gebracht.

Mehr als die Hälfte der Pferde, welchen es nicht gelungen war sich loszureißen, lagen in unbeschreiblicher Verwirrung am Boden. Ihr Zustand war bejammernswert, wenn man sie mit ihren zerfleischten und aufgeschlitzten Leibern sah, aus denen sich nebst den Eingeweiden wahre Ströme von Blut ergossen. Einige röchelten in den letzten Zuckungen des Todeskampfes, andere wälzten sich im Gras und wieherten in Schmerz und Weh.

Sieben oder acht Männer, jedenfalls diejenigen, welche den ersten Anprall des furchtbaren Feindes erlitten hatten, lagen im Gras zerschmettert, zerrissen, mit Blut bedeckt, ohne Leben, während andere dort und da kläglich ihre Genossen um Hilfe anriefen.

Hauka war, wie es der Master vorausgesagt hatte, über die erlittene Schlappe geradezu wütend. Er ging hin und her, fluchte und lästerte über den unbekannten Reiter, der ihnen so etwas Unerhörtes angetan hatte, schimpfte auf seine Leute, die das Lager verlassen und die Pferde preisgegeben hätten, und brach endlich auch gegen die Söhne des Mondes los, welche dem schlechten Beispiel der Seinen gefolgt wären. Als er den Master und den Jungen erblickte, stürzte er mit geballten Fäusten auf sie und schrie sie an:

»Habt auch ihr elende Weiberseelen? Wo ist denn eure Macht? Soll ich euch lebendig den *Mondogueros* des Colorados vorwerfen oder von den Jaguaren der Prärie zerfleischen lassen?«

»Hoho, Häuptling, nur nicht zu hitzig«, sagte Cardozo, der, seitdem das Gewehr in seinen Händen war, keine Furcht kannte. »Bist nicht auch du hinter die Pferde gekrochen, während die Rinder über sie herfielen?«

»Und dann, mein lieber Hauka, unsere Haut ist denn doch auch etwas wert«, fügte Diego hinzu.

»Schweig!«, donnerte der Häuptling.

»Wird auch für dich das Klügere sein«, antwortete der Master, der wie Cardozo kein Zagen kannte, besonders seitdem er einen treuen Genossen in der Prärie wusste.

Die Patagonier, welche wieder in das Lager zurückgekommen waren, versorgten ihre verwundeten Kameraden, töteten die unbrauchbar gewordenen Pferde, dann bestiegen sie alle auf Befehl des Häuptlings die unverletzt gebliebenen Tiere; es waren etwa zwanzig an der Zahl.

Cardozo und der Master sahen sie nicht ohne bange Sorge den Weg nach Osten nehmen, dorthin führten ja die Spuren des Gauchos und der Rinderherde.

Der Häuptling, Calderon und alle anderen blieben unterdessen im Lager, das sofort mit einem starken Palisadenzaun von dicken Baumstämmen befestigt wurde.

»Potz Blitz!«, rief der Master und verfolgte mit starren Blicken die Reiter, welche in Eile davonsprengten. »Ich möchte nicht, dass diese Spitzbuben unseren Gaucho gefangen nehmen.«

»Pah! Das ist ein Mensch, der sein Handwerk gründlich versteht«, sagte Cardozo. »Er wird es ahnen, dass man ihn verfolgt, und wird deswegen wohl auf der Hut sein.«

»Ja, wenn es nur sein Pferd auch aushält.«

»Ich erinnere mich, dass er einen vorzüglichen Renner hatte, schnell wie der Wind und gut auf den Füßen.«

»Oh wären doch auch wir mit den Verfolgern geritten, welch gelungenen Streich hätte ich ihnen spielen können.«

»Wärest du geflohen?«

»Ohne Zweifel.«

»Und könnte man das nicht auch jetzt noch versuchen, Matrose? Es sind wenige Leute im Lager und …«

»Und die Pferde?«

»Wir haben ja unsere Füße.«

»Ja, wir haben sehr schlechtes Fußwerk, mein Junge, das uns hindert, uns auch nur ein paar Minuten weit zu entfernen. Wenn die Reiter zurückkommen, würden sie uns sofort aufgreifen und wer weiß, zu welch schrecklichem Tod wir dann bestimmt würden.«

»Also?«

»Für jetzt heißt es abwarten.«

»Dann schlage ich vor, schlafen zu gehen, denn die Nacht ist noch sehr finster.«

»Also – schlafen wir, Cardozo.«

Sie suchten einige Decken und wickelten sich sorgfältig in dieselben ein, um sich vor der Feuchtigkeit zu schützen, die in diesen Ebenen sehr groß und sehr häufig die Ursache ernster Erkrankungen ist. Sie kümmerten sich nicht weiter um die Patagonier, welche vollauf mit dem Abhäuten der gefallenen Pferde beschäftigt waren, deren Fleisch zu *Charqui*[1] verarbeitet werden sollte. So erwarteten sie die Rückkehr der Reiter, welche den Spuren des Gauchos nachgejagt waren.

Mehrere Stunden vergingen ohne das mindeste Geräusch auf der von tiefem Dunkel bedeckten Prärie. Mehrere Male erhoben sich unsere beiden Matrosen, denn sie glaubten in weiter Entfernung den bekannten Knall der alten Muskete oder den wilden Galopp von Pferden zu hören, aber die Nacht verlief ohne jeden Zwischenfall und ohne dass Gewehrschüsse einen Kampf verrieten.

Gegen Morgen kamen endlich die nächtlichen Reiter. Ein scharfer Blick des Masters überflog schnell die kleine Truppe. Kein Fremder war in ihren Reihen.

»Gott sei Lob und Dank!«, rief der Master und atmete tief auf. »Auch dieses Mal sind unsere Heidenlümmel die Angeführten.«

[1] Luftgetrocknetes Dörrfleisch.

»Aber wohin wird sich dann unser braver Gaucho geflüchtet haben?«, fragte Cardozo.

»Er wird einen ganz respektablen Vorsprung vor seinen Verfolgern gewonnen haben; aber – ich bin sicher, er kehrt wieder. Ich fühle es.«

Der Reitertrupp betrat ganz erschöpft das Lager. Die Pferde waren mit Schaum und Schweiß bedeckt, als hätten sie zehn Meilen im Galopp zurückgelegt.

Hauka, wegen der fruchtlosen Verfolgung überaus schlecht gelaunt, gab den neuen Ankömmlingen Befehl, sich zu lagern und dann die Toten zu begraben, um sie auf diese Weise den Jaguaren und Kaguaren zu entziehen.

Mit Messern und Lanzen machten sie Gruben hart aneinander und legten die Leichname dahinein, und zwar mit gekreuzten Füßen, sodass die Knie den Mund und die Fersen die Oberschenkel berührten. Hätte die Zeit nicht so arg gedrängt, so würden die Wilden, die eine große Pietät für ihre Verstorbenen hegen, Opferfeierlichkeiten durch Schlachtung mehrerer Pferde veranstaltet haben. Aber diese Tiere waren im Augenblick zu kostbar.

»Das geht sehr eilig«, sagte Diego, der mit Cardozo der Zeremonie beiwohnte. »Man sieht, der Häuptling will keine Zeit verlieren.«

»Was tun sie denn in Friedenszeiten?«, fragt der Junge.

»O, da geht es sehr lange her. Zum Begräbnis kommen alle Verwandten schwarz angestrichen und zerstören vor allem die Geräte, welche der Verstorbene zu Lebzeiten benützt hat, selbst das Zelt, dann schlachten sie alle seine Pferde. Das Lieblingstier wird aber am Grab des Verstorbenen selbst getötet, damit er sich desselben im Jenseits bedienen kann.«

»Und was machen die Witwen? Tragen sie vielleicht Trauer?«

»Ohne Weiteres, und was für eine Trauer! Durch ein ganzes Jahr müssen sie ihm bei Todesstrafe die eheliche Treue bewahren, sie dürfen sich nicht waschen, keine Kleider wechseln, nicht ihr Zelt verlassen, ausgenommen, um sich das Allernotwendigste zum Lebensunterhalt zu verschaffen.«

»Streichen sie sich auch schwarz an?«

»Allerdings.«

»Dann bedauere ich sie aufs Innigste.«

»Ei was! Sie sind Wilde, geradeso wie ihre Männer.«

Gegen Mittag, als der letzte Leichnam in die Grube gelegt wurde, erschien im Lager eine neue Schar von etwa zwanzig Reitern, einige bildeten die Vorhut, sie waren die Nacht hindurch geritten. Der Häuptling, der große Eile zu haben schien, reorganisierte seine Truppe, ließ die Unberittenen als Wache bei den Verwundeten zurück und gab endlich den Befehl zum allgemeinen Aufbruch.

Man umritt den Sumpf, der sich einige Meilen weit von Nord nach Süd dahinzog. Er war mit Sumpfpflanzen dicht bedeckt, in denen, träge und faul, beutegierige Alligatoren *(Jacare sclerops Cuv.)* lauerten. Unheimlich knirschten und klapperten ihre mächtigen Kinnladen. Flamingos mit ihren langen Hälsen und ihren grotesken Formen wurden sichtbar. Aber es gab keinen Aufenthalt, rastlos ging es in sausendem Galopp dem Río Colorado zu, der nicht mehr weit sein konnte, denn zahlreiche Bäche und Flüsschen, welche den Reitern auffielen, nahmen ihren Lauf nach Norden.

Die Prärie hatte wieder ihre vorwiegende Herrschaft über die den See umgebenden Buschwälder errungen und dehnte sich, so weit das Auge reichte, endlos aus. Sie bestand aber nicht, wie man gewöhnlich von den Pampas glaubt, aus einer fortgesetzten Ebene, sondern war mäßig gewellt mit reichem Blumenflor überdeckt, der mit herrlichen Distelbeständen abwechselte, in welchen sich zahllose Viscachias[1] *(Lagostomus trichodactylus Br.)*, eine Art Nagetiere mit sehr gesuchten Pelz, und nicht wenige Stinktiere *(Mephitis suffocans Licht.)* mit pelzreichen Schwänzen herumtrieben. Letztere haben die Eigentümlichkeit, angegriffen, einen solchen Gestank weit um sich zu verbreiten, dass Jäger und Hunde ihnen nicht zu folgen vermögen.

Von Zeit zu Zeit erschienen große Wasserlachen wie kleine Seen mit meist ungenießbarem, stark salpeterhaltigem Wasser, und Bäche, welche ausnahmslos ihren Weg nach Norden nahmen.

Gegen Sonnenuntergang erreichte die Schar, welche, ohne sich auch nur eine Rast zu gönnen, unaufhörlich nach Norden galoppiert war, die Ufer des Río Colorado, auch Río Mendoza genannt, eines herrlichen Flusses, der rötlich gefärbtes Wasser führt, in der Provinz Mendoza an der östlichen Abdachung der Anden entspringt, an eintausendreihundertdreißig Kilometer durch die Pampas strömt und endlich angesichts der Insel Triste in den Atlantischen Ozean fällt, nachdem er die Seen Lago Grande und Lagunilla passiert und auf seinem rechten Ufer den Tamija, den Aceguia und den Tungayan in sich aufgenommen hat.

---

[1] Eine Chinchillaart.

Hauka wollte soeben mit seinem Pferd in den Strom reiten, um eine Furt aufzusuchen, als seine Aufmerksamkeit durch eine kleine Rauchsäule gefesselt wurde, welche am entgegensetzten Ufer aus einem Kaktusgebüsch in die Höhe stieg. Er runzelte die Stirn, sein Blick wurde glühend, während seine Hände krampfhaft Lanze und Bola ergriffen.

»Sind das Pampas oder sind es Argentinier?«, fragte er die Männer, die ihm unmittelbar folgten.

Keiner antwortete auf seine Frage, es konnte ganz wohl ein Indianerlager, aber auch ein Lager von flüchtigen Argentiniern sein, welche infolge des Grenzkrieges nach Süden gedrängt wurden.

»Ich verspüre Pulvergeruch«, sagte Cardozo, der auch die Rauchsäule wahrgenommen hatte. »Was sagst du dazu, Matrose?«

»Ich meine, es wird ein argentinisches Lager sein«, antwortete der Master. »Die Pampas sind alle im Norden.«

»Was wird der Häuptling tun?«

»Wenn es Argentinier sind, wird er sie ohne Weiteres angreifen.«

»Und was werden wir tun?«

»Wir sind gezwungen, diese Spitzbuben zu unterstützen, um nicht im Fall ihres Sieges die Zeche bezahlen zu müssen. Übrigens ist es mir sehr erwünscht, den Feinden unseres Vaterlandes, die uns so viel Übles antaten, einen tüchtigen Klaps auf die Finger geben zu können.«

»Und wenn die Sache schief für unsere Heidenlümmel ausgeht?«

»Nun dann, dann laufen wir, wenn es möglich ist, zum Feind über.«

»Sehr gut, Matrose.«

Der Häuptling hatte unterdessen mit seinen besten und erfahrensten Kriegern Rat gehalten, dann schickte er zwei Männer von erprobtem Mut als Kundschafter hinüber auf das entgegengesetzte Ufer und ließ die anderen sich in den Gebüschen lagern, um vom Feind, wenn es ein solcher wäre, nicht bemerkt zu werden.

Die beiden Kundschafter fanden eine Furt, durchritten den Fluss, der langsam und träge dahin schlich, banden sodann ihre Pferde an einen Baum und verschwanden unter dem Kaktus am jenseitigen Ufer.

Nach einer halben Stunde, während welcher der Häuptling keinen Augenblick das diesseitige Ufer verlassen hatte, hörte man von drüben das Gewieher der Pferde, die ins Wasser gingen. Beim schwachen Schein der Sterne wurden die beiden Kundschafter sichtbar, welche mit großer Eile den Strom durchritten.

»Pampas oder Argentinier?«, fragte der Häuptling die beiden, als sie kaum bis auf Hörweite herangekommen waren.

»Argentinier«, erwiderten die beiden Kundschafter.

Im Nu waren alle Krieger, die sich im Gebüsch gelagert hatten, auf den Füßen und drängten sich, ihre Waffen schwingend, um den Häuptling, der am Ufer stand. Cardozo, der Master, selbst der phlegmatische Calderon waren auch herbeigeeilt.

»Wie viel sind es?«, fragte der Häuptling, dessen Augen wie die einer Katze vor Raublust im Dunkel der Pampas funkelten.

»Ein Dutzend«, antworteten die Kundschafter.

»Wo haben sie ihr Lager aufgeschlagen?«

»Fünfhundert Armlängen vom Fluss.«

»Sind sie bewaffnet?«

»Mit Gewehren.«

»Haben sie Wagen?«

»Ja, vier.«

»Gut«, schloss der Häuptling.

Diego, der kein Wort von der Unterredung verloren hatte, trat vor.

»Häuptling«, fragte er, »was wirst du nun beginnen?«

»Die *Cristianos* angreifen.«

»Und was haben wir dabei zu tun?«

»Ihr kommt mit uns und werdet uns helfen, aber ich sage euch, beim geringsten Verdacht lasse ich euch alle drei lebendig verbrennen.«

»Besten Dank für diese freundliche Bemerkung, Häuptling!«, sagte der Matrose.

Hauka, ganz ungeduldig, sich auf die Cristianos zu stürzen, bei denen er reichliche Beute erhoffte, ließ seine Leute in den Sattel steigen und befahl ihnen, die Köpfe ihrer Pferde, damit diese nicht wieherten, mit Decken einzuwickeln, dann ritten sie in den Fluss.

Der Übergang vollzog sich in größter Stille und in höchster Ordnung, denn weder Karaiben noch Zitteraale noch Alligatoren, diese drei furchtbaren Geißeln der südamerikanischen Flüsse, störten ihn. Um neun Uhr erreichte der Trupp das jenseitige Ufer und verbarg sich in den Gebüschen.

»Greifen sie nicht sofort an?«, fragte Cardozo, als er die Patagonier den Sattel verlassen sah.

»Diese Strolche sind gerissen und schlau wie die Jaguare«, antwortete Diego, die Patagonier nachahmend. »Sie werden die Argentinier nicht früher angreifen, als bis die Nacht vorangeschritten ist, denn dann werden sie dieselben im Schlaf überrumpeln.«

»Sag mir, Matrose, könnte nicht unser Gaucho unter den Leuten dieses Lagers sein?«

»Bei allen Schiffsluken und Bramsegeln!«, rief jetzt der Master, durch diese Bemerkung ganz betroffen. »Wenn das der Fall wäre! …«

»Nun, da sind wir jetzt in einer hübschen Patsche!«

»Nein, er kann es nicht sein«, sagte der Master nach einigen Nachdenken. »Ramon würde dann nicht allein gewesen sein, als er die Rinderherde vor sich hertrieb und sie auf die Indianer hetzte.«

»Könnten wir darüber keine Gewissheit erlangen? Ich würde es mir nie verzeihen, dieser Heidenbagage meinen Arm gegen Menschen geliehen zu haben, welche an unserer Rettung tätig waren.«

»Auch ich nicht, Cardozo! Aber … still! …«

»Was hörst du?«

»Hörst du nicht auch am jenseitigen Ufer den Galopp eines Pferdes? Da schau, auch die Patagonier werden aufmerksam.«

Cardozo spitzte die Ohren, während ein Patagonier nach dem anderen sich erhob und verdächtige Blicke nach Süden richtete. Inmitten der tiefen Stille, die kaum das dumpfe Rauschen des Colorado unterbrach, unterschied der junge Matrose ganz deutlich einen Galopp, der schnell immer näher und näher kam.

»Es ist Ramon«, murmelte er.

»Ja, er muss es sein«, sagte der Master. »Er folgt unserem Trupp und nähert sich dem Fluss.«

»Soll er denn nicht wissen, dass wir hier sind?«

»Er ist zu schlau, um unvorsichtig unter unsere Patagonier zu geraten.«

»Warum also kommt er hierher?«

»Ohne Zweifel um sich zu vergewissern, ob wir den Fluss überschritten haben oder nicht.«

»Wird Hauka ihm einige der Seinen nachsenden?«

»Er braucht jetzt wohl jeden Mann und kann nicht an den Gaucho denken.«

»Still … siehe, da ist er …!«

In der Tat, ein Reiter war drüben aus dem Buschwald herausgeritten und näherte sich vorsichtig dem Fluss. Beim schwachen Licht der Sterne sahen die beiden Matrosen in seiner Hand eine Waffe blinken, die einer Muskete glich.

Der Reiter kam bis an den Uferrand und sah aufmerksam auf das jenseitige Ufer hinüber, jedenfalls in der Absicht, die Patagonier auszuspähen, die sich im Gebüsche verborgen hatten.

Auf einmal hörte man ein scharfes Pfeifen und eine glänzende Kugel, eine Bola, flog über den Fluss mitten hinein in das früher von Kriegern besetzte Gebüsch. Man hörte eine Art Grunzen, welches Hauka ausstieß, dann folgten noch einige Bolas.

Das Pferd des nächtlichen Reiters machte einen Satz, als sei es getroffen worden, dann setzte es sich am rechten Flussufer in Galopp und verschwand im Osten.

»Es ist Ramon und kein anderer«, sagte der Master.

»Ja, ja, ich habe ihn erkannt«, bestätigte Cardozo. »Ach! Hätten wir ihm doch nur ein Zeichen geben können.«

»Er weiß, dass wir hier sind, mein Junge, und wird fortfahren, uns zu folgen.«

»Wird er wiederkommen?«

»Ja, er wird den Fluss einige Meilen abwärts übersetzen und sich wieder auf unsere Spuren werfen.«

»Glaubst du, dass ihm die Anwesenheit der Argentinier, die wir angreifen werden, unbekannt ist?«

»Ohne Weiteres, denn sonst hätte er gewiss mit seiner Muskete einen Alarmschuss abgegeben.«

»Umso besser.«

Eben wollte sich Cardozo erheben, als sich eine Hand schwer auf seine Schulter legte. Er wandte sich um und stand Aug in Auge Hauka gegenüber, der ihn wütend anfunkelte.

»Sohn des Mondes«, sagte er mit rauer Stimme, »kennst du diesen Reiter?«

»Kennst du ihn?«, erwiderte Cardozo schnell gefasst.

»Das ist unser Feind.«

»Das meine ich auch.«

»Du und dein Genosse müsst ihn kennen.«

»Du täuschest dich, Häuptling«, sagte der Master.

»Hauka hat den Blick der Schlange.«

»Und was willst du damit sagen?«

»Für jetzt nichts, aber nach dem Angriff werden wir weiter darüber sprechen.«

Mit diesen Worten entfernte sich der Häuptling, nicht ohne eine Gebärde der Drohung gegen die beiden Matrosen gemacht zu haben.

»Es hat uns jemand verraten«, murmelte Cardozo.

»So denke auch ich«, sagte der Master.

»Ich habe Verdacht auf einen.«

»Auch ich habe diesen Verdacht.«

Einer schaute den anderen an und derselbe Name schwebte auf beider Lippen:

»Calderon!«

Im selben Augenblick gab der Häuptling den Befehl zum Angriff auf das argentinische Lager.

24. Das argentinische Lager

Auf das Kommando des Häuptlings erhoben sich die Patagonier, die schon ungeduldig waren, sich rühren zu können, wie ein Mann und fassten mit ihren Fäusten die *Bola perdida,* jene schreckliche Schleuderwaffe, welche auf kurze Distanzen ganz gut mit dem Feuergewehr konkurrieren kann.

Sie bildeten zwei Trupps und setzten sich mit möglichster Stille in Bewegung. Die Pferde führten sie am Zügel, denn sie wagten es nicht, zu Fuß zu kämpfen. Mit Vorsicht bogen sie die Zweige des Gebüsches auseinander, die sie etwa hinderten, und hielten sich immerwährend im Schatten der Bäume, um nicht vorzeitig von den Lagerwachen bemerkt zu werden.

Als sie am Saum des kleinen Buschwaldes angekommen waren, spähten sie hinaus in die offene Prärie. Etwa dreihundert Schritte weit von ihnen standen vier große, mit weißen Planen bedeckte Lastwagen, und zwar in einer Doppelreihe aufgestellt, zwei kehrten ihre Langseite nach Norden, zwei nach Süden, um auf diese Weise gegen jeden möglichen Angriff sowohl der Pampas als der Patagonier geschützt zu sein.

In der Mitte schliefen einige Pferde stehenden Fußes, prächtige Tiere, auf dem Boden lagen hingestreckt mehrere Rinder und eine kleine Herde von Hammeln, deren Wolle auf den argentinischen Märkten großen Anwert hat.

Ein einziger Mann wachte, auf sein Gewehr gestützt, und wenige Schritte von ihm weg brannte ein großes Feuer, das man jedenfalls zum Schutz vor den Jaguaren und auch zum Schutz vor den Zähnen der Aguaras *(Procyon cancrivoruo Desm.)* angezündet hatte. Letztere sind wohl feige Tiere, aber in großer Anzahl sind sie sehr kühn und lästig.

Im Lager herrschte tiefe Stille; ein offenbares Zeichen, dass alles fest unter den Zelten schliefe.

Hauka stellte Diego, Cardozo und Señor Calderon, die alle Feuerwaffen besaßen, gegenüber den Wachposten auf, sodass sie sich inmitten eines dichten Kaktusffeldes versteckten mussten; dann befahl er seiner Mannschaft, die Pferde zu besteigen und rechts und links sich so zu verteilen, dass den Argentiniern jeder Rückzug nach Süden, Osten oder Westen unmöglich wurde.

Als alle Krieger ihre Posten eingenommen, ging er mit mehreren seiner mutigsten und befähigsten auf das Lager zu, in seiner Linken hielt er die Lanze, in der Rechten die furchtbare *Bola perdida*.

Der Wachposten, der auf sein Gewehr gestützt eingenickt war, hörte doch das Nahen der Pferde, fuhr aus seinem Schlaf empor, schlug seine Muskete an und rief:

»Wer da?«

»Freunde«, erwiderte Hauka.

»Wer seid ihr?«

»Arme Indianer, die nach Norden wollen.«

»Hier passiert niemand.«

Hauka war jedoch schon so nahe, um seine *Bola perdida* gebrauchen zu können. Er fasste den Riemen fest, ließ die Kugel zwei, dreimal im Kreise schwirren. Dann schleuderte er sie mit voller Kraft auf den Posten.

Man hörte einen dumpfen Schlag, und der mitten auf der Stirn getroffene Wachposten stürzte mit einem grässlichen Aufschrei wuchtig auf den Boden hin.

»Vorwärts, Tehuels!«, donnerte der Häuptling und drückte seinem Pferd in die Weichen.

Alle Patagonier, welche dieses Signal schon sehnsüchtig erwartet hatten, ließen den Pferden die Zügel schießen und sprengten mit erhobenen Lanzen auf die Wagen los, bereit, einen jeden Flüchtling erbarmungslos niederzumachen.

Der Schrei der ermordeten Wache war jedoch von den Lagernden gehört worden. Mit Blitzesschnelle waren die Argentinier auf den Füßen, ergriffen die Waffen, und eine donnernde Gewehrsalve krachte von den Wagen herab und warf drei bis vier Pferde und ebenso viele Reiter nieder.

Die Patagonier, welche gemeint hatten, ohne ernstlichen Widerstand zu finden, über die Schlafenden herfallen zu können, rissen ihre Pferde herum und zerstoben in der Prärie, gefolgt von einer neuen Musketensalve, die wieder zwei bis drei Pferde zu Boden warf. Selbst Hauka ergriff die Flucht und verbarg sich im dichten Gebüsch.

»Sehr gut!«, rief Cardozo, den diese erste Schlappe der Patagonier außerordentlich zu freuen schien.

»Mir scheint, diese Argentinier sind erprobte Burschen«, sagte der Master. »Nur zu, nur zu, meine Lieben! Kitzelt nur tüchtig die Buckel dieser Heidenbagage mit euren Kugeln.«

»Soll ich feuern?«

»Ich möchte gerne auf die Patagonier feuern, Cardozo.«

»Aber wenn sie siegen sollten?«

»Und sie werden siegen, ganz gewiss.«

»Glaubst du das?«

»Es sind zu viele für zehn bis zwölf Mann.«

»Was machen wir also?«

»Wirf dich glatt auf den Boden, um keine Kugel abzukriegen, und schieße in die Luft, wenn du es tun kannst, ohne dass es dieser verwünschte Hauka bemerkt. Da … hörst du? … auch Calderon verpufft sein Pulver.«

»Wird dieser Mensch auf die Argentinier schießen?«

»Pah! Pulverschwendung! Die Argentinier trifft keine Kugel. Aber jetzt vorwärts! Fangen wir das Spektakel an, bevor Hauka kommt.«

Sie verbargen sich im dichten Kaktus, wo sich noch dazu eine Erdmulde für ihr Vorhaben als günstig erwies, und eröffneten ihr Feuer, indem sie alle Schüsse so abgaben, dass die Kugeln hoch über den Wagen ins Blaue hineingingen.

Eine heftige Decharge[1] krachte von den Argentiniern herüber und schmetterte in die Kaktusstaude hinein.

»Ah, da hagelt's ja ganz schrecklich«, rief Cardozo lachend.

»Keine Furcht, mein Junge«, antwortete Diego.

»Bum, Bum! … Das sind ja Musketen.«

»Und zwar des größten Kalibers. Die Nägel fliegen mir nur so mir und dir nichts über den Kopf.«

»Lädt man denn diese Feuerröhren mit Nägeln?«

[1] Hier im Sinne von Entladung von Gewehren gebraucht.

»Auch mit Kieselsteinen.«

Ein wildes Geschrei unterbrach den Master. Die Patagonier hatten sich im Gebüsch gesammelt und drangen nun wieder geschlossen gegen die Wagenburg vor. Cardozo und der Master stellten für den Moment ihr Feuer ein, richteten sich halb auf und verfolgten mit Spannung die Phasen eines Kampfes, der für sie so interessant war, weil er ihnen die Befreiung bringen konnte.

Die Argentinier, die sich innerhalb ihrer Wagenburg verschanzt hatten, erwiderten das Geschrei der Indianer mit einer neuerlichen Gewehrsalve. Jedoch obwohl einige Reiter stürzten, setzten die anderen dennoch ihren Weg fort und heulten sich gegenseitig Mut zu. Fünfzig Schritte vor dem Wagen schwenkte ein Teil im Galopp links ab, um die Argentinier womöglich einzuschließen, und von allen Seiten regnete es nun die schrecklichen *Bolas perdidas*. Diese neue Taktik verwirrte die Angegriffenen, deswegen verließen sie schleunigst ihre Posten und hielten sich in der Mitte der Wagen, um von den dicht hagelnden Bolakugeln, welche die Seitenteile der Wagen, ja sogar die Räder zerschmetterten, nicht getroffen zu werden.

Hauka, der an der Spitze der Seinen galoppierte, ermunterte die Krieger mit lauten Zurufen und durch sein eigenes Beispiel. Er versuchte es, sich mit hochgeschwungener Lanze auf die Argentinier zu stürzen, allein eine neue Musketensalve genügte, um alle, die ihm folgten, zu zersprengen. Doch war es ihnen gelungen, so manche der geschleuderten Bolakugeln rasch wieder aufzulesen, um sie sofort wieder gegen die Feinde zu schicken.

»Das geht schlecht für die armen Argentinier aus«, sagte Diego, der allen Einzelheiten des Kampfes mit gespanntester Aufmerksamkeit gefolgt war. Wohl schoss er noch von Zeit zu Zeit seinen Karabiner ab, aber dessen Kugeln taten niemanden etwas zuleide.

»Was glaubst du, Matrose?«, fragte Cardozo.

»Binnen zehn Minuten wird sich Hauka mitten hinein zwischen die Wagen auf die Argentinier werfen, und dann entgeht keiner den Lanzen seiner Reiter.«

»Wäre ich vom Gegenteil überzeugt, so möchte ich sofort das Feuer auf diese Prärieräuber eröffnen.«

»Hüte dich das zu tun, wenn dir dein Leben auch nur ein bisschen lieb ist, mein Junge.«

»Aber Matrose, ist das nicht bitter, weiße Menschen durch diese Heidenstrolche abschlachten zu lassen?«

»Unsere Hilfe wäre von keinem Nutzen, Cardozo. Würde ihnen dadurch geholfen werden, hätte ich schon längst eine Kugel zu unserem Freund Hauka hinübergeschickt.«

»Da schau! Die Patagonier ändern ihre Taktik.«

»Ja, sie teilen sich, um von zwei Seiten her die Position der Argentinier zu erstürmen. Wenn die nicht bald Reißaus nehmen, entkommt keiner mit dem Leben.«

»Und wird man sie entwischen lassen?«

»O ja, die Patagonier haben mehr Interesse am Inhalt der Wagen als an der Haut der Argentinier. Ha! …«

»Was gibt es?«

»Die Argentinier entschließen sich, sich durchzuschlagen. Wohlan, noch ein bisschen Spektakel gemacht und dann gehen wir auf ein gutes Stück frischen Fleisches.«

Der Matrose hatte es erraten. Die Argentinier, die sich in Rücksicht auf die erlittenen Verluste im Nachteil sahen und vielleicht auch einen Mangel an Munition litten, benützten den Moment, wo die Patagonier sich in zwei Kolonnen für einen gemeinsamen Lanzenangriff zusammenschnürten, verließen auf einmal ihre Wagenburg und flohen hinaus in die weite Prärie. Es waren ihrer sieben; sie hatten ausgezeichnete Pferde und hielten ihre Musketen in den Fäusten.

Für die Patagonier war Plünderung die Hauptsache. Nichtsdestoweniger warfen sie sich auf die Fliehenden. Diese aber wendeten sich und gaben eine letzte donnernde Salve gegen ihre Verfolger ab, dann stießen sie ihren Pferden die Sporen in die Weichen und rasten in gestrecktem Galopp nach Westen.

Hauka sprengte ihnen an der Spitze von etwa zwanzig seiner Krieger nach und schleuderte die letzten Bolas nach ihnen, allein nach fünf- bis sechshundert Schritten musste er die Verfolgung wegen der Müdigkeit seiner Pferde aufgeben, die schon seit einer Stunde galoppierten, ohne den langen Ritt vom Vortag in Rechnung zu ziehen.

In der Ferne hörte man noch dann und wann einen Musketenschuss oder den Knall eines Karabiners, dann war es wieder vollkommen still auf der weiten Prärie.

»Jetzt ist alles vorbei«, sagte Diego. »Die kriegen sie nicht mehr.«

»Umso besser«, meinte Cardozo. »Wenn es sich auch um Feinde von uns handelt, so schmerzt mich der Tod dieser wackeren Argentinier doch sehr tief.«

»Nun heißt es, Achthaben, und sowie sich eine Gelegenheit ergibt, laufen auch wir auf und davon.«

»Worauf hoffst du?«

»Das ist mein Geheimnis, Bürschchen!«

Als die Patagonier zurückkehrten, warfen sie sich wie ein Mann auf das argentinische Lager, das heißt auf die vier Lastwagen. Sie brannten voll Begier nach Plünderung und kümmerten sich nicht um die Leichen ihrer Genossen, die in ziemlich großer Anzahl im Gras herumlagen, noch um die ihrer Feinde, welche einen entsetzlichen Anblick boten, denn ihre Köpfe waren durch die Bolas grässlich zerschmettert.

Kisten und Schachteln, Fässer und Pakete wurden von den Plünderern aufgebrochen und aufgerissen. Sie enthielten Lebensmittel und Kleider. Alles geschah mit einer Raserei sondergleichen, sie stritten und zankten wild miteinander und dazwischen fiel mancher Faustschlag und blitzte mancher Lanzenstoß. Auf einmal erhob sich unter ihnen ein geradezu diabolisches Geheul, man sah zwei Mann von einem Wagen heruntersteigen und zwei schwere Fässchen in ihren kräftigen Armen tragen, jedes mochte einen halben Hektoliter fassen.

Alle anderen rannten ihnen nach, auch Hauka, der die Hände weit vorstreckte und wie ein Zahnbrecher schrie und brüllte.

»Haben sie denn einen Schatz gefunden?«, fragte Cardozo, der mit Diego und dem Regierungsagenten nähergekommen war.

»Ja, einen Schatz, aber in der Form von *Caña*-Branntwein«, erwiderte der Master, dessen Gesicht freudig leuchtete. »Jetzt werden wir Zeugen eines wüsten Gelages sein, mein Bürschchen, und wir wären auf den Kopf gefallen, wenn wir daraus nicht Nutzen ziehen möchten.«

»Inwiefern, Matrose? Rechnest du darauf, mittrinken zu dürfen, dann täuschest du dich. Nicht einen Schluck werden diese Schlemmer dir vergönnen.«

»O, auf das Saufen verzichte ich gern«, erwiderte der Matrose und lächelte geheimnisvoll. »Also vorwärts Kumpane, die Fässer aufgemacht!«

Es bedurfte keiner Aufforderung. Die Patagonier sind geradezu schreckliche Saufbolde und lieben geistige Getränke bis zum Wahnsinn, eine Erscheinung, die bei wilden Völkerschaften sehr oft wiederkehrt.

Im Nu waren die beiden Fässer aufgebrochen und nun tranken sie mit Gier das feurige Nass, indem sie es mit der Hohlhand herausschöpften.

Blinde Raserei schien sich aller zu bemächtigen; sie stießen, drängten und balgten sich und hieben wütend aufeinander ein, um als erste ihre Hände in das Feuerwasser tauchen zu können. Der Branntweingeruch verbreitete sich weit umher und lockte auch jene herbei, welche bisher weiter entfernt waren und jetzt fürchteten, zu spät zu diesem festlichen Genuss zu kommen. Hauka war gerade so rasend wie die anderen, er lechzte vor Gier und hatte sich ganz allein des einen Fässchens bemächtigt und beugte sich über dasselbe, indem er mit aller Kraft die anderen, welche ihn wegziehen und seine Stelle einnehmen wollten, davontrieb.

Cardozo und der Master saßen in geringer Entfernung auf der Erde, die Karabiner schussbereit, und waren auf alles gefasst; wussten sie doch, dass man sich bei betrunkenen Wilden auf alles gefasst machen müsse. Mit größter Spannung verfolgten sie dic Rauferei der Zecher. Hinter ihnen stand Calderon, wie gewöhnlich traumverloren, gleich als bemerke er gar nichts von dem, was um ihn vorging.

Die Trinker schienen einen bodenlosen Magen und eine fabelhafte Widerstandskraft zu besitzen, denn trotz all der häufigen und wiederholten »Schlücke« schienen sie gut bei Sinnen zu bleiben und stets die Sache mit erneuerter Kraft in Angriff zu nehmen. Doch auf einmal war es, als lege sich allmählich der unauslöschliche Durst.

Einige der Indianer, wahrscheinlich die weniger starken, taumelten und rollten wie ein Schiff im Taifun, wie der Master sich energisch ausdrückte. Hauka, der bislang siegreich gegen alle Wegdrängelungen seiner Genossen Widerstand geleistet hatte, fiel der Länge nach auf den Boden hin und vermochte, wie es schien, weder Füße noch Hände zu rühren, so betrunken war er.

»Das ist Nummer eins!«, sagte der Master. »Vor vierundzwanzig Stunden steht der nicht mehr auf.«

»Nummer zwei!«, sagte Cardozo. »Da schau! Dort ein anderer, der niederpurzelt, als hätte ihn eine Ohnmacht befallen.«

»Ein Zeichen, dass die erbeutete *Caña* eine vortreffliche Qualität besitzt.«

»Besteht die Gefahr, dass sie später wütend werden?«

»Umso schlechter für sie, wenn sie mit uns anbinden wollten. Ich habe die Patronenpakete gefunden, die uns Hauka abgenommen, als er uns zu Gefangenen gemacht hat. Wir können mit ihnen all diese Trunkenbolde zum Teufel schicken … Nummer vier! …«

Wirklich waren wieder zwei Patagonier zur Erde gerollt, gleich als wären sie des Todes. Die anderen fuhren fort, mit der Hohlhand den Branntwein aus dem Fass zu schöpfen und zum Munde zu führen, aber es wollte nicht mehr recht gelingen, sie erhielten sich wahrlich nur durch ein Wunder des Gleichgewichtes auf den Füßen.

Einige, rasend geworden durch den massenhaften Genuss, stritten sich wütend und bearbeiteten sich gegenseitig mit wuchtigen Faustschlägen, andere sangen und schrien wie die Zahnbrecher und tanzten mit wirren Haaren, zerfetzten Mänteln und blöden Augen wild durcheinander, während zwei oder drei sich in krampfhaften Zuckungen auf dem Boden wälzten, in den zusammengeballten Händen sonderbar geformte Pfeifen haltend, aus denen sie weiß Gott, was für ein Höllenkraut geraucht hatten.

»Sind die denn vergiftet?«, fragte Cardozo, der sich aufgerichtet hatte, um diese sonderbaren Raucher besser zu sehen.

»Nein, sie frönen einem Vergnügen«, antwortete der Master.

»Aber siehst du nicht, wie sie sich in Krämpfen winden?«

»Ich wiederhole dir, dass sie sich vergnügen.«

»Aber erkläre mir das doch näher.«

»Da, schau hin auf diesen Raucher und verliere ihn nicht aus dem Auge.«

Ein Patagonier, der sich wunderbarerweise trotz reichlichen Branntweingenusses noch auf den Beinen hielt, hatte sich in demselben Augenblick etwas von seinen Kameraden entfernt, die sich wütend um die letzten Tropfen *Caña* rauften. Er hielt seine Steinpfeife in der Hand.

Er legte sich ins Gras, oder besser gesagt, er ließ sich ins Gras fallen und stopfte seine Pfeife mit Tabak, welchem er etwas beimischte, das er von der Erde aufgelesen zu haben schien.

»Das ist Mist«, sagte der Master, ohne die Frage Cardozos abzuwarten, »Pferdemist, den der Raucher seinem *Golk*[1] beigemischt hat.«

Der Indianer brannte die Mischung an, legte sich auf den Bauch und zog den Rauch sieben bis achtmal ein, behielt ihn jedes Mal einige Zeit bei sich, dann stieß er ihn durch die Nase wieder heraus. Auf einmal trat eine sonderbare Erscheinung auf: die Pfeife entfiel

[1] Tabak. *(Anm. d. Autors)*

seiner Hand, er verdrehte die Augen, sodass man nur das Weiße derselben sehen konnte, seine Kräfte verließen ihn, er warf sich hin und her und verkrümmte in Krämpfen seine Glieder, röchelte laut auf und spie aus seinem Mund ganze Güsse von Speichel.

»Ist er betrunken?«, fragte Cardozo.

»Jawohl«, erwiderte der Master lachend.

»Und du behauptest, das sei ein Vergnügen?«

»Es muss so sein, denn die Patagonier rauchen alle auf diese Weise, sie sagen, auch ihre Götter hätten Anteil an diesem seltsamen Vergnügen. Bevor sie das Rauchen beginnen, opfern sie ihnen ein Maul voll und ein Gebet dazu.«

»Und dauern diese Krämpfe sehr lange?«

»Wenige Minuten, denn gewöhnlich machen ihnen die Kameraden der Raucher durch einen langen Schluck Wassers ein Ende.«

Währenddessen fielen sieben oder acht andere Zecher, alle sternhagelvoll, auf den Boden nieder. Der Master, der die Patagonier nicht aus den Augen verlor, sprang behänd auf.

»Cardozo«, sagte er, »die Stunde der Befreiung ist gekommen. Binnen weniger Minuten wird sich keiner der Indianer fest auf den Füßen halten können und vor zwölf Stunden wird Hauka unser Verschwinden nicht bemerken; fliehen wir!«

»Ich bin bereit, dir zu folgen, Matrose!«, antwortete Cardozo und sprang mit dem Karabiner in der Hand auf seine Füße.

»Geh, richte drei Pferde her und führe sie hinter die Wagen.«

»Geht der Regierungsagent auch mit uns?«

»Wenn er hier bleiben will, ist es recht, er würde mir sogar einen Gefallen dadurch erweisen.«

»Und wohin geht unsere Flucht?«

»Nach der Grenze von Chile.«

»Vortrefflich.«[1]

»Und Ramon?«

»Potz Blitz! …«

»Wir dürfen ihn nicht verlassen.«

»Wir werden ihn suchen.«

»Aber wo?«

»Er kann nicht weit von uns sein, und überdies ist es sehr wahrscheinlich, dass wir ihm begegnen.«

[1] Diese Zeile fehlt bisher in der deutschen Übersetzung.

»Ich laufe, um die Pferde herzurichten.«

Während sich Cardozo, durch den Kaktus gedeckt, entfernte, näherte sich der Master dem Regierungsagenten, der lang ausgestreckt träg und sorglos dort im Gras lag.

»Señor Calderon«, sagte er.

»Sie wünschen?«, fragte der Agent und erhob sich langsam.

»Die Patagonier sind alle besoffen.«

»Umso schlechter für sie.«

»Und wir fliehen.«

»Ihr flieht?«, fragte der Agent betroffen.

»Ja, Señor.«

»Wollt ihr euch selber töten?«

»Besser inmitten der Prärie den Tod finden, als Sklaven dieses Raubgesindels zu sein. Kommen Sie mit?«

Der Agent kreuzte die Arme über die Brust und sah den Master starr an, ohne zu antworten.

»Haben Sie mich verstanden?«, fragte der Matrose fast drohend.

»Vollkommen.«

»Und nun?«

»Ihr tragt die Millionen des Präsidenten bei euch, ich gehe mit euch!«

25. Ramon, der Gaucho

Cardozo erwartete sie am bezeichneten Ort. Er hielt drei kräftige Pferde am Zügel. Er hatte die besten unter den Tieren der Patagonier ausgesucht. An den Sätteln derselben hingen mehrere Ledersäcke mit *Charqui* und Gummi gefüllt. Man konnte sich ja nicht auf den Ertrag der Jagd während des Rittes verlassen, deshalb hatte Cardozo für den Proviant gesorgt.

Niemand hatte ihn beobachtet, so sternhagelvoll waren die Patagonier, und die noch ein bisschen nüchtern waren, soffen um die Wette. Mithin konnte in diesem Augenblick die Flucht ohne jegliche Gefahr bewerkstelligt werden.

Als der Master gefolgt vom Regierungsagenten erschien, war der wackere Junge längst im Sattel, bereit, in die Weite hinaus zu galoppieren.

»Beeilen wir uns«, sagte er. »Jeden Augenblick kann die Nachhut eintreffen, sie kann sehr leicht die Gewehrschüsse der Argentinier gehört und ihren Marsch beschleunigt haben.«

»Wir sind bereit«, erwiderte der Master und schwang sich in den Sattel. »Hast du deinen Karabiner geladen?«

»Ja, Matrose!«

»Und Sie Ihre Pistolen, Señor Calderon?«

Der Regierungsagent machte eine bejahende Gebärde mit dem Kopf.

»Also reiten wir und Gott möge uns beschützen.«

Er warf einen letzten Blick auf das Lager. Beim Scheine der letzten Feuer sah er, wie sieben oder acht Patagonier, die schrecklichsten Saufbolde der Bande, sich miteinander um die zwei jedenfalls bereits geleerten Fässer aufs Lebhafteste stritten. Alle anderen lagen durcheinander vor den Wagen und halb verdeckt im Gras und schnarchten so gräulich stark, dass man es sicher einige hundert Schritte weit hören konnte. Er warf einen zweiten Blick auf den Río Colorado, dessen Wasser aus den Lichtungen des Waldes hervorschimmerten. Man sah nichts und hörte auch nicht das mindeste, ein Nahen der Nachhut verratende Geräusch.

»Vorwärts!«, rief er und drückte seinem Pferd die Sporen in die Flanken.

Die drei Tiere flogen in Galopp nach Westen, dorthin, wo die chilenische Grenze sein musste. Im patagonischen Lager hörte man wohl vereinzelte Schreie, doch sie verstummten bald und tiefe Stille lag über der Prärie, nur vom dumpf dröhnenden Galopp der Pferde unterbrochen.

Die Nacht war dunkel, denn der Himmel war zur Hälfte mit dichten Massen von Dünsten, die vom Süden aufstiegen, bedeckt und ein kalter Wind blies manchmal ganz ungemütlich und bog die Spitzen des Kaktus und der Disteln. Der Master hatte nur ein Mittel, sich zu orientieren, und das war das Kreuz des Südens, welches ab und zu aus den Nebeln hervorstrahlte.

Sie hatten annähernd vier Meilen zurückgelegt, indem sie auf einer Art von Weg oder Pfad dahinritten. Er führte zwischen zwei dichten Kaktusbeständen und stacheligen Gebüschen hindurch. Plötzlich hielt Calderon sein Pferd mit heftigem Ruck an.

»Was haben Sie, Señor Calderon?«, fragte Cardozo, der unmittelbar hinter ihm ritt und seinen Karabiner quer vor sich liegen hatte.

»Wohin gehen wir denn eigentlich?«, fragte der Agent.

»Sie sehen, dass wir fliehen«, sagte der Master, der ebenfalls anhielt.

»Aber wir rennen ja stets westwärts.«

»Ja, dorthin geht unser Weg.«

»Der führt ja nach Chile.«

»Sehr wohl, und …?«

»Warum fliehen wir nicht nordwärts?«

»Haben Sie vielleicht vergessen, dass die Argentinier unsere Feinde sind?«

»Was kümmert uns das?«

»Tragen wir nicht die Millionen des Präsidenten bei uns?«

»Wer weiß das?«

»He? … Wer? … Bei allen Walfischen und Seekälbern!«, rief der Master aus. Es schien ihm der Geduldfaden zu reißen und eine saftige Grobheit auf seinen Lippen zu schweben. »Wir sind ja unser drei und wissen es ganz gut, Herr Regierungsagent.«

»Da setzen Sie voraus, dass … Scherzen Sie, Master Diego?«

»Nehmt an, ich scherze oder ich sei außerordentlich argwöhnisch, das ist mir ganz gleich. Genug ich trabe nach Chile.«

»Und ich folge dir, Matrose«, fügte Cardozo hinzu.

»Und wenn ich mich widersetzen würde«, sagte Señor Calderon, dessen Blässe noch tiefer wurde.

»Holla! Señor, wir sind weder am Deck des *Pilcomayo* noch auf dem Territorium unserer Republik«, antwortete unwirsch der Master. »Wir sind hier in der Prärie und sind vollkommen frei.«

»Wollt ihr vielleicht meutern?«

»Nennen Sie es, wie es Ihnen gefällt, ich tue das, was mir passt, Señor Regierungsagent. Wenn es Ihnen nicht beliebt, uns nach Chile zu folgen, so steht Ihnen nichts im Weg, in die Arme Ihres teuren Hauka zurückzukehren, der sehr glücklich sein wird, seinen Zauberer wiederzusehen.«

»Elende!«, schrie der Agent auf und riss eine Pistole aus seinem Gürtel.

»Hoho! Señor Calderon!«, rief der Master und hob seinen Karabiner, während Cardozo das Gleiche tat. »Ich erinnere Sie, wir sind allein und mein Karabiner hat eine Kugel.«

Señor Calderon heftete seine beiden Augen, in denen düsteres Feuer glühte, auf den Master und wurde bleich wie ein Leichnam; dann steckte er die Pistole rasch wieder in den Gürtel und sagte mit einem erzwungenen, recht schlecht gelungenen Lachen:

»Seien wir doch nicht so töricht, in einem Augenblick einander zu bedrohen, wo wir auf die gegenseitige Hilfe mehr denn je angewiesen sind, um allen kommenden Gefahren die Stirn zu bieten. Also nieder mit den Waffen und galoppieren wir nach Chile.«

»Ich verlange nichts anderes für mich, Señor Regierungsagent«, antwortete der Master. »Sprechen wir nicht mehr weiter über diese böse Geschichte und denken wir daran, unsere Haut zu retten.«

»Galopp«, rief Cardozo seinem Pferde zu.

Die Flüchtlinge nahmen ihren Ritt wieder auf und hielten sich auf dem Wege, der zwischen Kaktus und Stachelgebüsch weit nach Westen der chilenischen Grenze entgegenführte, freilich war letztere wohl noch sehr weit entfernt. Ein zweiter Zwischenfall, gefährlicher als der erste, unterbrach neuerdings ihre überstürzte Flucht.

Gerade nahmen sie im Ritt eine kleine Anhöhe, als sie unvermutet einen sonderbaren Pfiff hörten, dem bald darauf ein dumpfes Dröhnen folgte, geradeso, als galoppiere ein Pferd über eine Grasebene.

Der Master, der stets offene Augen und Ohren behielt, stand sofort mit seinem Pferd still und schaute nach Verdächtigem ringsumher.

Er sah nichts. Das Gesträuch war zu hoch und er hörte auch das Getöse nicht mehr, sosehr er seine Ohren auch spitzte. Selbst am Boden vernahm man nichts mehr.

»Sollte ich mich getäuscht haben?«, murmelte er, während Cardozo in den Kaktusbestand eindrang, um die Ebene in der entgegengesetzten Seite zu beobachten.

Unruhig stieg er aus dem Sattel und legte sein Ohr auf die Erde, aber er hörte nichts Verdächtiges.

»Siehst du nichts, Cardozo?«, fragte er.

»Nichts, gar nichts«, antwortete der Junge, der sich in den Steigbügeln erhoben hatte, um eine größere Fläche überschauen zu können. »Und Sie, Señor Calderon?«

Der Agent, der wieder in seine Schweigsamkeit zurückgefallen war, machte mit seinem Kopf eine verneinende Gebärde.

»Sonderbar!«, murmelte der Master. »Wir sind doch nicht taub.«

»Was machen wir?«, fragte Cardozo, welcher auf den Weg zurückgekehrt war.

»Wir wollen unsere Karabiner bereithalten und vorwärts eilen.«

Er sprang in den Sattel, untersuchte seinen Karabiner und sprengte begleitet von seinen beiden Genossen vorwärts. Die Pferde, mit

Zügel und Zaum bearbeitet, nahmen im Galopp die kleine Anhöhe und flogen im gestreckten Lauf an der entgegengesetzten Seite hinab.

Mit einem Mal stürzte das Pferd des Masters wie vom Blitz getroffen zur Erde und schleuderte den Reiter mitten hinein in die Kaktusstauden. Die beiden anderen Pferde, welche die Stelle unmittelbar darauf passierten, stürzten in gleicher Weise und Cardozo wie auch der Agent flogen rechts und links aus ihren Sätteln.

Fast im selben Augenblick blitzte es in der Dunkelheit auf, ein mächtiges Krachen erscholl und ein ganzer Regen von Projektilen prasselte pfeifend über die Gestürzten hinweg.

Cardozo, der behändeste von allen, sprang zuerst auf seine Füße, und ohne sich davon zu überzeugen, ob er nicht irgendein Gebein bei diesem Purzelbaum gebrochen, schlug er den Karabiner auf einen Mann an, welcher urplötzlich mit einer noch rauchenden Muskete aus den Gebüschen hervortrat. Schon wollte er feuern, da warf sich ihm dieser Mann mit dem Ruf entgegen:

»Halt, Cardozo! ...«

Der Junge ließ den Karabiner sinken und stieß einen Freudenschrei aus.

»Potz Blitz, Granaten und Bomben!«, rief der Master, der sich hinkend erhoben hatte. »Wer ermordet denn hier ehrliche Leute?«

»Ich!«, erwiderte eine wohlbekannte Stimme.

»Ramon!«, rief der Master. »Potz Blitz, Granaten und Raketen!«

Der Gaucho kam ihnen entgegen, er führte sein Pferd, das er im Gebüsch angepflockt gehabt hatte, am Zügel.

»Mir tut es unendlich leid, Señors, dass ich euch so hart zum Sturz brachte und dabei eure Pferde beschädigt habe«, sagte er im Ton aufrichtigen Bedauerns. »Ich hoffe doch, dass keiner von euch verwundet wurde.«

»Mir scheint das nicht«, antwortete der Master, der sah, wie sich der Regierungsagent ohne fremde Hilfe erhob. »Ich versichere Euch, dass der Purzelbaum ein ganz gewaltiger war und dass ohne diesen Kaktus da kein einziger unserer Knochen heil geblieben wäre, mein teurer Ramon. Was in aller Welt habt Ihr auf diesem Weg gemacht, das uns alle drei so rasch aus dem Sattel warf?«

»Ich habe meinen Lasso zwischen zwei Gebüschen quer über den Weg gespannt«, antwortete der Gaucho.

»Und für wen war denn das bestimmt?«

»Für die Patagonier, welche meinen Spuren folgten.«

»Pah! Die sind alle total besoffen.«

»Wer? Die Patagonier?«

»Ja, sie sind ganz und gar besoffen. Alles Wirkung eines ausgezeichneten *Caña*-Branntweines«, fügte Cardozo hinzu.

»Und ihr habt davon Nutzen gezogen und seid geflohen.«

»Ja, wie Ihr seht«

»Ich bin unendlich glücklich, euch wieder frei zu sehen, Señores. Ich bin euch schon seit Langem gefolgt, immer in der Hoffnung, euch zur Flucht verhelfen zu können.«

»Und wir danken Euch von ganzem Herzen dafür, denn wir wissen genug von Euren tollkühnen Versuchen zu erzählen, uns den Klauen unserer Wächter zu entreißen.«

»Ihr habt mich also erkannt?«, fragte der Gaucho lachend.

»*Caramba!* Wer sollte Euch, lieber Freund nicht sofort erkennen? Aber …«

»Was wollt Ihr sagen, Diego?«

Der alle Seebär hatte mit einem Mal innegehalten und blickte den Gaucho starr an.

»Sprecht«, sagte Ramon.

»Ich verursache Euch vielleicht bitteres Leid.«

»Ich verstehe Euch«, erwiderte der Gaucho düster. »Mein Bruder ist tot.«

»Ermordet?«

»Ja von den Patagoniern. Ich habe seinen Leichnam von zwei Lanzenstichen durchbohrt aufgefunden.«

»Armer Pedro!«, riefen der Master und Cardozo aus einem Mund.

»O! Ich habe ihn aber gerächt«, stieß der Gaucho hervor und ein Zug von Wildheit verzerrte sein sonst so gutmütiges Gesicht. Doch schnell wechselte er den Ton und sagte: »Doch jetzt verlieren wir keine Zeit. Die Minuten können kostbar sein. Die Patagonier werden nicht säumen, uns zu verfolgen, ihr werdet sehen.«

»Also reiten wir«, sagte der Master.

»Aber können unsere Pferde denn noch laufen?«, fragte Cardozo.

»Wir wollen sehen«, sagte Ramon.

Sie wandten sich den drei Tieren zu, welche am Boden lagen und sich noch nicht erhoben hatten, und versuchten sie auf die Füße zu bringen. Eines gehorchte, die anderen aber waren nicht dazu zu bringen und wieherten vor Weh und Schmerz. Als man sie näher untersuchte, fanden Ramon und der Master, dass beide sich die Vorderfüße gebrochen hatten.

»Das ist ein Unfall, der uns sehr teuer zu stehen kommen kann«, sagte der Gaucho kopfschüttelnd.

»Was machen wir?«, fragte der Master.

»Wir müssen dessen ungeachtet fliehen.«

»Unsere Füße sind nur durch die Patagonier ruiniert.«

»Durch Einschnitte? Hab es mir gedacht, Master Diego. Wir werden die beiden gesunden Pferde besteigen und trachten, eine Estanzia zu erreichen, welche sich dreißig Kilometer nordwärts befindet.«

»Und dann?«

»Dann machen wir Jagd auf irgendeinen Trupp wilder Pferde.«

»Reiten wir also.«

Es war keine Zeit zu verlieren. Drei Stunden waren bereits verstrichen und die Patagonier konnten bereits auf ihren Pferden sitzen, um den Gefangenen nachzujagen. Sie mussten so schnell als möglich ihre Flucht fortsetzen und danach trachten, die vom Gaucho in Aussicht genommene Estanzia zu erreichen, das allein konnte sie retten.

Ramon und Cardozo bestiegen den Mustang, die beiden anderen das den Patagoniern abgenommene Pferd, und nun ging es im Flug nordwärts dem Lago Urre zu, der nichts anderes als ein großes Sammelbecken der Flüsse Cho di Euba und Desanguadero ist, welche von der gewaltigen Kette der Anden herabströmen.

Es fing zu tagen an.

Die Finsternis verschwand schnell und die unendliche Prärie lag, von blendendem Licht übergossen, vor ihren Blicken, die Prärie mit ihrem reichen bewegten Leben. Zahlreiche Schwärme grauer Papageien, prächtiger Kardinale *(Larckinalus virginianus)* und Feldhühner erhoben sich aus dem dichten Gras und schrien und sangen und schmetterten lustig durcheinander, während zahlreiche Nandus *(Rhea americana)*, Vögel, die ziemlich den afrikanischen Straußen gleichen, ihre hässliche Stimme erhebend nach allen Seiten auseinanderstoben und *Guillius* in den Salztümpeln auf und abtauchten. Tiere, die etwas den Fischottern gleichen und ein Pelzwerk liefern, das wie Biberfell geschätzt wird.

Die beiden Pferde gingen, trotz ihrer Doppellast und obwohl sie schon viele Kilometer durchgelaufen hatten, schnell und feurig, fast ganz bedeckt durch das hohe und dichte Gras der Prärie. Freilich sparten auch die Reiter, denen es darum zu tun war, eine möglichst große Distanz zwischen sich und den Patagoniern zu schaffen, weder Zuruf noch Sporn, um sie stets im gleichen Gange zu erhalten.

Um neun Uhr machte der Gaucho, der zuerst ritt, an einem kleinen Wasserlauf Halt. Die Prärie war vollkommen ruhig und still. Im Wasser tummelten sich dicke Aale, Forellen und köstliche Karpfen *(Cyprinus regius)*.

Die Pferde waren erschöpft und verlangten ein wenig Ruhe, und die Reiter, welche fast die ganze Nacht hindurch gewacht hatten, waren müde. Ramon benützte die kurze Rast, um mit einem Musketenschuss ein paar Dutzend Papageien, welche im Gezweig der *Bonghe* kreischten, zu erlegen. Cardozo fand einige Straußeneier in einer Mulde eingebettet.

Der Master, der fast vor Hunger verschmachtete, kochte ein halbes Dutzend dieser Eier, die sofort, trotz ihres widerlichen Wildgeschmackes, verzehrt wurden.

Um elf Uhr setzten sich die Reiter wieder in Bewegung; sie folgten einem kleinen *Arroyo*, einem Flüsschen, das zum Lago Urre zu eilen schien. Von den Patagoniern erblickte man keine Spur, obschon Ramon mehrmals sein Ohr auf den Boden legte, um so besser den nahenden Galopp ihrer Pferde zu vernehmen.

Weder der Gaucho noch der Master täuschten sich über die ihnen wohlbekannten Patagonier. Beide verrieten lebhafte Unruhe, gar oft hielten sie an, um Gras und Gesträuch zu durchsuchen, ihre Ohren anzustrengen und mit ihren Augen scharf den Süden abzusuchen. Sie waren in der beständigen Furcht, jeden Augenblick am Horizont die Pferde auftauchen zu sehen.

Mehrmals vermeinten sie fernes Geschrei und fernen Pferdegalopp zu hören; dann standen sie still, machten ihre Gewehre schussbereit und ließen ihre Pferde sich ins Gras strecken.

Trotzdem verging der Tag in Ruhe und als es Abend wurde, lagerten sie inmitten eines dichten Gebüsches. Sie hatten vom Lager der Patagonier aus bis hierher über sechzig Meilen zurückgelegt.

Sicher, hier weder gestört noch bemerkt zu werden, schliefen sie alle nach einem frugalen, aus *Charqui* und Straußeneiern bestehenden Abendessen fest ein.

Am Morgen setzten sie durch den erquickenden Schlaf neu gestärkt ihre Flucht fort. Sie ging wie gestern immer nordwärts.

Mittags, nach einem Ritt von weiteren zwanzig Meilen, kündigte Ramon, der voran ritt, die so lang ersehnte Estanzia an.

»Es war höchste Zeit«, rief der Master aus. »Unsere Pferde sind total kaputt.«

»Wir werden uns andere fangen«, sagte der Gaucho, der auf dem Boden mehrere Spuren bemerkte.

»Ist diese Estanzia bewohnt?«

»Nein.«

»Haben sich ihre Eigentümer geflüchtet?«

»Ja, es scheint so.«

»Sind die Pampas hierhergekommen?«

»Sehr wahrscheinlich.«

»Hoffen wir, dass sie noch gut erhalten ist.«

»Die Umzäumungen sind noch unversehrt.«

»Seid Ihr schon einmal da gewesen?

»Ja, Master.«

»Wann?«

»Das werde euch später erzählen, jetzt seid schussbereit und vorwärts!«

26. Die verlassene Estanzia

Die Estanzias der Pampas bestehen für gewöhnlich aus einem starken Palisadenzaun, um gegen feindliche Indianerüberfälle gesichert zu sein, und aus einer oder zwei Hütten, die mittels luftgetrockneter Ziegel oder mittels Zweigen errichtet werden und den *Puesteros* oder Hirten zum Aufenthalt dienen.

Sie finden sich in beträchtlicher Anzahl auf dem von Argentinien abhängigen Territorium, aber stundenweit voneinander entfernt, zerstreut und ganz abseits von bewohnten Mittelpunkten in fast gar keiner oder nur sehr seltener Berührung mit der lebenden Mitwelt. Sie dienen als Sammelplätze für die zahllosen Viehherden, für Rinder und Pferde der großen Besitzer, welche sehr oft tausende von Stücken ihr Eigen nennen. Diese Herden sind der Obhut weniger Hirten anvertraut, welche sich meistens aus Basken, Deutschen oder Elsässern rekrutieren. Sie haben einen Monatslohn von siebenundzwanzig bis dreißig Gulden und überdies eine bestimmte Ration von Mate, Zucker, Rum und Kerzen.

Die Beschäftigung dieser *Puesteros* oder *Corrales* besteht in der Schafschur, wobei sie die gewonnene Wolle in Säcke füllen, um sie dann dem *Catapaz*[1] ihres Herrn zu übergeben, – in der Wartung und Zucht des Viehes und in seiner Verteidigung gegen die Pampasräuber oder gegen die Angriffe der Kaguaren und Jaguaren.

Die Estanzia, auf welche die Flüchtlinge zuhielten, unterschied sich nicht viel von anderen. Sie war klein, die Umzäunung nicht sehr ausgedehnt, und enthielt nur eine Hütte, die aus luftgetrockneten Ziegeln hergestellt und zum Teil eingeschlagen war.

In ihrer Nähe bemerkte man nichts außer massenhaftem Mist, einige Tiergerippe und einen Wagen, der einen furchtbaren Angriff ausgehalten haben musste, denn seine Seitenteile waren zertrümmert, seine Decke zerfetzt. Auch einige Rinderschädel lagen herum, welche offenbar von den *Puesteros* als Stühle benutzt worden waren.

Weder außen noch drinnen war irgendeine Seele zu bemerken, nur einige *Chimangos*, Aasgeier, saßen schläfrig und faul auf dem First der Hütte.

Ramon, der sich mit einem raschen Blick überzeugt hatte, dass sich innerhalb des Zaunes kein Indianer verborgen hielt, ritt zur Hütte hin und sprang dort aus dem Sattel, indem er den anderen zurief, das Gleiche zu tun.

Mit der Muskete in der Hand, stets schussbereit, umkreiste er zuerst mit größter Vorsicht das elende Nest, dann trat er mit gespanntem Hahn in die Hütte. Alles war öde und leer. Als Ramon dieses sah, wendete er sich an seine Genossen und rief:

»Jetzt sind wir in unserem Haus!«

»Waren denn so große Vorsichtsmaßregeln nötig?«, fragte Cardozo, »Wer wird denn solch ein elendes Nest beziehen?«

»Von den Indianern kann man jede Überraschung erwarten«, erwiderte der Gaucho. »In der Pampa kann man nie vorsichtig genug sein.«

»Sehr wahr!«, bestätigte der Master.

»Aber wohin sind denn die Eigentümer dieser Behausung geflohen?«, fragte Cardozo.

»Ich weiß es nicht«, antwortete Ramon.

»Haben sie ihr Vieh mitgenommen?«

»Ja, wohl über tausend Stück.«

»Und wo wird das jetzt sein?«

»Wahrscheinlich in der Prärie zerstreut.«

---

[1] Haushofmeister. *(Anm. d. Übers.)*

»Dann wird es ein anderer Besitzer wegnehmen.«

»Ihr irrt Euch, Cardozo«, sagte der Gaucho. »Das Vieh der Estanzias, seien es nun Pferde, Rinder oder Schafe, tragen alle eine bestimmte Marke, die allen großen Viehzüchtern bekannt ist. Man brennt dem Vieh dieses Zeichen mit einem glühenden Stempel auf das Fell, den Schafen aber, um ihre kostbare Wolle nicht zu ruinieren, auf das Ohr. Diese Marken sind bei den argentinischen Behörden hinterlegt und sind eine Garantie für die Besitzer, dass sie für ihr Eigentum nichts zu fürchten haben.«

»Sehr richtig«, sagte Diego. »Kein Besitzer würde es wagen, ein Tier anzutasten, das eine fremde Marke trägt.«

»Die Besitzer dieser Estanzia haben also die Aussicht, eines Tages wieder zu ihrem Eigentum zu kommen?«

»Ja, Cardozo, wenn das Vieh nicht vorher in die Hände der Indianer fällt«, sagte Ramon.

»Als Ihr hier angekommen seid, habt Ihr da noch Vieh vorgefunden?«, fragte der Master den Gaucho.

»Etwa hundert Rinder, die wahrscheinlich von entfernteren Weideplätzen eingetroffen waren.«

»Vielleicht dieselben, die Ihr uns dann auf den Hals gehetzt habt?«

»Ja, Master«, sagte Ramon lächelnd. »Sie sind mir gefolgt und ich habe daraus den Nutzen gezogen, den Versuch zur Sprengung der patagonischen Vorhut zu wagen, um euch die Flucht zu erleichtern.«

»Aber wie habt Ihr denn wissen können, dass wir uns in den Händen dieser Heidenbagage befanden?«, fragte Cardozo.

»Ja, ja, erzählt«, sagte der Master und ließ sich auf einen Rinderschädel nieder.

»Ihr erinnert euch doch noch der bösen Nacht, in der man Jagd auf uns machte?«

»O, die habe ich nicht vergessen«, antwortete Diego. »*Caramba*, das war eine schreckliche Nacht!«

»Ich floh also damals nach Osten, gefolgt von einem Dutzend Patagonier, welche mir ihre Bolas nachschleuderten, um mein Pferd zu treffen und mir den Kopf zu zerschmettern. Ich weiß nicht, wie viele Meilen ich zurückgelegt und wie viele Indianer ich ab und zu mit einem wohlgezielten Musketenschuss weggeputzt habe. Auf einmal floss der Río Negro vor mir.

Ich durchschwamm ihn, gelangte ans andere Ufer und verbarg mich dort im dichten Gebüsch. Ich glaubte weit von dem Ort weg zu sein, wo ich euch verlassen hatte, als ich plötzlich gewahr wurde, dass ich nur einige hundert Schritte vom Lager der Tehuels entfernt war.

Ich wusste nämlich nichts von dem Schicksal meiner Genossen und blieb deshalb verborgen. Am nächsten Morgen aber, beim ersten Grauen, sah ich die Patagonier den Fluss durchschwimmen und ihr wart mitten unter ihnen.«

»Wie, Ihr seid nur wenige Schritte von uns entfernt gewesen?«, fragte der Master.

»Ja, ich habe euch gut gesehen, Ihr wart aufs Pferd gebunden, Cardozo aber wurde von zwei herkulisch gebauten Männern getragen.«

»Ganz richtig«, sagte der Master.

»Da es mir unmöglich war, euch zu helfen, setzte ich wieder über den Río, um Pedro zu suchen und im Einvernehmen mit ihm an eure Befreiung zu gehen. Aber, o weh! Mein teurer Bruder war unter den Streichen der Feinde gefallen und ich fand seinen Leichnam schon halb von den Kaguaren und Jaguaren der Pampas angefressen.«

»Der Unglückliche!«, riefen Diego und Cardozo tief bewegt.

»Ich begrub den armen Pedro«, fuhr der Gaucho fort, »und warf mich auf eure Fährte, um euch aus der Gefangenschaft zu befreuen. Ich wusste von früher, dass sich hier eine Estanzia befindet und ritt deshalb hierher, aber die *Puesteros* waren, wahrscheinlich aus Angst über den Aufstand der Pampas, geflohen. Ich fand die Rinder, ging dann mit ihnen südwärts und stieß dort auf die Vorhut. Ihr kennt meine Befreiungsversuche, die nur zum Teil gelangen; doch ich schwöre euch, ich hätte euch nie verlassen, und wäre ein Kampf Brust an Brust mit diesen Kanaillen nötig gewesen.«

»Ihr seid ein wackerer Genosse, Ramon«, sagte der Master und drückte ihm kräftig die Hände. »Wir danken Euch für alles, was Ihr zu unserer Befreiung getan habt.«

»Pah! Sprechen wir nicht weiter davon«, sagte der Gaucho. »Denken wir vielmehr daran, uns Pferde zu verschaffen, und dann versuchen wir die chilenische Grenze zu erreichen, welche meines Erachtens nur mehr sechs bis sieben Tagemärsche von hier entfernt sein kann.«

»Was müssen wir inzwischen tun?«

»Ihr und Cardozo streift ein wenig die Gegend ab, um für uns Wild zu erlegen, euer Gefährte aber mag zur Bewachung der Estanzia hier bleiben, ich aber gehe auf Pferdefang aus.«

»Hofft Ihr Pferde zu finden?«

»Ja, ich werde gewiss welche finden. Wenn es nötig sein sollte, reite ich selbst zu dem wohl sehr weiten Lago Urre, an dessen Ufern zahlreiche Trupps wilder Pferde zu finden sind.«

»Also wohlan ans Werk!«, sagte der Master.

»Ja, beeilen wir uns, wir müssen noch vor Ankunft der Patagonier fertig und für alles bereitet sein.«

In der Tat, der einfachste Hausverstand riet zur möglichsten Beschleunigung der Vorbereitungen für die Flucht. Die Patagonier waren jetzt wohl alle bereits erwacht und nüchtern und befanden sich jedenfalls schon auf dem Weg, um ihren Zauberer und die beiden Söhne des Mondes zurückzubringen.

Der Gaucho, der unermüdlich schien, schwang sich in den Sattel und sprengte ostwärts. Cardozo und der Master schulterten ihre Karabiner und gingen auf die Jagd in die Prärie hinaus, während sich Calderon auf den First der Hütte hockte, um die Umgebung der Estanzia besser im Auge behalten zu können.

Der Tag war sehr vielversprechend für die beiden Jäger. In der balsamischen Luft wiegten sich, flatterten und flogen zahllose Schwärme von schwarzen Geiern, Feldhühnern und anderen Vögeln, während eine Menge von Straußen die Grasflächen durcheilten, *Azaras*[1] sich herumtrieben und *Viscachos* vor den Jägern scheu in ihre Höhlen schlüpften. In der Ferne sah man auch einige Guanakos, die aber nicht gewillt schienen, jemanden in ihre Nähe zu lassen.

Cardozo und der Master warfen einen scharfen Blick nach Süden, um sich zu vergewissern, dass der Estanzia für jetzt keine Gefahr von dort drohe, dann einen nach Osten, wohin der Gaucho galoppierte, um Pferde zu fangen, von denen man im ganzen Umkreis keine Spur wahrnahm. Dann lenkten sie ihre Schritte einem Gehölz zu, aus dessen Mitte eine majestätische *Ombu* mit ihrem herrlichen Blätterschmuck hervorragte.

»Dort gehen wir auf den Hochsitz«, sagte der Master, »und dann wird jedes Wild erlegt, das in den Schussbereich unserer Karabiner kommt.«

»Das ist eine treffliche Idee, Matrose!«, sagte Cardozo. »Um nämlich die Wahrheit zu sagen, meine Füße sind geschwollen und meine Glieder wie gebrochen von dem tollen Ritt.«

---

[1] Präriefüchse (*Canis vetulus*). *(Anm. d. Übers.)*

»Nun lass es gut sein, armes Bürschchen. So Gott will, werden wir uns binnen acht Tagen in einem bequemen Gasthof ausruhen können.«

»Ich hoffe es, Master. Doch was ist das?«

»Da, schau! …«, rief der Master und hielt im Schritte inne. »Fast scheint es so, als ob ein Rind daliege, um sein Schläfchen zu machen.«

»Ist's vielleicht ein Aas?«

»Das werden wir schnell wissen, Cardozo.«

Zwei- bis dreihundert Schritte vor ihnen lag hingebettet in das dichte Gras eine weißgrauliche Masse, die einem großen fetten Rind glich. Obgleich ein großer Schwarm von Geierfalken[1], welche die Eingeborenen *Caranchi* nennen, sie umflatterte, rührte sie sich nicht.

»Ich fürchte, das ist ein Aas«, sagte der Master, nachdem er einige Schritte nähergetreten war. »Diese Vögel würden es nicht wagen, so tief herabzukommen, wenn das etwas Lebendiges wäre.«

Der Master hatte sich nicht getäuscht. Das Rind, das geradezu kolossale Formen aufwies, schien erst seit Kurzem verendet zu sein. Dessen ungeachtet merkte Cardozo, der näher hinzugetreten war, zu seinem Erstaunen nicht den geringsten Fäulnisgeruch.

»Sollte das erst seit wenigen Tagen verendet sein?«, fragte er. »Dann könnten wir uns einige saftige Beefsteaks herunterschneiden.«

»Versuche es und rühr es an«, meinte der Master.

Der Junge gehorchte, aber kaum hatte er sich auf das Rind gesetzt, da brach es unter einem lauten Geknacke, als wäre es ein mit Fell überzogenes Gerippe, in sich selbst zusammen, während sonderbare Tiere aus seinem Innern schlüpften, die da drinnen jedenfalls einen Schlupfwinkel gefunden hatten.

»Was ist das?«, fragte Cardozo und wich unwillkürlich einen Schritt zurück.

Der Master aber, anstatt zu antworten, nahm seinen Karabiner beim Laufe und schlug mit dem Kolben ganz wütend auf die fliehenden Tiere los; diese aber rollten sich blitzschnell zu einer Kugel zusammen und parierten die Kolbenschläge mit einer Art von Hornschild, der fester als Eisen zu sein schien.

»So komme ich an kein Ziel«, sagte der Master und hielt inne. »Da müsste man einen zentnerschweren Hammer haben, um diese verwünschten Schalen zu zertrümmern.«

---

[1] *Polyborus brasiliensis. (Anm. d. Übers.)*

»Aber was sind denn das für Tiere?«, fragte Cardozo.

»*Armadille* oder besser gesagt Gürteltiere[1]«, erwiderte der Master. »Schau sie dir gut an, Junge, es ist das ein interessantes Viehzeug.«

Cardozo beugte sich nieder und beschaute jene sonderbaren Tiere genau, von denen er schon mehrere Male, freilich ziemlich unbestimmt hatte sprechen gehört.

Sie waren klein wie junge Füchse, hatten lange stahlscharfe Krallen. Ihr ganzer Rücken war mit Hornpanzern bewaffnet und ihr Leib zeigte im Ganzen drei, allem Anschein nach äußerst widerstandsfähige Knochengürtel.

Ganz zusammengerollt, den Schwanz unter den Bauch geschlagen, sahen sie wie eine mit starken Panzerschilden bewehrte Kugel aus.

»Was für seltsame Tiere das sind!«, rief Cardozo. »Was machen die im Innern des Rindes?«

»Sie verzehren sein Fleisch«, antwortete der Master. »Die *Armadille* nehmen mit Vorliebe faulendes Fleisch als Nahrung, und finden sie irgendwo ein eingegangenes Pferd oder ein gefallenes Rind, so schlüpfen sie in den Leib des Tieres, halten dort am Fleisch derselben ihre Mahlzeit und lassen nur die Haut und die Knochen übrig.«

»Und kann man sie nicht erlegen?«

»Ihr Panzer widersteht dem Beil und der Säge.«

»Sind sie gut zum Essen?«

»Sie gelten als ausgezeichnet.«

»Aber wie werden wir sie wegschaffen können?«

»Wir werden sie binden, und haben wir sie einmal über einer hell knisternden Glutpfanne, so versichere ich dir, sie werden trotz ihres Panzers famos gekocht werden. Kommt nur her, liebe Tierchen!«

Er löste einen Strick von seinen Lenden, band die Gürteltiere sorgfältig aneinander und befestigte sie an einem Baumstamm, um sie auf dem Rückweg leichter zu finden.

»Nun setzen wir aber die Jagd fort«, sagte er, nachdem er das beendet hatte. »Den Braten hätten wir, das andere kommt später.«

Sie verließen das Gerippe und gingen dem Wäldchen zu, wo sie noch besseres als die *Armadillen* zu finden hofften. Gerade wollten sie in dasselbe eindringen, als Cardozo, der allüberall seine Augen herumschweifen ließ, um etwas Jagdbares zu entdecken, den Master auf

[1] *Dasypus triciactus. (Anm. d. Übers.)*

zahlreiche kleine Erdhaufen aufmerksam machte, auf welchen dicke Käuzchen saßen, welche nach den Jägern zu spähen schienen.

»Was machen diese dummen Vögel da?«, fragte er.

»Das sind die *Lechuzas*[1] der Gauchos«, antwortete der Master.

»Und was tun sie auf diesem Erdhaufen?«

»Sie spähen nach uns.«

»Ist das ihr Nest?«

»Ja, sie haben es im Innern dieser kleinen Erdhügel. Wenn du dich nähern wolltest, verschwänden die Weibchen gewiss in der Höhle, während die Männchen dir entgegenliefen, in der Hoffnung, dich zu vertreiben.«

»Und graben sie sich selbst diese Höhlen?«

»Manchmal ja, sonst aber benützen diese Minieulen[2] die Höhlen der *Viscachas*. Da schau, was für dumme Grimassen sie machen.«

»Und diese Erdhügel dort, was enthalten die denn?«

»Ameisen.«

»Ameisennester, willst du vielleicht sagen.«

»Ja, aber … doch da, schau! Siehst du dort nicht etwas, das sich bei diesen Erdhügeln bewegt?«

Der Junge erhob sich auf seine Fußspitzen und sah aufmerksam in der angegebenen Richtung hin.

»Wirklich«, sagte er, »mir scheint, ein Tier oder ein großer Vogel macht sich dort etwas zu schaffen.«

»Gehen wir hin, Cardozo, und schauen wir uns die Sache genauer an. Vielleicht gibt es dort Koteletts für das Abendessen.«

Die beiden Jäger warfen sich auf den Boden hin und schlichen mit größter Behutsamkeit, um das erwähnte Tier oder den Vogel nicht zu vertreiben, an die Ameisenhaufen heran, welche von dichten Gruppen Kaktus und großen Disteln umsäumt waren. Wenige Schritte vor denselben angelangt, erhoben sie sich vorsichtig und fassten ihre Karabiner.

Vor einem Erdhaufen, der ganz mit Ameisen bedeckt war, stand ein Tier, nicht minder abenteuerlich als die Gürteltiere, und ließ ein leises Grunzen hören.

Es war so groß wie ein *Aguara* aber länger, hatte am Rücken eine hohe, borstige Mähne, die sich auf den Schwanz fortsetzte, war

[1] Kaninchenkäuze, Präriekauze, Präriееulen oder Höhleneulen *(Athene cunicularia)*; Salgari verwendet die weniger häufige Schreibweise »*Sechuzas*«.

[2] *Athene cunicularia. (Anm. d. Übers.)*

schwarzbraun mit schwarzen, blassgrau eingefassten, nach hinten spitz zulaufenden Schulterstreifen. Sein Kopf war in die Länge gezogen mit einer röhrenförmigen Schnauze, die Füße zeigten große, scharfe, nach innen gebogene Krallen. Den Schwanz, der wohl gut einen Meter messen mochte, trug das Tier erhoben und über den Rücken gelegt. Die Behaarung war dicht und stark und vollendete den sonderbaren Typus dieses Tieres.

»Was ist das?«, fragte Cardozo.

»Ein Ameisenbär[1]«, antwortete der Master.

»Und was tut er denn?«

»Er frisst.«

»Aber er hat ja gar kein Maul.«

»Du irrst, Herzensjunge. Siehst du nicht, wie er aus seiner Schnauze, die eine Röhre darstellt, eine lange Zunge hervorschnellt und wieder zurückzieht? Diese Zunge ist mit einer klebrigen Materie bedeckt, und schnellt das Tier dieselbe unter die Ameisen, so bleiben Hunderte von ihnen daran hängen, die der Feinschmecker mit größtem Appetit verspeist.«

»Ist solch ein Ameisenbär gut zum Essen?«

»Sein Fleisch gleicht dem Schweinefleisch.«

»Dann gehört er uns, Matrose!«, erwiderte Cardozo und zielte auf das Tier.

»Spare dir den Schuss!«, sagte der Master. »Diese Tiere sind trotz ihrer langen Krallen nur den Ameisen gefährlich. Lass mich nur machen.«

Der Master nahm den Karabiner oben beim Lauf, stürzte sich auf den Ameisenbär, der ganz sorglos gefressen hatte, und streckte ihn mit einem wohlgezielten Kolbenschlag auf den Kopf auf den Boden nieder.

»Das Abendessen und für morgen das Mittagsmahl sind gesichert«, sagte der Master, indem er die neue Jagdbeute aufhob. »Und jetzt denken wir an unseren Reiseproviant.«

---

[1] *Myrmecophaga jubata, tetradactyla, didactyla L. (Anm. d. Übers.)*

27. Noch einmal die Patagonier

Den ganzen Tag streiften die beiden Jäger in der Prärie herum. Schuss auf Schuss krachte und reiche Beute war ihr Gewinn. Als der Abend angebrochen war, hatten sie davon so viel, dass sie nicht einmal alles zur Estanzia zurückschaffen konnten.

Sechs Gürteltiere, zwei Ameisenbären, drei Strauße, ein halbes Dutzend *Viscachas* bildeten die Last, die sie wohl oder übel nach der Hütte schleppten, wo sie Calderon erwartete, der während des ganzen Tages seinen Posten auch nicht einen Augenblick verlassen hatte.

Der Gaucho war noch nicht zurückkommen, aber das beunruhigte weder den Master noch Cardozo, obwohl das Wetter seit einigen Stunden umgeschlagen hatte und einer jener furchtbaren Stürme zu drohen schien, der die Pampas der Argentinischen Republik so gefährlich und unheimlich macht. Ohne Zweifel hatte der wackere Reiter keine Pferde in der Umgebung gefunden und war an den Lago Urre geritten, der etwa dreißig Meilen nordwärts lag.

»Er wird morgen kommen«, sagte der Master zu Cardozo, der ihn fragte. »Ein Gaucho kennt genau seine Wege und braucht keinen Kompass; bricht ein Hurrikan herein, so weiß er auch gegen ihn sichere Schlupfwinkel. Wir dürfen uns über seine Verspätung gar nicht beunruhigen.«

Cardozo war über diese Worte beruhigt, zündete Feuer an, warf vier oder fünf Gürteltiere in die Glut, während sein Genosse kunstgerecht das Wild enthäutete, dessen Fleisch gut getrocknet und geräuchert als Reiseproviant dienen musste. Señor Calderon hielt sich gewohnheitsmäßig abseits, still und schweigsam wie immer.

Das Abendessen war in wenigen Minuten fertig. Sie tranken einen kleinen Schluck verdorbenes Wasser dazu, das sie in einer Zisterne innerhalb der Umzäunung fanden, dann gingen Cardozo und der Agent in der Hütte zur Ruhe, bis an sie die Reihe der Nachtwache käme. Der Master aber, widerstandsfähiger als die anderen und mehr an Strapazen gewöhnt, nahm seinen Platz vor der Hütte. Zuvor hatte er das Feuer gelöscht, damit sein Schein sie nicht den Patagoniern verrate, falls diese bereits in der Nähe sein sollten.

Die Nacht drohte eine sehr böse zu werden. Dichte Wolkenballen jagten am Himmel dahin, gepeitscht von einem echten *Pampero*, wie die Argentinier jene schrecklichen Orkane nennen, die, meist aus

Süden kommend, die Pampas durchrasen. Die weite, vordem so stille Prärie war bis an die äußersten Grenzen des Horizontes fieberhaft bewegt, die großen Disteln bogen sich, der Kaktus brach knisternd und prasselnd unter der Gewalt des Sturmes; hoch auf und nieder peitschte der Hurrikan die langen Äste und Zweige der *Ombu* und schreckhaft klang aus Busch und Wald das Geheul der Schakale mitten aus dem Gebrause des *Pampero.*

Von Zeit zu Zeit zuckte ein leichenfarbiger Blitz über die Prärie, beleuchtete die dunklen Wolken und die weite Pampasfläche; ihm folgte der Donner, welcher leise in weiter Ferne erstarb.

Der Master lag dort am Eingang der Umzäunung; unter seiner Bluse verbarg er seinen Karabiner, um ihn vor den großen, bereits fallenden Tropfen zu schützen, seine Augen sahen unverwandt nach Süden. Er fühlte sich sehr beunruhigt und konnte die Unruhe nicht loswerden, immer war es ihm, als sei eine Gefahr im Anzug.

Von Zeit zu Zeit stand er auf, schimpfte still für sich über den Sturm, der stets heftiger wurde, und strengte seine alten Augen recht tapfer an, um das hohe Gras nicht außer Acht zu lassen, in dem sich so leicht der nahende Feind verbergen konnte. Drei- bis viermal kletterte auf das Dach der Hütte und suchte den Horizont ab, den die Blitze grell beleuchteten, und spitzte die Ohren, indem er glaubte, aus dem Heulen des Windes Geschrei und Pferdegalopp zu vernehmen.

»Hineinsehen kann ich doch nicht«, wiederholte der brave Matrose und schüttelte den Kopf. »Wenn wenigstens Ramon da wäre, aber wer weiß, wie weit der wackere Gaucho von uns entfernt ist.«

Gegen elf Uhr wuchs der Orkan zu noch größerer Stärke. Ein Trupp Strauße floh von Süd kommend nach Norden, der Master merkte das. Jeder andere wäre vielleicht nicht unruhig geworden, aber der Master, der die Pampas und ihre Bewohner wohl kannte, überließ sich düsteren und schweren Gedanken.

»Diese Strauße sind aufgescheucht worden und fliehen vor einer Gefahr, die aus dem Süden kommt«, murmelte er. »Sollten die Patagonier schon in unserer Nähe sein?«

Er fasste den Palisadenzaun, kletterte mit katzenartiger Geschwindigkeit hinauf und sah aufmerksam auf die Prärie.

Ein Blitz erleuchtete für einen Augenblick lang die Prärie, sodass sie taghell vor seinen Blicken lag.

»Da sind sie ja schon!«, rief der Master und stieg schleunigst herab. »Mein Herz hat mich nicht betrogen.«

Er stürmte in die Hütte hinein und weckte Cardozo und den Regierungsagenten mit zwei kräftigen Stößen.

»Ist's schon Zeit, kommt meine Nachtwache?«, fragte der Junge und erhob sich.

»Ja, aber eine böse Nachtwache, mein Sohn«, antwortete der Master. »Die Patagonier sind hier.«

»Die Patagonier?«

»Ja, ich habe soeben mehrere Reiter über die Prärie sprengen gesehen.«

»Sind es viele?«

»Ich weiß es noch nicht, wir werden es aber gar bald ganz genau wissen.«

»Ist Ramon schon zurückgekehrt?«

»Ich habe ihn nicht gesehen.«

»Ist er vielleicht ermordet worden, Diego?«

»Ich glaube das nicht, die Patagonier kommen von Süden, er aber ist ostwärts oder an den Lago Urre.«

»Gehen wir und schauen wir uns diese Heidenbagage etwas näher an, Matrose.«

Cardozo, der nicht besonders unruhig schien, der Master und der Regierungsagent, den nichts aus seiner gewohnten Ruhe zu bringen imstande war, verließen die Hütte und schritten dem Ausgang des Zaunes zu.

Noch war die Prärie in die tiefste Dunkelheit gehüllt, doch diese musste ja jeden Augenblick infolge der Blitze weichen. In der Tat, wenige Minuten nachher erhellte ein feuriger Blitz die ganze Prärie. Bei seinem fahlen Schein sahen die drei Reisenden in einer Entfernung von etwa drei Kilometern einen zahlreichen Trupp Reiter, die mit Lanzen bewaffnet waren.

»Bei allen Haifischen und Seekälbern!«, rief der Master und schlug sich verzweifelt an die Stirn. »Das ist ja der ganze Stamm, der uns verfolgt.«

»Wir sind in eine schöne Geschichte hineingeraten, Matrose«, sagte Cardozo. »Dieser Mensch von einem Hauka ist ein gerissener Gauner, gerissener, als man es meinen sollte.«

»Und wir sind nur drei an der Zahl.«

»Zum Glück sind wir gute Schützen und brauchen mit der Munition nicht zu sparen.«

Aber für alle reicht sie nicht aus.«

»Achtung, Diego! Sie kommen auf dieser Seite.«

»Wir werden ihnen einen denkwürdigen Empfang bereiten, mein Junge, sei dessen versichert! Wer in den Bereich meines Karabiners kommt, ist ein toter Mann!«

»Gut gesagt, Matrose! Wir müssen hier mit aller Zähigkeit aushalten, bis Ramon zurückkommt.«

»Hoffen wir, dass er mit guten Pferden zurückkehrt.«

»Nun, vorwärts, teilen wir uns in die Verteidigung!«

»Ich bin bereit, Cardozo. Fangen wir an, die Zaunpforte zu verrammeln, damit unsere Köpfe nicht so leicht den Bolas als Ziel dienen können.«

»Ja, womit könnten wir das? Um Bäume zu fällen, fehlt uns die Zeit und auch das nötige Werkzeug.«

»Wir haben ja das Pferd, das genügt für eine Brustwehr.«

Der wackere Matrose sah die Patagonier in scharfem Trab näherkommen. Er kümmerte sich wenig um die leuchtenden Blitze, den grollenden Donner, und auch nicht um den *Pampero*, der mit äußerster Heftigkeit wütete. Er ließ das Pferd, welches in einer Ecke der Estanzia schlief, aufstehen, führte es zur Zaunpforte und streckte es dort mit einem wohlgezielten Messerstich nieder.

»Schnell!«, sagte er dann, indem er seinen Karabiner lud. »Nehmt hier hinter diesem toten Pferd Posto und eröffnet das Feuer, bevor noch die Patagonier ihre Bolas schleudern können. Señor Calderon, ich hoffe, Sie werden Ihre alten Verehrer wohl nicht schonen.«

»Ich habe kein Interesse an ihnen«, antwortete der Agent mit einem sauren Lächeln.

»Nun gut, gebt acht, und wenn ich kommandiere, dann Feuer!«

»Ich bemerke Ihnen aber, dass meine Pistolen nicht weit tragen.«

»Ich weiß das, Señor Calderon, gebrauchen Sie dieselben nur, wenn Sie es für nützlich erachten.«

Die Patagonier hatten ihren Ritt verlangsamt und näherten sich, durch dichte Distelbestände gedeckt, mit großer Vorsicht. Ohne Zweifel ahnten sie die Anwesenheit der Flüchtlinge, und da sie dieselben als gut bewaffnete und trefflich zielende Schützen kannten, wollten sie sich ihrem Feuer nicht allzu sehr aussetzen.

Als sie auf sechshundert Meter näher gekommen waren, machten sie halt und richteten sich in den Steigbügeln auf, um einen weiteren Ausblick zu gewinnen und wenn möglich in das Innere der Estanzia zu sehen.

Diego, der sie nicht einen Moment aus dem Auge ließ, hielt es für gut, einmal ein Lebenszeichen zu geben.

Er erhob sich auf die Knie, legte den Karabiner auf den Leib des toten Pferdes, und als ein Blitz über der Prärie aufflammte, zielte er auf den nächsten Reiter. Der Knall des Karabiners wurde von Wutgeheul und dem dumpfen Dröhnen eines eiligen Galoppes übertönt.

»Einer ist weggeputzt«, sagte er, indem er sich erhob.

»Ja, ja«, bestätigte Cardozo, »ich sehe ein fliehendes Pferd ohne Reiter.«

»Also einen weniger haben wir.«

»Still! …«

Der Galopp hatte plötzlich aufgehört. Cardozo und der Master warteten einen neuen Blitz ab und sahen, dass die Prärie leer geworden war.

»Holla, holla«, rief der Master und kratzte sich unwirsch den Kopf. »Wohin sind sie denn entwischt?«

»Sie werden sich im hohen Gras verborgen haben«, antwortete Cardozo.

»Was haben denn diese verwünschten Heidenlümmel eigentlich vor?«

»Sie werden sich durch das hohe Gras an die Estanzia heranschleichen, ich bin dessen gewiss, Matrose. Du weißt ja, dass ihre Bolas nicht weit gehen.«

»Möchte nicht, dass wir sie zu spät wahrnehmen.«

»Wenn sie uns aber in den Rücken kämen.«

»Blitz Million! Der böse Streich ginge uns noch ab. Señor Regierungsagent! Wir benötigen Sie, um unsere Haut zu retten.«

»Was steht zu Diensten?«, fragte Señor Calderon.

»Wenn es Ihnen genehm ist, so bitten wir, gehen Sie auf die andere Seite des Zaunes hinüber und geben Sie auf das hohe Gras acht, in dem dieses Raubgesindel sich verstecken kann. Sie müssen Ihre Augen gut offen und Ihre Hände fest bei den Pistolen haben.«

Der Agent erhob sich, ohne ein Wort zu sagen, und ging langsamen Schrittes hinüber.

»Jetzt können wir etwas beruhigter sein«, sagte der Master. »Holla! Das Gras vor uns bewegt sich.«

»Wo denn?«

»Dort drüben, annähernd dreihundert Schritte weit.«

»Aber auch näher, Matrose; siehst du nicht, wie sich jene Kaktusgruppe öffnet?«

»Das tut der Sturm, nichts weiter.«

In diesem Augenblick hörten sie mitten hinein in das Heulen des *Pampero* und dem Rollen des Donners einige scharfe Pfiffe, wie von einer schrillen Flöte. War das ein Signal zum Angriff oder zu irgendeinem neuen Manöver?

Cardozo und der Master standen auf, um besser das hohe Gras zu übersehen, das sich an mehreren Orten bewegte.

»Mach die Augen gut auf, Cardozo«, sagte der Master.

»Ich bin ganz Auge, Diego.«

In diesem Moment hörte man in der Finsternis einen scharfen Pfiff und eine Bola, jedenfalls von sehr kräftiger Hand geschleudert, schlug heftig an die Palisaden und zerschmetterte eine Pfahlspitze.

Der Master, der beim Leuchten der Blitze den Flug der Kugel verfolgen konnte, schlug eiligst den Karabiner an und gab Feuer. Kein Geschrei folgte auf den Knall des Gewehres.

»Bomben und Granaten!«, rief er in Wut und Zorn. »Eine verlorene Kugel, die uns vielleicht teuer zu stehen kommt.«

»Achtung, Matrose!«, sagte Cardozo.

»Kommen sie?«

»Da, schau!«

Auf fünfzig bis sechzig Schritte waren unvermutet fünfzehn bis zwanzig Männer aus dem Gras hervorgetreten. Ein Hagel von Bolas donnerte gegen die Palisadenwand und schlugen große Löcher in das halb vermorschte Holz, dann stürzten die Patagonier mit geschwungenen Lanzen heran und erfüllten die Luft mit ihrem schrecklichen Kriegsgeheul.

Cardozo, wiewohl erschreckt durch die Nähe der furchtbaren Krieger, deren Riesengestalten sich lebhaft von dem durch die fortwährenden Blitze grell erleuchteten, blauschwarzen Horizont abhoben, schlug seinen Karabiner an und gab mitten in die Bande hinein Feuer.

Ein Mann fiel ins hohe Gras, aber die anderen setzten ihren Lauf fort, während neue Gruppen dort und da auftauchten. Der Master, der inzwischen geladen hatte, gab jetzt Feuer.

Ein anderer Krieger stürzte mit Schmerzgeheul zusammen. Seine Genossen hielten, erschreckt durch diese Meisterschüsse, inne und schienen unschlüssig zu sein, dann warfen sie sich wieder ins hohe Gras.

»Zeit war's, höchste Zeit!«, rief der Master aus. »Noch wenige Schritte und mit uns wäre es aus gewesen!«

Aber seine Freude war von sehr kurzer Dauer. Die anderen Trupps der Patagonier, welche noch nichts von den Schüssen der Eingeschlossenen gekostet hatten, näherten sich immer mehr, und wenn ihre Bolas, die unaufhörlich geschleudert wurden, auch keinen der drei Flüchtlinge verletzten, so litt doch der halb morsche Zaun dadurch großen Schaden, allüberall rissen sie weite Löcher. Es waren über hundert Krieger, alle mit Lanzen bewaffnet und, wie es schien, zum Ärgsten entschlossen.

»Keinen Fehlschuss, Cardozo!«, mahnte der Master.

»O, ich habe ruhiges Blut«, erwiderte der Junge.

»Schieße immer auf die Allernächsten.«

»Ja, Matrose.«

»Und siehst du Hauka, dann schone ihn nicht.«

»Wenn er sich zeigt, fällt er vor allen anderen.«

»Siehst du den Agenten?«

»Er ist auf seinem Posten.«

»Er muss uns zu Hilfe kommen. Señor Calderon! ...«

Der Regierungsagent, der bereits begriffen hatte, wie verzweifelt die Lage seiner Gefährten geworden war, verließ, ohne zu antworten, seinen Posten und näherte sich der Zaunpforte.

»Ich bleibe hier bei euch«, sagte er mit gewohnter Ruhe.

»Haben Sie keinen Galopp nordwärts gehört?«

»Keinen«

»Oh! Wenn Ramon nur unsere Schüsse gehört hätte!«

»Er wird noch weit von hier sein«, sagte Cardozo.

»Vertrauen wir auf den lieben Herrgott. Ein jeder auf seinen Posten und halten wir uns zu allem bereit, auch wenn wir nicht mehr Widerstand leisten können, bereit zur Flucht.«

»Da sind sie wieder!«, sagte Cardozo.

Die Patagonier waren auf fünfzig Schritte herangekommen. Sie schlossen sich eng aneinander, vielleicht um sich gegenseitig Mut zu machen, vielleicht um besser den Eingang in den Zaun im Sturm nehmen zu können, dann aber stürzten sie vorwärts und stießen ihr entsetzliches Kriegsgeheul aus.

Vier Schüsse krachten in kurzen Zwischenräumen und drei Mann verschwanden im hohen Gras. Sie waren ohne Zweifel getroffen worden.

Ramon stürmte im vollen Lauf heran, in der Hand hielt er seine noch rauchende Muskete.

Ihre Genossen, durch diesen mörderischen Empfang gar nicht erschreckt, rannten aber vorwärts, schrien sich gegenseitig Mut zu und versuchten den Palisadenzaun im Sturm zu nehmen.

Diego, Cardozo und Calderon, obwohl sie sahen, dass sie verloren waren, verloren den Mut nicht. Sie standen alle drei bei der Eingangspforte in der Umzäunung, die so eng war, dass nur zwei Mann zugleich sie passieren konnten, und überdies durch die Pferdeleiche eine Verrammelung hatte, und sahen dem Sturm mit ungebrochenem Mut entgegen.

Noch einmal schossen sie, vier Opfer fielen, dann fassten sie ihre Karabiner beim Laufe und teilten wütende Kolbenschläge nach allen

Seiten aus, während der Regierungsagent ohne Aufhören seine Pistolen lud und abschoss.

Die Sache konnte nicht mehr lange dauern. Die drei Verteidiger sahen sich nach wenigen Minuten gezwungen, zu weichen und in die Hütte zu fliehen. Die Patagonier, toll über die erlittenen Verluste, drangen in die Umzäumung und stießen ein Triumphgeheul aus.

»Wir sind verloren«, rief Cardozo.

»Fliehen wir in die Prärie hinaus«, sagte der Agent.

»Noch nicht!«, donnerte der Master.

Er hatte einen Krieger von hohem hervorragendem Wuchs durch die Eingangstür des Zaunes dringen sehen und hatte in ihm den Häuptling Hauka erkannt. Er stürzte aus der Hütte hervor, ohne Rücksicht darauf, dass jeden Augenblick eine Bola seinen Kopf zerschmettern konnte, und schlug seinen Karabiner auf den Riesen an.

Soeben wollte er abdrücken, als von der entgegengesetzten Seite der Umzäumung der Ruf erscholl:

»Festgestanden, Freunde! Ich bin da!«

Ein donnernder Krach folgte diesen Worten und übertönte laut das Wutgeheul der Patagonier. Hauka, voll in die Brust getroffen, stürzte inmitten seiner Krieger tot zusammen.

Der Master, ganz erstaunt über diese unerwartete Hilfe, sah sich um. Ramon stürmte im vollen Lauf heran, in der Hand hielt er seine mächtige, noch rauchende Muskete.

28. Die Prärie in Flammen

Als die Belagerten die wohlbekannte Stimme und den furchtbaren Knall hörten, der nur von einer Muskete kommen konnte, stürmten alle drei, Diego, Cardozo und selbst der phlegmatische Regierungsagent, zur Hütte hinaus, um die Offensive des Gauchos zu unterstützen; es war aber nicht mehr notwendig.

Die Patagonier waren bereits wankend gemacht durch die erlittenen Verluste, durch die tapfere Verteidigung vonseiten der Belagerten und voll Schrecken über den Tod ihres Häuptlings, auf den sie so viel hielten. Jetzt war gar noch ein vierter Feind erschienen und führte ein so furchtbares Schießgewehr – das alles jagte sie in die Flucht und sie zerstoben in der Prärie nach allen Seiten.

Ramon lud seine Muskete sorgfältig, dann beeilte er sich zu seinen

Gefährten zu stoßen, die ihn mit offenen Armen und mit einem Freudegeschrei empfingen.

»O mein wackerer Freund, ich glaubte Euch nicht mehr wiederzusehen«, sagte der Master und drückte ihm kräftig die Hand.

»In der Gefahr verlassen sich echte Freunde niemals«, sagte der Gaucho mit würdigem Anstand.

»Ich bin unendlich glücklich, rechtzeitig eingetroffen zu sein und den *Gounak* dieser Teufelsriesen niedergestreckt zu haben. Pedro ist jetzt gerächt.«

»Habt Ihr unsere Schüsse gehört?«

»Ich war zwölf Meilen von hier entfernt, als ich euren ersten Schuss vernahm. Ich konnte mir denken, dass ihr von den Tehuels angegriffen worden seid, und sprengte im Galopp zurück. Ich sehe, ich bin etwas zu spät gekommen aber doch noch zur rechten Zeit.«

»Nur noch wenige Minuten und mit uns wäre es vorbei gewesen«, sagte Cardozo. »Die Hütte hätte nicht allzu lange dem Sturm dieser Teufel in Menschengestalt widerstanden.«

»Glaubt Ihr, dass sie zurückkommen?«; fragte Diego.

»Ohne Zweifel«, sagte der Gaucho. »Ich kenne die Tehuels sehr gut. Rachsucht und zähes Festhalten an einmal gefassten Entschlüssen sind hervorragende Eigenschaften derselben.«

»Könnten wir einem zweiten Angriff widerstehen?«

»Nein, wir sind zu gering an Zahl, um den Sturm all dieser Wilden auszuhalten, wir warten aber einen solchen auch gar nicht ab.«

»Habt Ihr Pferde mitgebracht?«

»Nein, aber etwas viel Besseres.«

»Was denn?«, fragten Diego und Cardozo neugierig.

»Euren Ballon.«

»Unseren Ballon? …«

»Ja, ich habe ihn geleert acht Kilometer von hier mitten in einem Gebüsch gefunden.«

»Wo ist er denn?«

»Ich habe ihn auf mein Pferd geladen, das wohl nicht mehr weit von hier entfernt sein kann.«

»Was soll uns denn aber der Ballon nützen, wenn wir kein Gas zu seiner Füllung haben?«, sagte Cardozo.

»Blitz und Donner! Das ist wahr«, rief der Master.[1]

[1] Diese Zeile fehlte in der alten Übersetzung.

»Kann er denn nicht auf andere Weise steigen?«, fragte der Goucho verwundert. »Ich habe geglaubt, ihr könnt das alles leicht bewerkstelligen.«

»Das werden wir auch«, sagte der Regierungsagent, der bis dahin keine Silbe verloren hatte.

»Wie denn, Señor Calderon?«, fragte der Master mit ungläubiger Miene. »Habt Ihr denn per Zufall einen Gasometer hier entdeckt?«

»Es genügt dazu dieses trockene Gras da«, antwortete der Regierungsagent.

»Verzeiht, Señor Calderon, aber ich bin wahrlich ein Grautier mit Ohren gewiss vier Meter lang«, sagte der Master, indem er sich vor die Stirn schlug. »Wäre ich allein gewesen, so hätte ich sicher nicht an dieses Mittel gedacht, das uns alle retten kann.«

»Alle nicht.«

»Und warum?«

»Wir haben zusammen ein zu großes Gewicht.«

»Der Ballon ist aber groß.«

»Er genügt nicht.«

»Dann lassen wir ihn im Gebüsch.«

»Sagt mir, wie viele Personen kann der Ballon tragen?«, fragte Ramon.

»Höchstens drei, Cardozo eingerechnet, der nicht viel wiegt.«

»Nun, was wollt ihr dann mehr, wenn ihr alle drei gerettet werden könnt?«

»Ja, aber Ihr …«, riefen Diego und Cardozo gleichzeitig.

»Was mich betrifft, folge ich euch nicht in die Luft«, sagte der Gaucho lächelnd. »Mein Vaterland ist die Prärie, nicht aber das Reich der Wolken.«

»Ja glaubt Ihr denn, wir überlassen Euch der Wut der Patagonier? O, das geschieht gewiss nicht, nein, gewiss nicht!«, rief der Master.

»Gewiss nicht«, bekräftigte Cardozo.

»Wenn ihr das fürchtet, mögt ihr ruhig sein, Freunde! Ich weiß, was ich tun werde, und seid ihr nur einmal aufgestiegen, dann lege ich zwischen mich und die Patagonier eine solche Barriere, dass sie mir mehrere Tage nicht folgen können.«

»Wie macht Ihr das, Ramon?«

»Sehr leicht und schnell, Master. Ich zünde die Prärie an, indem ich vom *Pampero*, der nunmehr aus Osten braust, Nutzen ziehe und fliehe. Die Patagonier, die im Westen lagern, werden durch das Feuermeer gezwungen sein, sich schleunigst zurückzuziehen und mehrere Tage hindurch jede Verfolgung aufzugeben.«

»Und werden wir uns nicht mehr wiedersehen?«, fragte der Master mit aufrichtigem Schmerz.

»Wo geht ihr hin?«

»Nach Chile, wie wir gesagt haben.«

»Dann gehe auch ich dorthin.«

»Aber wo werden wir uns treffen? Chile ist groß.«

»Bestimmt eine Stadt.«

»Wir werden Euch also in Nueva Concepción erwarten.«

»An welchem Punkte der Stadt?«

»Am Konsulat von Paraguay oder am Hafen.«

»Ganz gut; an mir wird's nicht fehlen, Freunde! Ach! Mein Pferd kommt nach. Gehen wir jetzt ans Werk mit dem Ballon und füllen ihn, bevor die Patagonier sich sammeln und zu einem neuen Angriff übergehen.«

Das Pferd des Gauchos kam zu der Umzäunung; man sah, es schleppte schwer an seiner Last. Diego, Cardozo und der Gaucho empfahlen dem Agenten, gute Wache zu halten, dann durchbrachen sie einen Teil des Zaunes, um dem Tier Eingang zu verschaffen.

Der Ballon wurde schnell auf das Gras hin ausgebreitet und mit peinlichster Sorgfalt untersucht, ob er keinen Riss oder eine sonstige Beschädigung erlitten hatte. Glücklicherweise war der vorzügliche Taffet[1], ungeachtet so vieler Unfälle und einer so weiten Flugreise, wunderbar erhalten und zeigte keinen Riss. Auch das Netzwerk war unbeschädigt.

»Ich werde nie aufhören, diesem wackeren Luftschiff dankbar zu sein, denn nicht genug, dass es uns glücklich zur Erde gebracht hat, rettet es uns aufs Neue das Leben«, sagte der Master.

Draußen in der Prärie hörte man in diesem Augenblick Geschrei, das vernehmlich näher kam und von wütendem Hundegebell begleitet war. Ramon erbleichte.

»Sollte es bereits zu spät sein?«, murmelte er.

»Hoffen wir, dass wir eher, als sie hier wieder eintreffen, auffliegen können«, sagte Cardozo. »Trockenes Gras ist in der Estanzia massenhaft vorhanden und in kürzester Zeit wird der Ballon gefüllt sein.«

»Ich rate euch, noch vor uns zu fliehen, Ramon«, sagte der Master.

[1] Taft: Ein leinwandartig gewebter leichter Stoff aus gekochter Seide.

»Denkt nicht an mich«, antwortete der Gaucho, »die Patagonier kommen in jedem Falle viel zu spät, denn ich kann ja die Prärie anzünden, wo immer ich will.«

»Wie es Euch beliebt«, sagte der Master. »Señor Calderon, was haben wir zu tun?«

Der Regierungsagent übernahm die Füllung des Ballons, übrigens eine Arbeit, die wenig Mühe und nicht viel aerostatische Kenntnisse erforderte.

Zu beiden Seiten der Estanzia erhoben sich zwei sehr hohe Bäume, die vielleicht den *Puesteros* zur Ausschau gedient hatten, um nicht plötzlich von Indianern überrumpelt zu werden, eine Gefahr, die in diesen der patagonischen Grenze so nahen Gebieten stets in Rechnung zu ziehen ist. Der Regierungsagent benützte diese beiden Bäume, um mittels einer Leine, welche zwischen beide Wipfel gezogen wurde, das Luftschiff in die Höhe zu heben. Als dies geschehen war, ließ er die untere Öffnung des Ballons möglichst ausweiten und unter derselben eine große Menge trockenes Gras anhäufen, das er sofort in Brand steckte.

Die heiße Luft stieg schnell durch die breite Öffnung, welche alle vier Mann weit auseinander hielten, damit die Flammen den Stoff nicht erfassten. Der riesige Ballon schwoll nach und nach und füllte sich zusehends.

Es schien, die ganze Sache werde ohne jeden ernsteren Unfall ablaufen, hatte doch auch der *Pampero*, als wäre er mit den armen Flüchtlingen barmherzig, auf kurze Zeit sein wütendes Rasen eingestellt. Da plötzlich erscholl von der Prärie her das bekannte Kriegsgeheul der Wilden. Diego stieß ein wahres Gebrüll aus.

»Wir sind verloren!«, schrie er.

»Noch nicht«, antwortete der Gaucho. »Befasst euch mit dem Ballon, ich werde mich mit den Patagoniern befassen.«

Er packte zwei Bündel brennendes Gras und warf es zur Estanzia hinaus.

Einige Banden Patagonier näherten sich heulend der Umzäunung. Ohne Zweifel hatten sie beim Leuchten der Blitze den Ballon gesehen und in der sicheren Annahme, ihre früheren Gefangenen würden jetzt mit dem Mond auf- und davonfliegen, kamen sie herbei, alle insgesamt wieder zu Gefangenen zu machen.

Der Gaucho kümmerte sich anscheinend nicht viel um ihre Nähe, sondern warf die Feuerbrände weit in die Prärie hinaus. Das dürre

Gras fing gierig Feuer, bald brannten auch der Kaktus und die massenhaften Distelbestände; sie alle waren ja dürr und gut ausgetrocknet. In wenigen Minuten erhoben sich dort und da Rauchwolken, die schnell dichter wurden, dann zusammenflossen, bis endlich ein ungeheurer Vorhang von Rauch und Dunst knisternd, knatternd, Funken sprühend und leuchtend zum Himmel emporstieg.

Die Patagonier, welche nur wenige hundert Schritte von der Estanzia entfernt waren, wurden dadurch aufgehalten und stießen deshalb ein höllisches Wutgeheul aus.

»Halt dort!«, schrie der Gaucho und feuerte seine Muskete unter sie. »Hier darf niemand passieren!«

Sicher, von den Patagoniern nicht verfolgt zu werden, kehrte er eiligst zu seinen Genossen zurück. Das Luftschiff war beinahe ganz gefüllt und machte verzweifelte Anstrengung, sich loszureißen und zum Himmel emporzusteigen, auf dem der jetzt wieder mit neuer Kraft einherrasende *Pampero* schwere Wolkenmassen dahinjagte.

»Seid ihr fertig?«, fragte der Gaucho.

»Es ist nichts mehr zu tun, als die Leine durchzuschneiden«, antwortete der Regierungsagent.

»Das werde ich besorgen.«

Der Gaucho kletterte auf den ihm zunächst befindlichen Baum und zog seine *Navaja*, deren Klinge die Schärfe eines Rasiermessers besaß. Der Regierungsagent, Cardozo und Diego schoben mit den Füßen die letzten Reste brennenden Grases beiseite, nahmen ihre Waffen und stiegen in das Netzwerk, wo sie sich festklammerten.

»Ramon«, schrie Diego mit bewegter Stimme. »Wir erwarten Euch sicher in Nueva Concepción.«

»Ja, Ihr werdet mich dort treffen. Gott möge euch beschützen!«

»Adios Ramon!«

»Adios Freunde!«

Der Gaucho durchschnitt mit einem kräftigen Messerhieb das Seil, der Ballon war frei.

»Festgehalten!«, schrie Diego.

Der Ballon durchschnitt mit einem unwiderstehlichen Sprung nach aufwärts das Rauchmeer, das dicht über der Estanzia wogte, und stieg schnell auf fünfhundert Meter empor, dann aber war er die Beute des *Pampero*, der ihn mit rasender Schnelligkeit nach Westen trieb. Er flog dahin, so schnell wie eine Schwalbe.

Tief drunten in der Prärie hörte man noch das Wutgeschrei der

Patagonier, die ihre heiß begehrte Beute entrinnen sahen, und einem Musketenschuss, begleitet von einem hellen Jauchzen der Freude und des Triumphes.

Diego, Cardozo und der Regierungsagent, die sich in den Maschen des Netzwerkes festgeklammert, schauten hinunter; ein entsetzliches Schauspiel bot sich da ihren Blicken dar.

Die ganze Prärie stand in Flammen. Ungeheure Feuersäulen rasten, gepeitscht vom wütenden *Pampero*, rasend schnell nach Westen und schlugen alles, was ihnen in den Weg kam, erbarmungslos nieder. Es verschwand der Kaktus, die großen unermesslichen Distelbestände schmolzen sozusagen dahin, es stürzten sich zusammenkrümmend die wilden Johannisbrotbäume, hochauf loderten die *Boyghe*, es platzten mit donnerartigem Getöse die Myrten, während die mächtigen *Ombus*, deren weite Äste an hundert Stellen Feuer fingen, wie riesig leuchtende Fackeln dastanden und im Flammenmeere untergehend mit lautem Krachen zusammenstürzten.

Ungeheure Säulen von Dampf und Rauch, vom Wind wild fantastisch zerrissen und hin und her gejagt, erhoben sich in tollem Wirbel und verdunkelten ab und zu den tiefroten Flammenvorhang, der unter Donnerkrachen und höllischem Heulen sich immer weiter ausbreitete, während sein Saum nach oben von einem ganzen Sprühmeere leuchtender Funken gebildet wurde, die wie tausend und aber tausend Sterne weithin leuchteten.

Weithin waren Himmel und Erde hell erleuchtet, als wäre es voll Tag, aber dieses Licht war blutigrot und eine entsetzliche Hitze verbreitete sich, sodass die Luft gleichsam siedend und zum Atmen ganz untauglich wurde.

Inmitten der grässlichen Zerstörung, der die gesamte Vegetation zum Opfer fiel, bemerkten die Luftschiffer die Patagonier, welche in Verzweiflung, das Flammenmeer stets hinter ihren Rücken, nach Süden flohen, und den wackeren Gaucho Ramon, der im schärfsten Galopp nordwärts auf den Lago Urre zuhielt. Voll Freude jauchzte er von Zeit zu Zeit laut auf und feuerte als Lebewohl mehr als einmal seine treue Muskete ab.

Vor ihm raste in einem unbeschreiblichen Chaos die gesamte Tierwelt der Prärie, welche vom Feuer urplötzlich überfallen worden war. Strauße, ganze Trupps Pferde und Guanakos, Präriewölfe, Kaguare und Jaguare flohen ohne Unterschied miteinander. Es war ein höllischer Chor von Geschrei, Gewieher, Gebrumme und Gebrüll; keines der Tiere dachte jetzt daran, andere anzugreifen oder aufzufressen.

»Ist das ein Spektakel«, rief Cardozo aus. »Gebe doch der gütige Gott, dass unser wackerer Freund den Flammen und den wilden Tieren entkomme!«

Der Ballon, vom *Pampero*, der in diesen Höhen mit äußerster Gewalt einherbrauste, getrieben, flog mit unbeschreiblicher Schnelligkeit über die rauchende und brennende Prärie. In Kurzem verließ er die glühend heiße Atmosphäre, die ihn umgab, nahm eine nordwestliche Richtung an und tauchte in dunkle Wolken, welche unter Donnergrollen am Himmel dahinjagten.

Die drei Luftschiffer befanden sich auf einmal in dichtester Finsternis, so dicht, dass der grelle Schein des ungeheuren Brandes sie nicht zu durchdringen imstande war. Nur hie und da, wenn der Sturm, der schaurig heulte, einen der mächtigen Wolkenballen zerriss, leuchteten durch Dampf und Nebel die Feuerflammen. Doch immer größer wurde die Entfernung, immer schwächer wurden das Gebrüll der aus ihren Schlupfwinkeln aufgescheuchten Tiere und die Verzweiflungsschreie der fliehenden Patagonier.

Um drei Uhr morgens, also eine Stunde nach dem Aufstieg des Ballons, war alles vollständig verschwunden. Der Ballon, den der Orkan mit ganz fabelhafter Schnelligkeit dahinpeitschte, kam jetzt in eine ganz neue Gegend. Eine Art Hochebene stieg schnell vor den Luftschiffern auf.

»Wo sind wir wohl jetzt?«, fragte Cardozo den Master, der in den Maschen des Netzes festgeklammert war, jedoch, um das Gleichgewicht herzustellen, auf der anderen Ballonseite Posto gefasst hatte.

»Ich weiß es so wenig wie du«, antwortete der alte Seebär. »Aber beim Schein der Blitze habe ich wohl bemerkt, dass das Terrain sich geändert hat. Aus der Prärie ist eine Gebirgsgegend geworden.«

»Haben wir vielleicht schon die Grenze überschritten?«

»Wäre gar kein Wunder, denn dieser Sturm hat gewiss nicht weniger Schnelligkeit als einhundertfünfzig Kilometer in der Stunde.«

»Sieht man keinen Schein am Horizont?«

»Im Osten ist alles finster, mein Junge.«

»Wie wird das enden?«

»Wir fallen irgendwo nieder, und das sehr bald, Cardozo! Mir scheint, der Ballon fällt ohnehin schon jetzt.«

»Mir kommt es im Gegenteil vor, Matrose, als ob das Terrain steige.«

»Vielleicht täuschen wir uns beide in dieser höllischen Finsternis.«

»Matrose! ...«

»Was willst du, Cardozo?«

»Ist Gefahr vorhanden, dass wir auf eine Bergspitze prallen?«

»Ich glaube nicht, dass wir in der Nähe der Anden sind.«

»Wenn wir aber doch angeschleudert würden?«

»Dann gute Nacht! Für uns alle.«

»Möchte dem der Ballon nicht widerstehen?«

»Der würde zerplatzen wie eine gebratene Birne.«

»Mir wird kalt vor Schauder.«

»Mir wird heiß vor Schreck.«

»Ha! ...«

»Gute Nacht, Junge!«

Wieder war der Ballon, vom Orkan getrieben, in Wolkenmassen geraten, die ihn mit dichtester Finsternis umgaben. Diese Nacht war umso gräulicher, als nicht einmal der Schein der Blitze sie erhellte.

In der Höhe hörte man ein dumpfes Brummen und Grollen, als wäre es ferner Donner, unter sich vernahmen die Unglücklichen ein Heulen und Pfeifen, das manchmal bis zum furchtbarsten Gebrüll anschwoll. Es war, als fänge sich der Wind mit unbeschreiblicher Wut in kolossalen Waldungen und breche, als wären es Spänchen, die Äste und die Stämme.

Um vier Uhr früh stieß der Ballon an seiner Basis so heftig an, dass es einen Augenblick schien, als würden alle drei Flüchtlinge herabgeschleudert.

»Matrose!«, rief Cardozo in höchster Angst. »Wir sind angestoßen!«

»Ich weiß es, Junge«, sagte der Master, den jetzt selbst ein Beben überfiel.

»Ist denn der Ballon schon so tief gefallen?«

»Es kann ja auch das Terrain so hoch angestiegen sein«, meinte der Master. »Mir war, als hätte ich eine dunkle Masse wenige Schritte von mir auf- und abwogen gesehen.«

»Einen Berggipfel oder einen Baum?«

»Eher einen Baum als eine Bergspitze. Señor Calderon!«

»Was wünscht Ihr?«, fragte der Agent, dessen Stimme zum ersten Male etwas unsicher klang.

»Können Sie uns sagen, wo wir sind?«

»Über einem Wald von Pellinbäumen, die wenigstens hundert Fuß hoch sind.«

»Dann sind wir ja im Bereich der Anden?«

»Leicht möglich.«

Eine schwärzliche Masse, die rechts und links ganz gewaltig auf- und abwogte, erschien in unbestimmten Umrissen vor dem Ballon. Cardozo und der Master stießen einen Schrei des Entsetzens aus.

»Wir sind verloren!«

Der Ballon drang, vom Wind getrieben, mit Gewalt in diese Masse und zerriss auf seiner linken Seite mit Gezische.

»Springen wir ab!«, schrie der Master.

»Festgehalten!«, hörte man die Stimme des Agenten.

Der Ballon, links aufgerissen, fiel mit riesiger Schnelligkeit, indem er konzentrische Kreise beschrieb. Aus den Rissen strömten dichte Wolken von Rauch.

»Diego!«, schrie Cardozo, der sich krampfhaft in den Maschen des Netzwerkes festklammerte.

»Wirf den Karabiner weg«, antwortete der Master, indem er den seinigen hinunterschleuderte.

»Ich habe es getan.«

»Hinunter mit der Munition.«

»Ich habe keine mehr.«

Der Ballon, ein wenig dadurch erleichtert (es war ja das ein ganz geringfügiger Ballast), fuhr fort zu fallen, aber der Fall war etwas langsamer, auch der Wind half dazu, der sich in den Falten des Stoffes verfing.

»Festgehalten!«, schrie der Master.

Einen Augenblick danach stieß der Ballon auf den Boden auf. Hart neben der Landungsstelle gähnte der Schlund eines furchtbaren Abgrundes.

29. Nueva Concepción

So waren denn die drei Luftschiffer auch dieses Mal dank der göttlichen Vorsehung und dank ihrer außerordentlichen Kühnheit dem Tod entronnen.

Kaum hatte der Ballon den Boden berührt, machten sie sich aus den Maschen des Netzes los und richteten sich auf.

War der Sturz auch heftig und der Anprall ganz gewaltig, so trugen sie doch keinen Beinbruch und keine erwähnenswerte Verletzung davon; sie konnten darum ihre ganze Aufmerksamkeit der Gegend widmen, in welcher sie gelandet waren.

Der Orkan hatte sie in die Mitte einer grotesken, wildschaurigen Gebirgswelt getragen. Rechts und links, besonders aber im Westen, erblickten sie lange Ketten von Bergen, deren Häupter ewiger Schnee bedeckte. So weit das Auge reichte, dehnten sie sich aus und waren von einer Unzahl kleiner Täler durchschnitten. Sie sahen dort stolze Zypressen, rote Zedern, ungeheure Fichten, herrliche Pellins wohl an hundert Fuß emporragend, Lorbeerbäume, *Lemmi* genannt, aus deren Frucht man eine Art Butter bereitet, und so manche araukanische Fichte *(Pinus araucana,* auch *Pehuen* genannt), die zweihundertfünfzig Fuß hoch in den Lüften sich wiegt und zahllose Früchte trägt, die unseren Kastanien gleichen. Ungeheure Abgründe gab es dort, auf deren Grund gewaltige Wildbäche brausten, und zerrissene Felsmauern, welche hoch zum Himmel emporragten. Weg und Steg war fast nirgends zu sehen, im fernen Osten aber schimmerte die große patagonische Prärie wie eine lange grünliche Linie herüber.

»Wo sind wir eigentlich?«, fragte Cardozo, der mit lebhaftem Interesse die wilde Bergwelt bewunderte.

»Darüber gibt es keinen Zweifel«, sagte Señor Calderon, der sehr zufrieden schien, sich hier zu befinden. »Diese große Gebirgskette nennt man die Kordilleren oder auch die Anden.«

»Dann sind wir ja mit zwei Schritten in Chile?«, sagte der Master.

»Ja, wenn wir nur auch einen gangbaren Weg finden.«

»Ei was! Unsere Füße sind gut, und wenn es nötig ist, so klettern wir über die Berge, die uns da im Westen den Weg versperren.«

»Achtung, Achtung, Matrose!«, rief Cardozo.

»Was siehst du, Junge?«

»Einen rauchenden Berg.«

Der Seemann und der Regierungsagent schauten in die angegebene Richtung und bemerkten im Norden einen hohen Berg, dessen mit glänzend weißem Schnee bedeckter Gipfel über die Wolken emporragte, über dem ein riesig breiter Schirm von Rauch schwebte, den ab und zu der Wind über seine Flanken herumtrieb.

»Das ist ein Vulkan«, sagte der Regierungsagent. »Vielleicht der Antuco.«

»Und dort, Señor Calderon, sind das nicht Menschen?«, sagte der Master. »Potz Blitz! Hätte nicht geglaubt, hier in dieser gottverlassenen Gegend Menschengesichtern zu begegnen.«

Von einem Saumpfad, der in einer kleinen Felsenschlucht, wie es schien, zu einem Tälchen hinabführte, sah man eine kleine Schar Menschen herabsteigen. Obwohl sie noch ziemlich weit entfernt waren, konnte der Master mit seinem scharfen Auge bereits wahrnehmen, dass es Indianer waren und dass sie sämtlich Gewehre mit sich führten.

»Was werden das für Leute sein?«, fragte Cardozo.

»Ohne Zweifel Araukaner«, antwortete der Regierungsagent.

»Sind sie zu fürchten?«

»Nein, denn die Araukaner sind die kultiviertesten Indianer von Süd- und Nordamerika.«

»Haben sie uns etwa fallen gesehen?«

»Sehr wahrscheinlich.«

»Sind sie gastfreundlich?«

»Über alle Maßen, und mit ihrer Hilfe wird es uns gar keine Schwierigkeit mehr machen, nach Chile zu gelangen.«

»Nun, dann seien sie uns herzlich willkommen«, sagte der Master.

Der kleine Trupp war jetzt auf fünfzig oder sechzig Schritte weit herangekommen, machte Halt und sah mit Neugierde auf die drei Luftschiffer, besonders auf Señor Calderon, dessen patagonisches Zaubererkostüm schlecht für ein Bleichgesicht zu passen schien. Der Trupp bestand aus sieben Indianern, alle hoch gewachsen und schön gebaut, Gesicht und Kopf rund, die Stirne klein, die Nase etwas stumpf, die Augen klein und lebhaft, die Hautfarbe leicht gebräunt, ins Olivengrüne schillernd.

Sie waren mit groben Hemden aus blauer Wolle bekleidet, trugen um die Mitte eine hellrote Binde, hatten zierliche Beinkleider und den herkömmlichen Poncho. Ihre Arme und ihre Ohren zierten Goldreifen, an ihren Fingern glänzten große Ringe.

Da der Master bemerkte, dass sie unbeweglich blieben und keine feindliche Absicht verrieten, ging er ihnen entgegen und grüßte sie aufs Freundlichste.

Ein Indianer, der wohl nach der reicheren Kleidung und der größeren Anzahl von Armbändern zu urteilen der Häuptling war, trat vor und sagte auf Spanisch:

»Müssen wir euch als Freunde oder als Feinde betrachten?«

»Wir sind Freunde«, antwortete der Master.

»Ihr seid vom Himmel herabgestiegen?«

»Ja, aber mittels eines Ballons.«

Der Indianer lächelte.

»Ich kenne die Ballons der Bleichgesichter«, sagte er dann mit einem gewissen Stolz. »Die Araukaner sind keine Wilden.«

»Das ist sehr gut, da brauche ich euch also keine weitschweifigen Erklärungen zu geben.«

»Sind das eure Brüder?«, fragte der Araukaner und deutete auf Cardozo und den Regierungsagenten.

»Es sind meine Freunde.«

»Wohin wollt ihr?«

»Nach Chile.«

»Wo kommt ihr denn her?«

»Von der großen Prärie da drüben, wo wir Gefangene der Tehuels gewesen sind.«

»Die Tehuels sind böse Menschen, das weiß ich«, sagte der Indianer, »und ich bin glücklich, dass ihr den Händen derselben entflohen seid.«

Dann nahm er den Poncho von seinen Schultern und sagte, indem er den Arm ausstreckte:

»Ich bin Pequemmapù, der Häuptling des Tales der Uta. Die Bleichgesichter sind meine Gäste, sie mögen mir folgen.«

»Wir verlangen gar nichts Besseres, Señor Pequemmapù«, sagte der Master. »Ich und meine Freunde danken Euch dafür gar herzlich.«

»Kommt also in mein Pueblo, und wenn ihr dann wollt, lasse ich euch in die Niederungen von Chile hinabführen.«

Die sieben Indianer und die drei Luftschiffer machten sich auf den Weg, indem sie den kleinen Saumpfad verfolgten, der, wie gesagt, in ein reizendes kleines, von zwei Bergen eingeschlossenes Tal mündete.

Daselbst bemerkten die Luftschiffer, welche geglaubt hatten, in eine ganz unbewohnte Gegend geraten zu sein, zu ihrem größten Erstaunen dreißig oder vierzig bequeme, von etwa hundert araukanischen Hirten bevölkerte Behausungen. Die Bewohner derselben nahmen die Ankömmlinge mit größter Gastfreundlichkeit auf.

Pequemmapù hatte für seine vom Himmel gefallenen Gäste die größtmögliche Aufmerksamkeit. Feine Mahlzeiten, Jagdausflüge auf den Abhängen der Anden, Spazierritte in die verschiedenen Täler wechselten in reicher Fülle zu Ehren der Fremden, welche es sich recht gut gehen ließen.

Am vierten Tag, nachdem sich unsere Flüchtlinge gut erholt hatten, nahmen sie von dem araukanischen Häuptling Abschied. Diego und Cardozo sowie der Regierungsagent sehnten sich schon, freilich ein jeder aus ganz verschiedenen Beweggründen, baldmöglichst an der Küste zu sein. Bevor sie schieden, händigten sie dem Häuptling als Geschenk ein hübsches Päckchen Banknoten aus und überließen ihm als Andenken den Ballon, der für sie von keinem Nutzen mehr war.

Auf Maultieren mit Hufen von Stahl und mit Füßen, die nie einen Fehltritt machten, übersetzten sie, geführt von einem *Catapaz*, der sie bis an die Küste führen sollte, auf Wegen, die nur die gelenkigen Guanakos und die Araukaner kannten, die Kette der Anden und gelangten am folgenden Tag in die tiefer gelegene Hochebene, wo sie eine kleine Rast in Santa Barbara machten.

Hier verschafften sie sich Pferde, setzten den Weg nach Westen fort, passierten Nascimento und gelangten endlich in Sicht von Nueva Concepción oder Penco, wie die Araukaner es nennen.

»Endlich«, rief der Master aus, der in vollen Zügen die Luft einsog, welche von dem in der Ferne glitzernden Meere herüberwehte. »Jetzt erst können wir sagen, wir sind gerettet.«

»Ganz richtig«, sagte Cardozo, der voll Ungeduld, in die Stadt zu kommen, sein Pferd mit der Gerte energisch zu einem schnelleren Lauf antrieb. »Es war höchste Zeit, endlich einmal in eine zivilisiertere Gegend zu kommen, nachdem wir uns so viele Wochen mit den Wilden der großen Prärie herumschlagen mussten.«

»Was ist's mit deinen Millionen, du hast sie doch noch bei dir?«

»Ich habe sie nicht einmal angerührt«, erwiderte der Junge. »Sie sind immer hier im Gürtel unter dem Hemd.«

»Und ich habe die meinigen auch nie berührt. Der Präsident kann sich glücklich schätzen, diesen Schatz wieder zu erhalten, den er wohl schon im Meer verloren glaubt.«

»Vielleicht rechnet er aber immer noch auf uns, Matrose. Kapitän Candell und irgendjemand sonst von der Bemannung des *Pilkomayo* können ja gerettet sein.«

»Gebe es Gott, mein Junge!«, sagte der Master gerührt. »Mich würde der Tod unseres Heldenkommandanten aufs Tiefste betrüben.«

»Halt!«, sagte in diesem Moment der Regierungsagent, indem er bei einem Gasthaus, das ungefähr einen halben Kilometer vor der Stadt lag, anhielt.

»Reiten wir denn nicht gleich in die Stadt?«, fragte Cardozo. »Wir haben doch mit Ramon als Ort des Zusammentreffens das Konsulat vereinbart.«

»Und dann müssen wir ja sowieso den Konsul aufsuchen, um von ihm den jetzigen Aufenthaltsort unseres geliebten Präsidenten zu erfahren.«

»Ihr werdet euch doch nicht um alles in der Welt in diesen zerrissenen und ganz nach der Wildnis duftenden Kleidern dem Konsul vorstellen«, sagte der Regierungsagent.

»Sie haben recht, Señor Calderon, umso mehr, da ich vor Hunger sterbe.«

Sie betraten die Herberge, übergaben ihre Pferde den Stallknechten, und als der Wirt erschien, ersuchten sie ihn, ihnen neue Kleider zu besorgen und ein ausgiebiges Mahl herzurichten.

Wenige Stunden später kamen alle neu angekleidet im Speisesaal zusammen und setzten sich zu einem opulenten Diner, das sie mit einigen Flaschen vortrefflichen spanischen Weines würzten.

Señor Calderon, der schon früher lange mit dem Gastwirt gesprochen hatte, gab während der Mahlzeit seinen Genossen die ersten Nachrichten über den Krieg, der noch immer zwischen Brasilien und der Argentinischen Republik einerseits und Paraguay andererseits geführt wurde. Der heldenmütige Diktator war nach seiner großen Niederlage bei Angostura nicht geflohen, wie das Gerücht ging, noch hatte er daran verzweifelt, die Armee seiner Gegner zu sprengen. Nach den letzten, in Chile bekannt gewordenen Nachrichten befand er sich gegenwärtig in Cerra Leon, damit beschäftigt, seine Streitkräfte zu reorganisieren und Piribebuy zu befestigen, das er als provisorische Hauptstadt der Republik erklärt hatte.

»Und wäre er am Ende der Welt, wir werden ihn finden«, sagte der Master. »Mit den Millionen, die wir bei uns führen und die wir durch unseren Konsul in gute Münze umwandeln lassen, kann der tapfere General seinen Feinden noch lange die Spitze bieten und sie vielleicht vollständig vom Gebiet unserer Republik vertreiben.«

»Hoffen wir das«, sagte Calderon mit erzwungenem Lächeln.

»Können wir jetzt gehen?«

»Eure Anwesenheit am Konsulat wäre für jetzt unnütz«, erwiderte der Agent. »Es ist besser, ich stelle mich dort vor, um mich über alles zu unterrichten und auch die Art und Weise zu erfahren, um auf das Schnellste zum Präsidenten zu gelangen.«

»Aber Señor, warum sollen Sie sich unseretwegen bemühen«, sagte der Master.

»Schon gut, aber ich verlange, dass ihr für jetzt nicht mit mir zugleich in die Stadt geht.«

»Und warum das, Señor Regierungsagent?«

»Ich brauche Euch, Master Diego, keine Rechenschaft zu geben. Vergesst nicht, dass ich den Präsidenten unserer Republik repräsentiere.«

»Ja, wann dürfen wir dann mit Ihrer Erlaubnis die Stadt betreten?«

»Wenn ich zurückkomme.«

»Ich mache Sie aber aufmerksam, Señor Calderon, dass wir den Schatz niemand anderen übergeben, sondern nur dem Präsidenten.«

»Niemand wird ihn euch nehmen«, sagte der Regierungsagent.

»Wenn es so ist, dann gehen Sie immerhin.«

Der Agent trat aus dem Gasthaus, ließ sein Pferd satteln, schwang sich hinauf und sprengte davon in die Stadt, die, wie gesagt, kaum einen halben Kilometer entfernt war.

Master Diego verfolgte ihn lange mit seinen Blicken, bis er ihn endlich unter den Stadtmauern verschwinden sah; er runzelte die Stirn und murmelte wiederholt kopfschüttelnd:

»Dieser Mensch kommt mir immer sonderbarer und unbegreiflicher vor.«

»Hast du Bedenken wegen ihm?«, fragte Cardozo.

»Kann's nicht sagen, mein Junge.«

»Kommt dir irgendein Verdacht?«

»Vielleicht.«

»Der Präsident muss ihn doch durch und durch kennen.«

»Manchmal täuschen sich auch große Geister.«

»Was machen wir?«

»Auf ihn warten.«

»Gut, Matrose.«

Sie ließen sich zwei neue Flaschen Wein kommen, zündeten sich Zigarren an, setzten sich zum Eingang des Gasthauses und warteten geduldig auf die Rückkehr des Regierungsagenten. Aber es wurde zwei Uhr, vier Uhr, ja sechs Uhr, ohne dass er sich blicken ließ. Schon fingen sie an, über sein langes Ausbleiben unruhig zu werden und schickten sich eben an, doch in die Stadt zu gehen, da sahen sie eine Kutsche mit zwei kräftigen Pferden im Galopp der Herberge nahen.

»Wird er das sein?«, fragte der Master, der nicht mehr ganz gerade stehen konnte.

»Ja, er ist's!«, rief Cardozo und stieß einen Schrei der Freude aus. »Ich habe ihn am Wagenschlag sitzen gesehen.«

In der Tat, kurz darauf hielt die Kutsche vor dem Gasthaus und Señor Calderon stieg aus derselben.

Der Master ging auf ihn zu:

»Nun?«, fragte er.

»Wir fahren jetzt in die Stadt«, sagte der Agent.

»Haben Sie den Konsul gesehen?«

»Ja, und er erwartet uns.«

»Einsteigen, Cardozo!«

Sie nahmen in der Kutsche Platz, die beiden kräftigen Pferde zogen an und kurze Zeit darauf fuhren die drei Flüchtlinge durch das Tor von Nueva Concepción.

30. Der Verrat

Nueva Concepción, auch La Mocha oder Penco genannt[1], hatte zu der Zeit, da unsere Geschichte sich abspielt, fünfzehntausend Einwohner und war wie heute eine der hervorragendsten Städte Chiles.

Im Jahre 1550 wurde die Stadt von Pedro Valdivia[2], dem berühmten Statthalter Pizarros, der Chile erobert hatte, zuerst an der Bai Concepción erbaut. Dank seiner glücklichen Lage, seines Handels und der Fruchtbarkeit der Umgegend, stieg es schon um diese Zeit zu großer Blüte, wozu die Nähe der Goldbergwerke von Quilacoya, woraus die Spanier lange Zeit ihre Schätze zogen, unendlich viel beitrug.

Aber schon vom Anfang an warteten seiner harte Schicksalsschläge. Im Jahre 1554 nach der Niederlage der Spanier bei Monte Adalicano von den Einwohnern verlassen, zündeten es die Araukaner an. Im November desselben Jahres wieder erbaut, nahm es der araukanische Häuptling Lautaro[3] mit Sturm, ließ den größten Teil der Einwohner über die Klinge springen und zerstörte es vollkommen. Von

[1] Der heutige Name der Stadt ist La Concepción de María Purísima del Nuevo Extremo.

[2] Pedro de Valdivia (1497–1553) war ein spanischer Konquistador und erster Gouverneur Chiles.

[3] Lautaro (um 1535–1557) war ein Häuptling der Mapuche oder Araukaner. Salgari schreibt den Namen: Sautaru.

García di Mendoza[1] 1558 wieder aufgebaut, steckte es der Araukanerhäuptling Paillamachu-Toqui[2] in Brand und aufs Neue wieder hergestellt zerstörte es 1730 ein furchtbares Erdbeben.

All das vermochte die Einwohner nicht aus einer Stadt zu bannen, die dem bösen Missgeschick ein für alle Mal geweiht schien. Im Jahre 1731 aufs Neue aus den Trümmern erstanden, zerstörte es ein anderes Erdbeben von Grund auf.

Nunmehr entschloss man sich, den Ort zu wechseln und erbaute Concepción drei Meilen vom Meere entfernt, in einer weiten Ebene, La Mocha genannt, an dem nördlichen Ufer des Río Bobio.

Es blühte rasch auf und wuchs durch die Nähe des Meeres und durch seine zahllosen Bodenprodukte zu einer der hervorragendsten chilenischen Städte heran.

Heute bedeckt Nueva Concepción ein großes Terrain, seine Häuser sind durchweg einstöckig, um so besser den Erdbeben widerstehen zu können, die es ab und zu mit großer Heftigkeit heimsuchen. Die Stadt hat eine sehr schöne Kathedrale, ein Hospital, ein Kollegium, Kasernen, Klöster und verschiedene Konsulate, unter den letzteren das von Paraguay und der anderen südamerikanischen Republiken.

Die Kutsche, in welcher der Regierungsagent mit den beiden Matrosen fuhr, durchquerte in sausender Hast beinahe die ganze Stadt und hielt mit einem Ruck vor einem Haus mit elegantem Äußeren, das sich am rechten Ufer des Río Andalién, eines kleinen Flüsschens im südlichen Teil von Nueva Concepción, erhob.

Der Regierungsagent, der während der ganzen Fahrt auch nicht ein Wort verloren hatte, öffnete den Wagenschlag, sprang behände hinaus und sagte zu den zwei Matrosen:

»Nun sind wir da!«

Zwei Männer standen beim Eingangstor in ihre Ponchos so eingewickelt, dass man ihr Gesicht nicht erkennen konnte. Als sie den Regierungsagenten erblickten, grüßten sie ihn mit einem: *»Buenas tardes caballero!*[3]« und zogen sich einen Schritt zurück, um den Durchgang frei zu machen.

---

[1] García Hurtado de Mendoza y Manrique, 4. Graf von Cañete (1535–1609) war ein spanischer Offizier, königlicher Beamter und von 1557–1561 Gouverneur von Chile sowie von 1589–1596 Vizekönig von Peru.

[2] Paillamachu († 1604) war ein Häuptling der Toqui-Mapuche.

[3] Guten Tag, mein Herr!

»Ist das das Konsulat?«, fragte der Master.

»Ja, beeilen wir uns!«, antwortete Señor Calderon.

»Was machen denn diese beiden Männer da?«

»Sie sind der größeren Sicherheit wegen aufgestellt.«

»Hm«, brummte der Master und schüttelte seinen Kopf. »Wer soll denn etwas über unsere Ankunft wissen? Vielleicht gar die Brasilianer oder Argentinier?«

Er ging dem Regierungsagenten nach, der eilig über eine kleine Stiege hinaufging. Cardozo folgte den beiden.

Als sie im ersten Stockwerk des Hauses angelangt waren, fanden sie dort einen anderen Menschen stehen, der aber war bewaffnet und führte sie in einen nur von einer einzigen Kerze beleuchteten kleinen Salon. Das Licht war so düster, dass man im ersten Augenblick die Einrichtungsgegenstände gar nicht wahrnehmen konnte, ganz besonders aber die Fenster nicht, die mit dichten Vorhängen bedeckt waren.

»Macht's euch bequem und wartet da auf mich«, sagte der Regierungsagent und wies die beiden Matrosen auf zwei Fauteuils[1].

»Wohin gehen Sie?«, fragte Diego.

»Ich gehe, um dem Konsul eure Ankunft anzuzeigen. Mittlerweile könnt ihr die Flaschen leeren, die auf dem Tisch stehen.«

»Werden sie schon leer machen!«

Der Agent verließ sie, gefolgt von dem Mann, der sie in den Salon geführt hatte.

»Bei allen Haifischen und Seekälbern!«, rief der Master, als er mit Cardozo allein war. »Welche Vorsichtsmaßregeln. Das schaut ja aus, als wären wir in Feindesland statt auf neutralem Boden.«

»Der Konsul wird seine guten Gründe haben, so zu handeln«, meinte Cardozo. »Wer weiß, was sich seit der Zeit zugetragen, da wir in die Hände der Patagonier geraten sind.«

»Sind vielleicht gar die Brasilianer und die Argentinier mit den Chilenen alliiert?«

»Kann auch geschehen sein, Matrose!«

In diesem Augenblicke hörten sie ein Geräusch, das von der Tür zu kommen schien.

»Herein!«, rief der Master, der glaubte, es habe jemand geklopft.

Niemand antwortete, niemand kam. Der Master, der meinte, man

[1] Lehnstühle, Armsessel.

habe sein »Herein« nicht gehört, näherte sich der Tür, aber bleich wie eine Leiche, die Haare gesträubt, wankte er zurück.

»Was hast du, Matrose?«, fragte Cardozo verwundert.

»Ha! … Ha! … Die Tür ist versperrt!«, rief der Master mit erstickter Stimme.

»Machen wir sie wieder auf!«

Der Master warf sich in furchtbarer Aufregung auf die Tür und schüttelte sie, sodass beinahe das ganze Haus wackelte.

Die Türe bewegte sich nicht, sie war fest und wohl verriegelt, aber eine Stimme hörte man draußen, welche rief:

»Halt oder ich schieße!«

»Blitz, Bomben und Granaten! Aufgemacht!«, donnerte der Master.

»Aufgemacht oder wir springen über die Fenster«, rief Cardozo.

Ein schallendes Gelächter war die einzige Antwort. Der Master, außer sich vor Wut, stürzte mit hervorgequollenen Augen zu den Fenstern, aber er prallte zurück und brüllte vor Zorn; beide waren mit Eisenstäben vergittert und noch dazu außen mit starken Holzpfosten verrammelt.

»Wir sind verraten!«, schrie der Master mit erstickter Stimme.

Dann, als hätte ihn alle Kraft verlassen, ließ er sich in einen der beiden Armstühle fallen.

Cardozo, von diesem Abenteuer ganz verblüfft, rührte sich nicht. Er stand in der Mitte des Zimmers, seine Finger umklammerten krampfhaft den Griff der *Navaja*, er fragte sich, ob er wahnsinnig oder das Opfer eines fürchterlichen Traumes geworden sei.

»Verraten, verraten!«, rief er endlich aus. »Ha! Calderon, ich reiße dir das Herz aus dem Leib!«

Eben wollte er sich dem Master nähern, der sich von diesem entsetzlichen Schlag gar nicht zu erholen schien, da hörte man die Schlüssel drehen und die Riegel der Tür knarren.

»Her zu mir, Matrose!«, rief er aus. »Die Verräter kommen!«

Der Master sprang bei diesen Worten auf und stieß einen Schrei wilder Freude aus. In seiner Rechten blitzte die *Navaja*, eine furchtbare Waffe in der Hand des alten Seemannes.

Die Tür öffnete sich und drei Männer traten ein. Zwei waren mit Gewehren bewaffnet und trugen überdies Revolver von großem Kaliber in ihren Gürteln. Der Dritte war unbewaffnet und schien eine Amtsperson zu sein, vielleicht war er der Konsul.

»Elende!«, donnerte der Master und stürzte mit gezücktem Messer auf sie. »Wo sind wir eigentlich? Sprecht oder ich töte euch alle drei.«

»In meinem Haus«, sagte der Unbewaffnete, während die beiden anderen ihre Gewehre auf die Gefangenen anlegten.

»Und wem gehört dieses Haus?«

»Dem argentinischen Konsulat, Señores«, erwiderte der Unbekannte und lächelte stillvergnügt in sich hinein.

»Dem argentinischen Konsulat!«, riefen Diego und Cardozo.

»Ja, Señores!«

»Ja, wisst Ihr denn nicht, dass wir Untertanen Paraguays sind?«, fragte der Master und ballte die Fäuste.

»Ich weiß es, Señores, und erkläre euch deshalb im Namen meiner Regierung als Kriegsgefangene!«

»Elender!«, donnerte der Master, indem er Miene machte, über den Sprecher herzufallen.

»Ich bemerke euch, dass ich euch, wenn ihr nur einen einzigen Schritt vorwärts macht, sofort erschießen lasse.«

»Was verlangt Ihr denn von uns?«, fragte Cardozo.

»Die Auslieferung der für euren Präsidenten bestimmten Millionen.«

»Das ist aber ein ganz gemeiner Raub, unwürdig einer Republik wie der von Argentinien.«

Der Agent zuckte mit den Achseln.

»Im Krieg ist alles gut und erlaubt«, sagte er.

»Wir sind aber hier auf chilenischem, also auf neutralem Boden«, schrie der Master.

»Beschwert euch bei der chilenischen Regierung, wenn ihr könnt.«

»Ihr seid ein elender Schuft.«

»Euer Schimpf berührt mich nicht.«

»Wo ist denn aber Señor Calderon?«, fragte Cardozo.

»Ich glaube, er wird speisen.«

»Er war also der Verräter?«

»Das konntet ihr doch unschwer erraten.«

»Was ist er denn eigentlich?«

»Ein sehr brauchbarer Agent der argentinischen Regierung, dem es gelungen ist, sich in das Vertrauen eures Präsidenten einzuschleichen.«

»Ha!«, rief der Master aus. »Mein Verdacht war also nicht grundlos! Und ich Dummkopf habe ihn gerettet, statt ihn in der Prärie verbrennen zu lassen; aber ich schwöre es beim Heiligen Gott, dass ich nicht sterben will, bevor ich ihm nicht diese meine *Navaja* ins schwarze treulose Herz gestoßen habe.«

»Das schwöre ich auch, Diego«, sagte Cardozo.

»Wenn ihr ihn überhaupt wiederfinden werdet«, sagte der Argentinier und lachte ironisch. »Nun, Señores, heißt es sich fügen und die Millionen ausliefern, die ihr bei euch tragt.«

»Um dann umgebracht zu werden? Ist's nicht so, Señor?«, fragte der Master.

»Nein, ich gebe euch mein Ehrenwort darauf.«

»Ein Raubgesindel, wie das Eurige, hat keine Ehre.«

»Wie es beliebt. Wenn ihr die Millionen abliefert, so geht ihr aus der ganzen Geschichte mit heiler Haut hervor. Wir schiffen euch auf einem argentinischen Schiff ein, das morgen im Hafen eintrifft, damit ihr nicht den Schutz der chilenischen Regierung anrufen könnt, welche von alldem nichts erfahren darf. Man wird euch in irgendeiner Stadt unserer Republik internieren und bei Beendigung des Krieges werdet ihr zugleich mit den übrigen Gefangenen ausgetauscht.«

»Und wenn wir uns weigern, Euer Ansinnen zu erfüllen?«

»Dann bleibt ihr hier, bis ihr euch ergebt.«

»Ha! Da müsst Ihr wohl ein tüchtiges Stück Zeit warten, denn weder ich noch Cardozo werden uns ergeben.«

»Ich glaube das Gegenteil.«

»Warum?«

»Warum? Weil der Hunger euch bald zum Nachgeben zwingen wird.«

Der Master stürzte sich mit dem Messer in der Faust auf die drei Argentinier, aber diese, als hätten sie das vorausgeahnt, waren schnell zur Tür hinausgeschlüpft und hatten diese zugeschlagen und wieder versperrt.

»Ich reiße Euch das Herz aus dem Leib!«, wütete Diego vor Erregung schäumend.

»Wie es euch beliebt«, spottete der Agent von außen.

»Ha! Elendes Raubgesindel!«, rief Cardozo.

»Wir werden sie schon strafen, Junge, alle kommen dran!«, sagte der Master.

»Aber wie denn, wir sind doch eingesperrt?«

»Wir werden entfliehen.«

»Auf welche Weise?«

»Das ist mir selbst noch unklar, aber fliehen werden wir, halte das für ganz sicher.«

»Ja, freilich heißt es fliehen, und zwar fliehen um jeden Preis, bevor der Hunger unsere Kräfte aufzehrt.«

»Also ans Werk, Junge! Wir sind noch stark und nicht ganz wehrlos.«

»Was werden wir tun?«

»Vor allem die Tür verbarrikadieren«, sagte der Master. »Wenn wir fliehen, darf uns bei unserem Ausbrechen niemand Unberufener überraschen.«

Zum Glück fanden sie im Zimmer verschiedene schwere Möbelstücke, eine Art Bücherschrank, zwei große Tische, einen schweren Kasten und verschiedene Fauteuils und Sessel. Die beiden Matrosen strengten alle ihre Kräfte an und verrammelten mit diesen Möbeln die ganze Türe, und zwar so, dass ein Eindringen nahezu unmöglich und auch eine Schutzwehr für Gewehr- und Revolverkugeln geschaffen war.

»Nun«, sagte der Master, nachdem sie fertig geworden waren, »jetzt wollen wir einmal unser Gefängnis näher untersuchen.«

»Ha! Matrose!«, rief Cardozo.

»Was gibt es?«, fragte der Master.

»Wir werden frei, wir werden frei.«

»Bist du närrisch geworden, mein Kind?«

»Da, schau nur her.«

»Ein Kamin!«

»Vielleicht können wir durch diesen Kamin hinaus.«

»Bei allen Haifischen und Seekälbern!«

»Schauen wir ihn näher an.«

Sie nahmen den Leuchter und näherten sich dem kleinen Kamin, der an der Wand der Tür gegenüber hinaufführte. Cardozo untersuchte den Schornstein und fand ihn genügend weit, um einen Mann von mittlerer Stärke durchzulassen.

»Wir sind gerettet!«, sagte er.

»Gott sei Lob und Dank!«, rief der Master. »Ist der Rauchfang hoch?«

»Kaum drei Meter.«

»Verlieren wir keine Zeit.«

»Aber das Dach wird hoch sein?«

»Mir scheint das Haus eher sehr niedrig zu sein und überdies befindet sich an einer Seite desselben der kleine Fluss.«

»Richtig, wir können also im Fall, dass es nicht anders geht, in das Wasser springen, das genügend tief sein wird.«

»Willst du hinaufsteigen?«

»Ja, hebe mich hinauf, ich steige zuerst in den Schornstein.«

Der Matrose hob Cardozo in dem Rauchfang empor. Der wackere Junge erfasste zwei Klammern, welche jedenfalls für den Kaminfeger bestimmt waren, und indem er die Knie gegen die entgegengesetzte Mauer stemmte, kletterte er mit der Behändigkeit eines Eichhörnchens hinauf. Als er oben angekommen war, hielt er inne, denn er war in eine Art Schlot gekommen, der links und rechts enge Öffnungen zum Durchlass des Rauches hatte.

»Was gibt es?«, fragte der Master ängstlich.

»Ich muss den Schlot durchbrechen«, erwiderte Cardozo.

»Hast du die Kraft dazu?«

»Ich hoffe es.«

Er steckte die Hände in die Öffnungen und rüttelte ganz wütend an den Ziegeln. Der Schlot war sehr leicht konstruiert und war schnell durchbrochen.

»Uff!«, rief Cardozo aus und sog mit voller Lunge die frische Nachtluft ein.

Er sprang auf das Dach und warf einen schnellen Blick ringsum. Hart an der Dachrinne stand ein Baum, dessen Äste noch die Dachdeckung streiften und deshalb einen Abstieg außerordentlich erleichterten.

»Steig herauf, Matrose«, rief Cardozo durch die Schlotmündung hinunter. »In fünf Minuten sind wir in Sicherheit.«

»Ich komme«, antwortete der Master.

Mit Händen und Füssen arbeitete sich Diego durch den Rauchfang hinauf und gelangte nach wenigen Augenblicken zu Cardozo, der schon einen Ast ergriffen hatte, um mittels desselben auf die Straße zu gelangen.

»Siehst du niemanden?«, fragte der alte Seebär.

»Die Straße ist leer«, antwortete der Junge.

»Sind Leute beim Haustor?«

»Ich sehe nichts.«

»Also abgestiegen und vor allem kein Lärm gemacht.«

Sie ergriffen die Äste, gelangten in aller Stille zum Stamm und ließen sich lautlos an demselben zur Erde gleiten. Kaum sah sich der Master befreit, da sprang er wie ein gereiztes Raubtier auf, und in markerschütternder Weise zischte er:

»Jetzt geht's dir an den Kragen, Señor Calderon!«

»Fliehen wir, Matrose«, sagte Cardozo. »Hier kann man uns leicht ertappen und ermorden.«

»Ja, gehen wir, mein Junge!«

In Eile umschritten sie die Ecke des Hauses und gingen in die erstbeste Straße, die vor ihnen lag. Sie hatten aber kaum hundert Meter zurückgelegt, da hielten beide inne, denn es kam ihnen ein Mann mit langsamen Schritten entgegen, der nachlässig an den Häusern dahinschlenderte. Obgleich die Nacht sehr dunkel war, hatten ihn die beiden Matrosen sofort erkannt.

»Calderon!«, flüsterte Cardozo.

»Den schickt uns der Rächer alles Unrechtes entgegen«, murmelte düster der Master. »Seine Strafe soll ihn treffen!«

»Gib acht, dass er uns nicht entkommt, Matrose.«

»Der Verräter wird sterben.«

»Hüte dich, vielleicht ist er bewaffnet.«

»Mir gleich, ich töte ihn.«

Er schob Cardozo hinter die Ecke eines Hauses und wartete auf den Kommenden, in der Faust die furchtbare *Navaja*, die er hinter dem Rücken verborgen hielt: ein Tiger, der auf seine Beute lauert.

Der Regierungsagent, er war es wirklich, ging jedenfalls zum Haus des argentinischen Konsuls und schlenderte ohne Besorgnis ganz mit seiner gewohnten Ruhe, anscheinend in tiefe Gedanken versunken, seines Weges. Er hatte die zwei Matrosen gar nicht bemerkt.

»Jetzt ist er da!«, murmelte der Master, als er ganz nahe gekommen war.

Dann machte er plötzlich einen Sprung, stürzte mit aller Kraft auf den Agenten und packte ihn bei der Kehle.

»Kennst du mich, Verräter?!«, brüllte ihm der Master in die Ohren, während Cardozo sich hinter ihm mit dem Messer in der Faust aufstellte.

Als der Regierungsagent vor sich seine beiden Genossen erblickte, die er so schändlich verraten hatte und die er im Haus des argentinischen Konsuls wohl verwahrt glaubte, wurde er blass wie eine Leiche und versuchte sich mit verzweifelter Kraft der eisernen Umklammerung des Masters zu entwinden, war er ja dem Ersticken nahe.

»Mögen so alle Verräter zugrunde gehen!«, sagte der Master.

»Kennst du mich, Verräter?«, donnerte ihm der Master entgegen.

»Gnade, Gnade!«, lispelte der Agent.

»Da hast du sie! …«

Bis an das Heft stieß Diego die haarscharfe Klinge der *Navaja* in Calderons Herz, der lautlos zu Boden stürzte.

»Mögen so alle Verräter zugrunde gehen!«, sagte der Master.

»Gott sei seiner armen Seele gnädig!«, rief Cardozo. »Aber jetzt fliehen wir!«

»Ja, fliehen wir und suchen wir ein Schiff auf, um uns noch heute Nacht einzuschiffen.«

Sie rannten spornstreichs westlich, und als sie die Stadt verlassen hatten, wendeten sie sich der Bai zu, auf welcher sie zahlreiche Schiffe verankert fanden. Soeben wollten sie in die Station der Sanitätsbehörde, um nachzufragen, ob kein Schiff mit der Flagge Paraguays im Hafen liege, als sie einen Reiter gewahrten, welcher der Stadt zutrabte.

Ein Schrei aus beider Munde erscholl:

»Ramon!«

Schnell riss der Reiter sein Pferd herum, jauchzte laut auf und sprengte auf sie zu.

»Diego! Cardozo!«, rief er und sprang aus dem Sattel. »Ha! Endlich finde ich euch!«

»Freund, Ihr seid gerade im besten Augenblick gekommen«, sagte der Master, indem er die Hände des wackeren Gaucho energisch schüttelte. »Seid Ihr heute angekommen?«

»Vor zwei Stunden, nach fünf Tagen eines ganz teufelsmäßigen Galoppierens. Soeben wollte ich das Konsulat aufsuchen.«

»Das ist ganz unnütz.«

»Warum?«

»Weil wir fliehen.«

»Habt ihr Ursache dazu?«

»Das will ich Euch später erzählen.«

»Aber ich sehe ja Señor Calderon nicht bei euch?«

»Wir haben ihn kurz vorher getötet!«

»Ha! …«

»Er war ein Verräter.«

»Das habe ich sofort vermutet.«

»Kommt mit uns.«

»Ja, ich gehe!«

Der Hafen war nahe. Diego rannte zur Sanitätsstation und dort erfuhr er, dass ein Schiff mit der Flagge Paraguays im Hafen liege und bei Tagesanbruch auslaufe.

Ohne Zeit zu verlieren, schifften sie sich auf demselben ein. Zwei Stunden später saßen sie in der Kabine des Kapitäns und erzählten ihm ihre außerordentlichen Abenteuer.

Um vier Uhr früh, als die Flut eintrat, entfaltete das Schiff seine Segel und trug die zwei Seeleute des *Pilcomayo* in das weite Meer hinaus, die treuen Hüter des Millionenschatzes und Ramon, der seine alten und wackeren Freunde nicht verlassen wollte.

Schluss

Sieben Tage später landeten unsere Reisenden, welche so wunderbar den verschiedensten Abenteuern und dem Verrat des schändlichen Calderon entronnen waren, gesund und wohlbehalten an der Küste von Bolivien, einem Neutralstaat, der eher sogar die Ausbreitung und den Einfluss Paraguays begünstigte.

Nach einigen Rasttagen machten sich unsere Helden auf den Weg, um zum Heer von Paraguay zu stoßen, von dem man sagte, es sei in der Umgebung von Cerro León konzentriert. Die Durchquerung von Bolivien, dessen Wege und Straßen nach europäischen Begriffen alles andere, nur keine bequemen sind, erforderte zwei gute Wochen, aber endlich erreichten sie doch den General Solana López, der sich in Piribebuy, seiner neuen provisorischen Hauptstadt, verschanzt hatte. Asunción, die eigentliche Hauptstadt, war noch in den Händen der Alliierten, López hoffte immer noch auf ihre Wiedereroberung.

Die Millionen wurden gewissenhaft in die Hände des tapferen Präsidenten gelegt, in dessen Kassen vollständige Leere herrschte, und der jede Hoffnung auf dieses Geld aufgegeben hatte, nachdem er hörte, dass der *Pilcomayo* mit seiner gesamten Bemannung von Kapitän Candell in die Luft gesprengt worden sei.

Cardozo, Diego und auch Ramon, der sehr tatkräftig, freilich ohne es zu wissen, zur Rettung des Schatzes beigetragen hatte, wurden vom Präsidenten, der tapfere Leute überaus liebte, fürstlich belohnt. Überdies ernannte er sie zu seinen Feldadjutanten. Ihr Glück war aber nicht von langer Dauer. Zwei Jahre später fiel der heldenhafte Präsident im Gefecht von Cerro Corá[1] mitten im dichten Handgemenge, und mit ihm zugleich sein vierzehnjähriger Sohn. Das Heer wurde vom neuen Präsidenten aufgelöst und die beiden Seeleute der Stromflottille zugeteilt. Ramon wanderte nach Bolivien aus.

[1] Das Gefecht fand am 1. März 1870 statt.

In gleicher Ausstattung sind die folgenden Bände erschienen:

Taschenschmöker aus Vergangenheit und Gegenwart

In der Reihe Taschenschmöker aus Vergangenheit und Gegenwart erscheinen Werke der klassischen Unterhaltungsliteratur, die seit vielen Jahrzehnten nicht mehr, oder noch niemals in deutscher Sprache verlegt worden sind.

1. *Jules Verne / Michel Verne*
   Der Humbug
   Vier Erzählungen
2. *Alexandre Dumas*
   Eine Amazone
   Zwei Novellen
3. *Gustave Aimard*
   Eine mexikanische Rache
   Eine Erzählung aus dem wilden Mexiko
4. *Jules Verne*
   Der Weg nach Frankreich
   Historischer Roman
5. *Friedrich J. Pajeken*
   In Sturm und Not
   Eine Erzählung aus dem Wilden Westen
6. *Jules Verne*
   Der Graf von Chanteleine
   Eine Episode aus der Revolutionszeit
7. *Jules Verne / Emilio Salgari / Karl May u. a.*
   Ein Drama in den Lüften
   Erzählungen aus luftigen Höhen
8. *Alexandre Dumas*
   El Salteador
   Ein Roman aus der Zeit Karls V.
9. *Emilio Salgari*
   In der Eiswüste
   Erzählungen aus arktischen Regionen
10. *Sir John Retcliffe*
    Das tote Haus
    Eine Novelle aus Düsseldorfs Vorzeit
11. *Gustave Aimard*
    Der Löwe der Wildnis
    Zwei Erzähl. aus dem wilden Mexiko
12. *Sir John Retcliffe*
    Der letzte Wäringer
    Novelle a. d. letzten Tagen Konstantinopels
13. *Emilio Salgari*
    Die Rose vom Dong-Giang
    Eine abenteuerliche Novelle aus Cochinchina
14. *François-Édouard Raynal*
    Die Schiffbrüchigen
    Zwanzig Monate auf den Aucklandinseln
15. *Alexandre Dumas*
    Die Taube
    Ein Briefroman
16. *Edgar Wallace*
    Der Geist von Down Hill
    Zwei Kriminalkurzromane
17. *Sir John Retcliffe*
    Nach Cayenne!
    Eine historisch-politische Novelle
18. *Philip Francis Nowlan*
    Armageddon 2419
    Eine Science-Fiction-Erzählung
19. *Jules Verne*
    Ein Lotterielos
    Eine norwegische Geschichte
20. *Max Eschner*
    An der Pazifikbahn
    Eine Erzählung aus dem Wilden Westen
21. *Alexandre Dumas*
    Ein Maskenball
    Vier Novellen
22. *Max Eschner*
    Das Zaubergewehr
    Zwei Erzählungen aus dem Wilden Westen
23. *Henry Rider Haggard*
    Smith und die Pharaonen
    Zwei fantastische Erzählungen
24. *Jules Verne / Emilio Salgari / Karl May u. a.*
    In Eis und Schnee
    Eisige Erzählungen
25. *Emilio Salgari*
    Der Schatz des Präsidenten
    Eine Erzählung aus der argentinischen Pampa
26. *Jules Verne / Michel Verne*
    Die Welt der Messieurs Verne
    Biografische und wissenschaftliche Plaudereien
27. *André Laurie / Jules Verne*
    Der Findling von der Cynthia
    Ein Roman

– Weitere Bände in Vorbereitung –